Rainer C. Barzel wurde am 20. Juni 1924 in Braunsberg/Ostpreußen als Sohn eines Oberstudienrats geboren und wuchs vorwiegend in Berlin auf. Nach dem Besuch des humanistischen Gymnasiums nahm er als Leutnant der Seefliegerei am Zweiten Weltkrieg teil. Nach 1945 studierte er Rechtswissenschaft und Volkswirtschaft in Köln und promovierte 1949 zum Dr. jur. Im gleichen Jahr trat Barzel in den Dienst der Regierung von Nordrhein-Westfalen. 1956 wurde er geschäftsführendes Mitglied des Landespräsidiums der CDU in Nordrhein-Westfalen, seit 1957 gehört er dem Bundestag an, 1960 wurde er Mitglied des Bundesvorstands der CDU. Als Minister für Gesamtdeutsche Fragen gehörte er von 1962–63 zum fünften Kabinett Adenauers. Von 1963–64 bekleidete er das Amt des Stellvertretenden Fraktionsvorsitzenden und ab 1964 das des Fraktionsvorsitzenden der CDU/CSU im Bundestag. Im Oktober 1971 wurde Barzel zum Bundesvorsitzenden und Kanzlerkandidaten der CDU gewählt. Im Mai 1973 – vorausgegangen waren das mißglückte Mißtrauensvotum gegen Brandt, die Bundestagsneuwahl vom November 1972 und die erneute Wahl Barzels zum Fraktionsvorsitzenden – legte er überraschend beide Vorsitzendenämter nieder. Seit Herbst 1975 nimmt Barzel als Mitglied der von Kohl und Strauß vereinbarten »Führungsmannschaft« der CDU/CSU verstärkt Einfluß auf die Partei.

Rainer Barzel hat sich auch durch mehrere Bücher einen Namen gemacht. Bei Droemer Knaur erschienen bereits »Es ist noch nicht zu spät« (auch als Knaur-Taschenbuch 3480) und »Auf dem Drahtseil«, in denen er sich kritisch mit wichtigen politischen Fragen der Gegenwart auseinandersetzt.

April 1979
Vollständige Taschenbuchausgabe
Droemersche Verlagsanstalt Th. Knaur Nachf.
München/Zürich
Lizenzausgabe mit freundlicher Genehmigung der
Econ-Verlag GmbH, Düsseldorf und Wien

Umschlaggestaltung Franz Wöllzenmüller
Umschlagfoto dpa
Satz IBV Lichtsatz KG, Berlin
Druck und Bindung Augsburger Druckhaus, Augsburg
Printed in Germany
ISBN 3-426-03592-8

Rainer Barzel:

Gesichtspunkte eines Deutschen

Droemer Knaur

Inhaltsverzeichnis

Vorwort zur Taschenbuch-Ausgabe

Dieses Buch wurde vor zehn Jahren geschrieben – während des politischen Alltags und unter den Rücksichten, die mir meine damaligen politischen Ämter nahelegten. Ich habe das Buch nochmals durchgesehen und nichts verändert. So kann sich jeder ein Bild machen: Was wurde damals richtig, was falsch, was gar nicht gesehen? Was hat man inzwischen erreicht, was versäumt? Was ist nun besser? Was schlechter?
Die erneute Lektüre und der zeitliche Abstand machen klar, daß die Themen unserer Politik, die Fragen unserer Zeit dauerhafter und bleibender sind als die Antworten vieler Politiker. Die Antworten waren oder sind zu schwach, wenn die Fragen unverändert bleiben. Qualität ist gefragt!
So sollen die »Gesichtspunkte« helfen, den roten Faden für richtige politische Antworten zu finden, ihn festzuhalten – in der Hand von Mitbürgerinnen und Mitbürgern, die verantwortlich sind; ob als Wähler oder als Gewählte.

Bonn, im Dezember 1978 *Rainer Barzel*

Es steht nicht in allem gut

Es steht nicht in allem gut um die deutschen Dinge.
Zwar gelang der zweite Versuch einer Demokratie im freien Teil Deutschlands. Die Erfolgszahlen der Wiederaufbauperiode sind bekannt. Krieg und Trümmer sind Vergangenheit. Nicht alle haben diese Erfahrung vergessen, und bei den meisten sind deren Ursachen richtig erkannt. Wachsende Wohlfahrt, soziale Sicherheit, steigende Realeinkommen und wiedergewonnene Geltung in der Welt werden als selbstverständlich empfunden. Sehr viele von uns erfüllt das alles mit Genugtuung.
Aber: Wir haben keinen Frieden; Deutschland ist geteilt; die gesellschaftliche und wirtschaftliche Struktur unseres Landes bedarf in vielem der Änderung; die Kommunikation zwischen Geist und Politik ist ungenügend, die zwischen Wirtschaft und Politik entwicklungsbedürftig; eine außerparlamentarische Opposition entsteht; die Mitwirkung in den politischen Parteien ist gering; nationale Fragen werden eher verkrampft als würdig und selbstverständlich empfunden und behandelt; Anzeichen wachsender Entfernung zwischen Verantwortlichen und Bürgern sind von einer Art, daß besonders Sensible schon eine Entfremdung zu spüren meinen. Und wenn wir über unsere Zäune sehen, nehmen wir bei europäischen und außereuropäischen Nachbarn ähnliches wahr. Dabei leben wir alle im Schatten der Atombombe und mit der Tatsache, daß täglich auf unserer Erde Menschen verhungern, die, wenn wir es richtig sehen, unsere Nachbarn sind.
Unsicherheit und Ungewißheit haben viele von uns erfaßt. Wo gestern wie selbstverständlich Sicherheit war, tauchen nun Fragen auf: Wo man sich anlehnen könne; was wirklich bleibende Position, was der Deutschen Platz und Perspektive seien.
Zugleich liebt der Zeitgeist mehr den freiwilligen sozialen Zusammenschluß als die Institutionen – ob sie nun staatlich, kirchlich oder akademisch sind. Er schätzt die Einzelgänger, die »von des Gedankens Blässe Angekränkelten«, welche zu oft groß in der Nuance, beachtlich in der Analyse, aber schwach im Entscheiden und Handeln sind, und schenkt den Vitalen, die ein sicheres und unkompliziertes Ja oder Nein sagen, selten seine Gunst. Politik verlangt aber Entscheiden und Handeln. Dem sollte zwar immer das abwägende Orientieren am »Sowohl-Als-auch« vorausgehen; die Entscheidung selbst aber fordert das »Entweder-Oder« und die Bereitschaft, das Ziel auch schrittweise zu erreichen und Kompromisse zu schließen. Martin Luthers »Hier stehe ich, ich kann nicht anders« betraf die Theologie. Für die Politik gab er diesen weisen Rat: »Wer

regieren will, der muß bisweilen durch die Finger sehen, nicht alles schnurgleich und nach seinem Kopf machen wollen; wer das nicht kann, der taugt zum Regimente nicht.«

Die Phase des Wiederaufbaus ist beendet. Neue Fragen werden gestellt. Die politischen Bedingungen verändern sich. Und so mancher blickt in die Zukunft, ohne dort einen festen Zielpunkt zu finden, den es zu erreichen gilt.

Wie geht es weiter?

Wir ergänzen unser Grundgesetz; die beiden großen Parteien arbeiten zusammen; gesetzgeberische Reformen stehen auf der parlamentarischen Tagesordnung; wir spinnen Fäden zu Kommunisten und überprüfen unsere bisherigen Antworten auf Verteidigungsfragen; unsere Wirtschaftskraft wird hier und da in Frage gestellt; anders als in den fünfziger Jahren bleiben die öffentlichen Finanzen angespannt; eine Jugend ist herangewachsen, für die Adolf Hitler und der Zweite Weltkrieg, die Abkapselung von der Welt und eine nationalistische Diktatur nur theoretisch begreifbar sind. Die Ursachen und die Wirklichkeit der deutschen Spaltung bedürfen der Erklärung; sie sind weitgehend nicht mehr spontan erlebt und empfunden. Vergleichbares wird sichtbar in allen europäischen Ländern, die Hitlers Krieg berührte. Was Ältere erlebt haben und ihr politisches Bild bestimmt, erscheint Jüngeren oft als ein historisches Ereignis unter vielen.

Wir, die Unrecht und Krieg noch erfahren haben, wollen gerade deshalb mitwirken, in unserem Lande das Recht wiederherzustellen und den Frieden gewinnen. Wir wollen nicht nur konsolidieren. Wir sind ebenso anspruchsvoll wie selbstbewußt, neue Wirklichkeiten anzusteuern.

Die objektiven Bedingungen der deutschen Politik sind schwieriger und härter geworden. Für Schwarz-Weiß, Patentrezepte, ideologische Voreingenommenheiten bleibt kein Raum. Der Laune der Geschichte gefällt es im übrigen, daß zur Zeit überall in der Welt – vor allem an ihren bestimmenden Orten – Ungewißheiten sich ausbreiten und Schwierigkeiten die gewohnten, klaren Bilder verzerren. Es scheint, als hat eine Zeit der Veränderung so manches Herkömmlichen begonnen.

Am Schluß der Wiederaufbauphase steht die Bundesrepublik Deutschland – aus Krieg, Vertreibung und Trümmern hervorgegangen – in der industriellen Produktion an der dritten, im Handel an der zweiten, in den sozialen Leistungen an der ersten Stelle der Welt. Wir können das konsolidieren und stetig ausbauen. Wir können ein modernes Land bleiben. Das setzt Leistung, harte Arbeit und gute Politik voraus. Die selbstverständlichen Antriebskräfte der Zeit nach 1945 – Hunger, Wunsch nach Arbeit, nach einer Wohnung, nach sozialer Sicherheit – sind nur noch bedingt wirksam. Die hohen Wachstumsraten der Wiederaufbauphase müssen nun durch andere Antriebskräfte erzielt werden. Die Lage ist unverändert. Die Antworten müssen anders sein.

Nicht genug damit: Auch die weltwirtschaftlichen Bedingungen ändern sich. Eine erfolgreiche Industrienation muß wachsenden Ansprüchen an Bildung, entwickelter Technik, Risikofreude der Unternehmer und weltoffener Wachheit der Politiker gerecht werden. Größere Märkte fordern von dem, der erfolgreich bestehen will, den Blick über die eigenen Zäune, umfassende Information wie die stetige Bereitschaft, neu zu lernen und sich neu einzustellen. Völker, aus deren Arbeit sich die Welt früher leicht mit billigen Rohstoffen versorgte, bestimmen heute ihr Schicksal selbst und wirken auf das Geschehen der Welt ein. Neue Materialien verdrängen bisherige Rohstoffe, neue Produktionsprozesse und neue Konsumgewohnheiten breiter Schichten schaffen neue Bedingungen. Unter unseren Augen verändert sich die Welt. Und gewiß ist nur, daß das Tempo der Veränderungen im technischen Bereich seinen Höhepunkt noch nicht erreicht hat. In keiner wissenschaftlichen Disziplin steht der Mensch am Ende seines Erkenntnisvermögens. Kein wirtschaftlicher Produktionsprozeß ist endgültig.

Die neue Arbeitswelt stellt nicht nur an den Unternehmer und an den Gewerkschaftsführer, an den Raumplaner und an den Datenverarbeiter neue und besondere Anforderungen. Auch der Politiker muß neue Methoden der Entscheidungs-Vorbereitung, der Mitarbeiter-Hilfe, der Termin-Planung und der Durchführungskontrolle für getroffene Entscheidungen haben. Mit Opas Stehkragen und Schreibpult geht es auch in der Politik nicht mehr. Aber Opas Charakter, Fleiß und Prinzipientreue sind keineswegs »old fashioned«.

Ohne wirtschaftliches Wachstum werden wir weder unsere Sicherheit gewährleisten noch der Wiedervereinigung näher kommen, weder den sozialen Rechtsstaat ausbauen noch unseren Lebensstandard auch nur halten können.

Deutschland braucht eine neue ökonomische Anstrengung: Die Stärkung seiner produktiven Wirtschaftskraft. Hierzu sind nicht neue Prinzipien nötig – die der Sozialen Marktwirtschaft sind bewährt wie die der Sozialen Partnerschaft. Hierzu brauchen wir neue Methoden, auch im Regierungsapparat; ein verbessertes wirtschaftspolitisches Instrumentarium; das Nutzen der Daten-Verarbeitung auch hier; nuancierte Antworten auf nuancierte Analysen; Prioritäten nicht nur innerhalb der Bundespolitik, sondern auch vertikal, also Prioritäten für Bund, Länder und Gemeinden; mittelfristige Haushaltsplanung und Ordnung in der Kreditaufnahme aller öffentlichen Hände; eine qualifizierte Beamtenschaft, deren Ausbildung nicht mit dem Tag der Berufung auf Lebenszeit endet.

Die Haushaltswirtschaft von Bund, Ländern und Gemeinden ebenso wie die Tarifpolitik der Sozialpartner müssen den Erfordernissen des gesamtwirtschaftlichen Gleichgewichts Rechnung tragen. Wenn alle sich einsichtig verhalten und wenn – soweit nötig – zusammengeordnet wird, können wir weiter ein modernes Land mit wirtschaftlicher Blüte und sozialem Fortschritt bleiben. Die entscheidende Voraussetzung hierfür ist: Die produktiven Kräfte unserer Volkswirtschaft mit allen zur Verfügung stehenden Mitteln zu stärken.

Wir stehen auch vor wirtschaftlichen Strukturproblemen, die gelöst werden müssen. Das Handwerk hat nun eine gesündere Struktur. Die Landwirtschaft steigert ihre Produktivität. Im Handel sind Umstellungen jedermann sichtbar. Die Kohle ist in einem schmerzhaften Prozeß der Rationalisierung, die Stahlindustrie in einer Veränderung. Die Lage der Bundesbahn zwingt zu Eingriffen. Der Sektor Dienstleistungen wächst an, ohne daß dort die Produktivität wächst. In der Bildungspolitik wird mit Recht nach Reformen gerufen.

Leichte, scheinbar populäre Arbeit ist in der verantwortlichen Politik auf Jahre nicht zu finden. Auch in Deutschland wachsen die Bäume nicht in den Himmel. Wenn wirtschaftliches Wachstum, Vollbeschäftigung und sozialer Fortschritt bleiben sollen, werden die Anstrengungen nachhaltiger, sorgsamer, differenzierter sein müssen als bisher! Die Fragen sind so drängend, daß es für die Antworten keine Tabus geben darf.

Zu einer Politik, welche die Wirtschaftskraft für morgen stärken will, gehört auch, daß wir Europäer stärker zusammenarbeiten – politisch, wirtschaftlich, technologisch und sozial. Kein Land Europas kann mehr allein auf sich gestellt gut bestehen; Großbritanniens Lage lehrt das jeden Einsichtigen.

Auch die außenpolitischen Bedingungen der deutschen Politik wandeln sich. Wir leben in einer Zeit geschichtlicher Veränderungen, ob uns das paßt oder nicht, ob es nun alle merken oder nicht. Auch in der europäischen Geschichte beginnt ein neues Kapitel.

Der Krieg in Vietnam wirkt auf Europa ein. Die Unruhe im Nahen Osten und die Anwesenheit der Sowjetunion im Mittelmeer verändern die Lage. Die USA und die Sowjetunion sichern nicht nur durch komplizierter werdende Bündnissysteme zusammen mit ihren Partnern die atomare Abschreckung gegeneinander, sondern erklären sich zugleich miteinander zu weltweiten Garanten gegen atomare Erpressung durch andere.

Es ist nicht von ungefähr, daß zwischen den Partnern der NATO immer weniger von Politik, Bedrohung, Strategie und Kampfkraft gesprochen wird als von Geld; daß – wenn auch mit ganz unterschiedlichen Inhalten – in Ost und West vom europäischen Sicherheitssystem die Rede ist; daß der Präsident der USA die Neutralisierung Österreichs als beispielhaft herausgestellt hat; daß Frankreich zwar (noch?) nicht die NATO, wohl aber deren Organisation verlassen hat, daß Rumänien der Auflösung der Blöcke das Wort redet; daß die Affinitäten der atomaren Großmächte diese immer wieder nicht nur zu Rivalität, sondern auch zu Gemeinsamkeit führen; daß in allen diesen Zusammenhängen immer wieder die deutsche Frage mit auf dem Tisch liegt.

Der gegenwärtige Nicht-Krieg – mehr haben wir nicht; wir haben keinen Frieden – beruht auf dem Gleichgewicht des Schreckens. Und dieses gründet sich auf den gegenwärtigen Stand der militärischen, technischen und wissenschaftlichen Bedingungen. Auch diese Bedingungen sind unstabil; sie ändern sich. Der gegenwärtige Nicht-Krieg ist kein statischer, sondern ein dynamischer Tatbestand voll künftiger Ungewißheit.

Nun sagt uns die Wissenschaft mit dem Blick in die nähere Zukunft nicht nur ein gewaltiges Ansteigen der Zahl der Menschen auf der Erde und also neue Dimensionen des Welt-Ernährungs-, des Welt-Gesundheits- und des Welt-Bildungsproblems voraus, sondern auch die Kontrollmöglichkeit der Erde von Satelliten oder vom Mond aus, die künstliche Erzeugung von Großwetterlagen und die Produktion der Anti-Rakete. So entwickeln sich völlig neue, noch von nur wenigen durchdachte Bedingungen des Weltfriedens-Problems.

In das Bild der außenpolitischen Bedingungen der deutschen Politik gehört weiter: Aus einsichtigen Gründen betreibt der ganze Westen, betreiben insbesondere die USA, zugleich Sicherheitspolitik durch Abschrekkung des potentiellen Gegners und Entspannungspolitik mit ebendiesem Gegner. Dies ist offenkundig vernünftig und eine Folge der nuklearen Probleme sowie der heutigen Bedingungen des Weltfriedens. Aber es ist schwer, jedermann immer wieder davon zu überzeugen, daß Militärbündnisse, Wehrpflicht und Rüstungsmilliarden heute für den Frieden ebenso wichtig sind wie Abmachungen über Rüstungsbegrenzungen und Gewaltverzicht sowie Bemühungen um besseres politisches Klima zwischen den gegeneinander hochgerüsteten Mächten. In der Politik muß man zur besseren Erkenntnis oftmals fragen: Was wäre, wenn es anders wäre? Also: Was wäre, wenn einer allein abrüstete, der andere aber kriegsbereit bliebe? Was wäre, wenn beide Seiten einander feindlich gegenüberständen, ohne zugleich nach Bereichen der Zusammenarbeit zu suchen, ohne stetiges Gespräch, ohne Beziehungen? Wer so fragt, kommt zwangsläufig zu der Erkenntnis, daß die Lage unter den gegenwärtigen Bedingungen noch schlimmer und noch weiter vom Frieden entfernt sein könnte.

Wir Deutschen spüren – zuerst in Berlin – sofort und vital jede geringfügige Änderung im Bereich der Sicherheit wie in dem der Entspannung. Wir sind existentiell an beidem nicht nur interessiert, sondern direkt und zuerst von den Folgen jeder Veränderung betroffen. Schon deshalb gilt auch für die deutsche Politik das Gebot der Vernunft, zugleich Sicherheits- und Entspannungspolitik zu betreiben.

Entspannungspolitik setzt Sicherheit voraus. Die Geschichte wird keine unserer großen Fragen positiv beantworten, wenn wir entweder unsere Sicherheit allein von anderen erwarteten oder unseren Platz auf der Zuschauertribüne der Entspannungspolitik bezögen! Aber wir haben es besonders schwer, diese Politik zu realisieren, weil wir den Status quo friedlich verändern wollen.

Auch diese Zusammenhänge erschweren die deutsche Außenpolitik: Einerseits bleibt unsere Sicherheit, wie die Dinge liegen, nur im atlantischen Bündnis, nur mit den USA möglich. Andererseits hängt der europäische Fortschritt, den wir nicht nur dringend wünschen, sondern unerläßlich brauchen, von Frankreich ab.

Da diese beiden Punkte unserer Politik – Sicherheit und europäischer Fortschritt – zusammen zu sehen sind wie das Paar »Abschreckung und Entspannung«, bleiben der deutschen Politik – und die Redlichkeit gebietet, dies auch auszusprechen – Auswirkungen der Meinungsverschiedenheiten zwischen Paris und Washington nicht erspart.

Realitätssinn gebietet, auch dies anzumerken und niemandem Sand in die Augen zu streuen: Die deutsche Einheit ist schwer zu erreichen. Alle bisherigen Versuche – sowohl die eigenen wie die der Freunde – sind fehlgeschlagen.

Wir leben in einer Welt, die Ruhe will, weil sie Frieden braucht; die zu dem Glauben neigt, der Status quo könne dies auf Dauer gewährleisten. Unsere Politik ist aber so anspruchsvoll, Veränderungen zu wollen, ja wollen zu müssen, weil Unrecht der Regeneration Europas im Wege steht; weil es um die Wiederherstellung des Rechtes geht – weniger um das Recht des Staates als um das Recht von Menschen.

Wir wollen die Selbstbestimmung aller Deutschen in Freiheit. Wer so anspruchsvoll ist, das zu wollen, kann nicht bequem sein.

Die neuen Aufgaben, die uns gestellt sind und die wir selbst gestellt haben, erfordern Aufgeschlossenheit für alles Neue.

Wo das Tempo wie das Ausmaß der Veränderungen Unruhe und Ungewißheiten bewirken, bleibt ebenso nachdrücklich zu fragen, was eigentlich das Bleibende sein soll. Nur von festen Punkten aus werden wir die Gestaltenden bleiben und nicht zu Getriebenen werden! »Es gibt Stunden, in denen jede Klugheit an ihre Grenzen geraten ist und das sichere und harte So-und-nicht-anders einen undiskutierbaren Primat hat.« Dieses Wort des Paters Alfred Delp – gesprochen vor seiner Ermordung am 2. Februar 1945 – mahnt, feste Punkte um jeden Preis zu halten.

Wer so fragt, begrenzt den Auftrag und den Wirkraum der Politik. Dem Totalitären, dem Ideologen, dem Eiferer, dem fanatischen Weltverbesserer wird nichts als unveränderlich, als außerhalb der Grenzen seiner Ziele, seiner Wünsche und seiner Möglichkeiten erscheinen. Dem Demokraten ist selbstverständlich, daß Politik nur Dienst am Menschen und Hilfe für die freie Gesellschaft ist; daß Politik nur das Nötige zusammenzuordnen hat, und dies nur nach den Regeln der Verfassung und der Gesetze sowie in voller Achtung der menschlichen Person, ihrer Würde und ihrer Rechte, die jeder staatlichen Gewalt und politischen Einwirkung entzogen sind und bleiben. Dem Demokraten ist sein Argument nur immer Herausforderung zum Gespräch mit dem anderen, und damit auch die Bereitschaft, eben dadurch selbst einsichtiger zu werden. Demokratie erfordert Zuhören, Denken und Reden.

Weltverbesserer und Ideologen – in unserer Zeit vor allem Faschisten, Kommunisten, Rassisten – sind intolerant; sie sind Feinde der Freiheit; sie wollen ihre Anschauung und ihr Weltbild durchsetzen, auch wenn sie dabei die Menschenrechte verletzen. Wir haben das unter Hitler erfahren und leiden bis zur Stunde durch ideologische Fremdherrschaft über einen Teil Deutschlands darunter.

Um so erstaunter sehen wir, die Krieg und Diktatur erfahren mußten, mit Befremden einige junge Akademiker auf den abschüssigen Weg zur Intoleranz geraten. Ihre Zahl ist gering, ihre Lautstärke gewaltig. Sie gehen uns etwas an. Und ihr Protest ist eine Frage an uns.

Der Demokrat begreift die staatliche Ordnung als ein rechtliches System, dessen vorgegebene Basis die Menschenrechte und die Toleranz sind.

Ich glaube, daß jede Politik prinzipiell begründet und im Gewissen des Handelnden wie vor dem Wähler verantwortet werden muß; wie auch, daß der Verantwortliche seinen prinzipiellen Standpunkt öffentlich und verbindlich erklären und bekennen sollte. Das ist um so zwingender, als die Welt, in der wir leben, sich rasch wandelt und also der Verantwortliche oft Antworten auf Unvorhergesehenes geben muß. Um so dringender ist es, daß er seine festen Punkte, seine Grundpositionen, deutlich macht. Nur so können – demokratisch – Autorität und Vertrauen begründet und gesichert werden.

Ich glaube an das Recht aller, anderer Meinung zu sein, und gestehe der Mehrheit zu, in dem genannten Rahmen zu bestimmen, was gelten und wohin der Weg politisch führen soll. Das schließt ein, was Winston Churchill auf seine Art so formulierte: »Demokratie, das ist die Notwendigkeit, sich gelegentlich den Ansichten anderer Leute zu beugen.«

Ich halte die Menschenrechte für aller Staatsgewalt vorgegebene Normen; die Demokratie für die schwerste und beste Staatsform; politische

Parteien für immer verbesserungsbedürftig, aber für ebenso unerläßlich wie politische Führung. Als Christ glaube ich, daß Politik auch vor Gottes Wort und Gebot verantwortet werden muß. In meiner Partei, der Union, sehe ich den Ort der Integration durch Toleranz.

Einige pflegen zu sagen, Politik richte sich nur nach den eigenen Interessen und solle das auch tun. Besonders gälte das für die auswärtige Politik. Dem vermag ich – als Maxime – nicht zu folgen.

Natürlich – Interessen sind da; sie im Rahmen des Rechtes und mit geziemender Rücksicht auf andere zu verfolgen, ist legitim und vernünftig. Aber eben darin liegt der Vorbehalt und die Einschränkung – im Recht und in der Rücksicht. Das heißt für die Innenpolitik: Gemeinwohl. Für die auswärtige Politik folgt daraus: Nicht nur die nationalen Interessen, sondern auch die Rücksicht auf die Nachbarn und die Achtung der Prinzipien der Menschheitsfamilie, wie sie sich die Vereinten Nationen gegeben haben, sollen die Entscheidungen bestimmen.

Über Politik sprechen, heißt über alles sprechen, was uns miteinander angeht. Alles Gegeneinander der Meinungen, der Interessen, der Parteien hat seinen rechten Ort allein da, wo der beste Weg für das Miteinander gesucht wird.

Wir brauchen eine Politik, die sich nicht erschöpft in parteiischem Geist, in parteipolitischer Auseinandersetzung, in parlamentarischen Tricks. Das muß man, handwerklich fast, können, wenn es not tut. Aber ebendies ist noch keine Politik! Auch Lautstärke ist kein Argument, ebensowenig wie Aufregung kein Programm und die Forderung, es müsse nur etwas geschehen – ganz gleich was – konstruktiv ist. Wir brauchen eine sachgerechte, auf konkrete Ziele gerichtete Politik, ein hartes, sichtbares Ringen um den besten Weg, wie um die Besten für die Führung. Politik muß Ziele zeigen, Maßstäbe setzen, Grenzen abstecken, bevor sie zum Maßhalten aufruft.

Für unsere Zukunft ist nicht wichtig, was wann was und wer wann wen publizistisch mit Schlagzeilen überrundet. Für unsere Zukunft ist allein wichtig, daß das Beste für das Volk geschieht und das sachlich Richtige durch klare Führung erreicht wird. Auch in der Demokratie sind Autorität und Führung nicht durch anderes zu ersetzen. Am besten gründen sie sich auf stetiger, objektiv orientierter, dienender Arbeit der Verantwortlichen.

Die Lage heute ist erwachsen aus dem, was wir oder andere gestern getan haben und was gestern war. Wir sind geschichtsverhaftet.

Unsere persönliche Zukunft, die unserer Kinder, die der ökonomischen, sozialen und geistigen Entwicklung, die unserer Familie und unseres Landes – alles dies wird mitbestimmt durch unsere politische Entscheidung von heute. Wir sind politikverhaftet.

Politik wird im demokratischen Rechtsstaat von Menschen für Menschen gemacht und von Mehrheiten getragen. Alle Macht lebt aus der Entscheidung der Wähler. Das ist der Wirkraum der politischen Parteien. So sind wir nun, ob wir das wollen oder nicht, ob wir dem entsprechen oder nicht, auch parteienverhaftet.

Die Parteien sind nicht nur eine Sorge, sondern unserer Mitarbeit wert. Sie haben immer noch Platz für Bessere, für Begabtere; und alle Mandate sind mindestens alle vier Jahre neu zu gewinnen. Herausgehoben in politischer Verantwortung ist nur, wer auf Zeit von einer Mehrheit einen Auftrag hat.

Die Bundesrepublik Deutschland ist unser Staat. Wir sind mitverantwortlich. Wir alle miteinander bestimmen, was ist und was sein wird. Wo wir gegeneinander stehen, sollten wir dies nur tun, weil wir – ernsthaft engagiert – glauben, dem Miteinander den besseren Weg wie den besseren Inhalt geben zu können.

Vieles haben wir erreicht. Mehr bleibt zu tun. Es liegt an uns, ob und wie es gelingt.

Geist und Politik

Vor mehr als 2000 Jahren schrieb Platon in seinem »Staat« dieses kritische Kapitel allen damaligen und künftigen Demokraten ins Stammbuch:
»Nicht wahr, sprach ich weiter, und er lebt also sein ganzes Leben lang jeden Tag der ersten besten sich einstellenden Lust zu Gefallen: Bald berauscht er sich und läßt sich durch Flötenspiel ergötzen; bald trinkt er Wasser und hungert sich ab; bald wiederum quält er sich mit gymnastischen Übungen; bald faulenzt er und vernachlässigt alle Geschäfte; bald tut er, als beschäftige er sich mit tiefer Wissenschaft (Philosophie); oft treibt er Politik und spricht und tut in der Volksversammlung, was ihm nur während des Aufspringens in den Sinn kommt; wird er einmal eifersüchtig auf den Ruhm von Kriegsmännern, so stürzt er sich auch darauf; wird er's auf den Gewinn der Geschäftsleute, so läßt er sich auch wiederum damit ein. Kurz: weder eine Ordnung noch eine Konsequenz ist in seinem Leben; sondern er nennt ein solches Leben frei und selig und treibt es bis zu seinem Ende.«
»Ja, sagte er, ganz genau hast du das Leben eines Gleichheits- und Freiheitsmannes geschildert.«
»Ich denke, fuhr ich fort, der Hauptcharakter dieses Individuums drückt sich erstlich darin aus, daß er eine Buntscheckigkeit und Fülle von fast allen Charakteren darbietet; zweitens, daß ein Mensch, gerade wie die ihm entsprechende Verfassung, der schöne und buntscheckige ist, den die Mehrheit der Männer- wie der Frauenwelt wegen seines herrlichen Lebens bewundert, weil so ein Exemplar Muster von Staats- und Herzensverfassungen in reichster Auswahl in sich enthält.«
»Ja, sagte er, das ist sein Hauptcharakter.«
»Und darf demnach gegenüber einer Demokratie folgerecht ein so beschaffenes Individuum als fertig hingestellt sein, mit der Behauptung, daß es treffend ein der demokratischen Verfassung entsprechendes genannt wird?«
»Ja, sagte er.«
Soweit Platon.
Was hier gegen Flatterhaftigkeit, politische Gschaftlhuberei, Schwatzhaftigkeit, Opportunismus, Schielen nach Beifall, neidische Eifersüchteleien, Mittelmäßigkeiten, Unsachlichkeit und falsche Rücksicht gesagt ist, sollten alle ernst nehmen, die es gut meinen mit der Demokratie.
Platon sagt hier zweierlei: Einmal, daß Demokratie abhängt von menschlichen Tugenden; zum anderen, daß auch sie geistig begründete Autorität und wohlüberlegtes Handeln erfordert. Der Vorwurf, demokratische Po-

litiker sprächen und täten, was ihnen gerade »während des Aufspringens in den Sinn« komme, entspringt einer Erfahrung, die man gelegentlich auch heute noch machen kann. Demokratie bedarf des Nachdenkens, Lesens, Problemstudiums, Zuhörens vor dem Reden. Demokraten bedürfen auch der Muße. Nicht die »anberaumte Sitzung« macht die Demokratie, sondern das Argument, die Rede und die Gegenrede, die durch Vorbereitung erworbene Sachkunde der Verantwortlichen, welche die »Sitzung« als Ort des Gespräches und der Entscheidung suchen und nutzen.
Finden wir also schon bei Platon die Warnung vor Erscheinungen, welche die Demokratie zugrunde richten, weil Politik ohne Geist die Ordnung und die Mitte verliert, so sollte uns nachdenklich stimmen, daß in den zwanziger Jahren Männer des Geistes unser Volk vor dem Verlust der freiheitlichen Staatsordnung aus ähnlichen Gründen warnten.
Am 17. Januar 1925 hielt der Philosoph Max Scheler in Berlin einen Vortrag. Er malte ein düsteres Bild von der Zukunft der Freiheit, die »eine regsame persönliche Spontaneität des geistigen Zentrums im Menschen – des Menschen im Menschen, – die fundamentalste und erste Bedingung schon aller Möglichkeit von Menschenbildung und Menschenerhellung« sei. Er kritisierte die »autoritäre Stellung von Parteiführern, die man als mit den Spitzen deutscher Geistesbildung auch nur partiell zusammenfallend leider nicht bezeichnen« könne. Als Ursache hierfür führte er den für Deutschland »historischen«, »konstitutiven Gegensatz von Macht und Geist« an.
Rainer Maria Rilke hatte in einem Brief vom 2. Februar 1923 »an eine junge Frau« geschrieben: »Für mich, so wie ich alles sehe und es, meiner Art und Anlage nach, erleben muß, besteht kein Zweifel, daß es Deutschland ist, das, indem es sich nicht erkennt, die Welt aufhält... Etwas ist ausgeblieben, was alles ins Maß gerückt hätte; Deutschland hat versäumt, sein reinstes, bestes, sein auf ältester Grundlage wiederhergestelltes Maß zu geben –, es hat sich nicht vom Grunde aus erneuert und umbesonnen, es hat sich nicht jene Würde geschaffen, die die innerste Demut zur Wurzel hat, es war nur auf Rettung bedacht in einem oberflächlichen, raschen, mißtrauischen und gewinnsüchtigen Sinn, es wollte leisten und hoch- und davonkommen, statt, seiner heimlichsten Natur nach, zu ertragen, zu überstehen und für sein Wunder bereit zu sein. Es wollte beharren, statt sich zu ändern. Und so fühlt man nun: ...etwas ist ausgeblieben. Ein Datum fehlt, an dem Anhalt gewesen wäre –. Eine Sprosse fehlt in der Leiter, daher die unbeschreibliche Besorgnis, die Angst, das Vorgefühl eines jähen und gewaltigen Sturzes!...«
Wie eigentümlich heben sich diese Urteile ab von unserem allgemeinen Empfinden über die »Goldenen Zwanziger Jahre«. Trotz wirtschaftlicher Wechselbäder und politischer Instabilität gab es doch in den kulturellen

Bereichen eine geradezu beispielhafte Blüte. Aber es ist wohl historisch erwiesen, daß eine Gesellschaft, deren verschiedene Bereiche sich disproportioniert entwickeln, isoliert voneinander, ohne gegenseitige Durchdringung, – daß eine solche Gesellschaft ohne Bewußtsein von einem gemeinsamen Ziel der Gefahr des Zusammenbruchs ausgesetzt ist.
Die Kommunikation zwischen Geist und Politik ist unerläßliche Voraussetzung einer dauerhaft freiheitlichen politischen Ordnung.
Nicht die Normen, nicht die Institutionen, nicht die demokratischen Mechanismen ermöglichen und bewahren eine freiheitliche Ordnung, sondern Gesinnung und Gesittung der Menschen. Und diese Tugenden leben aus dem Geist oder gar nicht. Der Wille, den »konstitutiven Gegensatz von Geist und Macht« zu überwinden, ist für eine demokratische Gesellschaft die unerläßliche Grundlage.
Peter von Zahn schrieb über seine Jugendjahre zu dieser Zeit: »Die gedämpfte Stimmung zu Silvester hatte sicher noch einen anderen Grund. Er findet sich nicht in der Bedrängnis der äußeren Umstände, sondern in dem Gefühl der politischen Verlassenheit und nationalen Isolation, das die Periode zwischen den Weltkriegen so seltsam machte. Für die Erwachsenen in den Kreisen des Dresdner gehobenen Mittelstandes stand fest, daß Deutschland von Feinden umgeben war...
Der Versailler Vertrag, die Besetzung des Rheinlandes, der Ruhrkampf, die Teilung Oberschlesiens, die Option von Polendeutschen für das Reich, die Abtrennung Westpreußens und Danzigs, das waren die Bestätigungen für die Theorie, daß der Deutsche ein hilfloses Objekt von Siegerwillkür sei. Die Frage der Reparationen vermischte sich mit der Diskussion über die Kriegsschuld. Ehrenwerte Leute wie meine Eltern sahen ringsum am grauen Winterhorizont der Nachkriegszeit weder Freunde noch Verständnis. Sie fühlten sich von den Autoritäten des Kaiserreichs im Stich gelassen, von denen der Weimarer Republik übergangen, von denen der Welt ringsum verkannt und verhaßt...
Kein ausgedehnter Tourismus wirkte in jenen Jahren der deutschen Isolierung entgegen. Der Studentenaustausch kam nur langsam in Gang. Die politischen Gedankengänge des Westens hatten nur wenige Kanäle, über die sie sich den Deutschen mitteilen konnten. Von einem europäischen Bewußtsein war unterhalb der Ebene Rathenaus kaum etwas zu spüren. Das Erbe der Menschenrechte, der Freiheit und Gleichheit, die Lehre von der Gewaltenteilung, der Begriff von einem Staat, welcher für den Menschen da ist – das alles schien vollkommen verschüttet.
Wer nur den Dresdner Anzeiger oder die Nachrichten las, erfuhr von der außerdeutschen Umwelt wenig und das Wenige in nationalistischer Verfärbung. Dazu kam, daß sich die Schicht meiner Eltern, Onkel und Tanten auch innenpolitisch isoliert fühlte in einem Staat, der nicht mehr auf Rang

achtete. Sie fühlten sich wirtschaftlichen Verschiebungen von rascher Brutalität ausgesetzt. Sie sahen sich außerstande, das Wesen der organisierten Massenbewegungen rechts und links zu begreifen. Von einer politisch gesicherten Basis in Denken, Handeln und Hoffen konnte durchaus keine Rede sein. Daraus erklärt sich wohl der Pessimismus, der in Silvesternächten hörbar wurde: das nächste Jahr würde wohl auch wieder seine unliebsamen Überraschungen bringen und kein Ende der Anschläge auf das nationale Geschick.«

Hier wird deutlich, was »Stimmungsdemokratie« ist und wie sie entsteht. Es wird sichtbar, daß leitende Gedanken, engagierter Geist und Ideen auch für das demokratische Staatswesen unerläßlich sind. Selbstverständlich braucht auch die Demokratie Glanz, Ideale, Ziele, Zukunftsvorstellungen. Sie bedarf der ständigen Kommunikation aller Bereiche der Arbeit und des Geistes. Sie benötigt vor allem den ständigen Gedankenaustausch zwischen Frauen und Männern des Geisteslebens und der Politik. Solche Kommunikation ist für die Wissenschaft und die Kunst ebenso unerläßlich; und zwar nicht weniger dringlich als für die Politik.

Geistige Impulse, kritische Reflexion, spontane Parteinahme von denen, welche den Geist in unserem Lande repräsentieren – es gibt auch hier weder »Numerus clausus« noch Monopole – sind für die Politik so unerläßlich wie stete Beratung vor Entscheidungen.

Äußere Ordnung, Gesetzestreue und solider, fairer Parlamentarismus allein genügen nicht. Auch Wohlfahrt und soziale Sicherheit aller garantieren allein keinen freiheitlichen Rechtsstaat. Er gedeiht aus der staatsbürgerlichen Tugend, aus der allgemeinen Gesittung und Gesinnung der Bürger, die Freiheit wollen, das Recht bejahen und dem Geistigen Rang wie Raum geben. Aber erst die Kommunikation der Menschen aller Bereiche mit den Politikern macht die Demokratie repräsentativ; nur so trägt eine demokratische Wirklichkeit den freiheitlichen Rechtsstaat auf Dauer; nur wenn wenigstens insoweit Verfassung und Wirklichkeit sich decken, darf man zu Recht vom demokratischen Staat sprechen.

Es trifft den Politiker schmerzlich, daß oftmals Intellektuelle und Künstler ihm eher kühl und ohne Verstehen, ja eigentlich feindlich begegnen. Natürlich repräsentiert die Einseitigkeit berufsmäßiger Nonkonformisten ebensowenig das deutsche Geistesleben wie die Lautstärke radikaler Studentenzirkel die deutsche Universität.

Gewiß kann und soll die staatliche Politik nicht die Dinge der Kunst und des Geistes »in die Hand nehmen«; das muß aus guten Gründen Sache der freien Entscheidung bleiben. Der Geist weht, wo er will. Aber können nicht die Politiker ein Klima mitschaffen, sich sichtbarer interessieren, teilhaben an der Diskussion, Fragen aufwerfen, Anreize geben, Begegnungen ermöglichen, Kulturpolitik umfassender sehen als in der Begrenzung auf die Schulen, die Universitäten und die öffentlichen Dotationen?

Ein Wesensmerkmal des Intellektuellen ist der Zweifel, das In-Frage-Stellen, das Abwägen, die Kenntnis des Problemgehaltes. Oft fällt ihm die Analyse leichter als die Konsequenz in einer Handlung, oft bleibt er im Einerseits-Andererseits seiner Erkenntnis, da er nicht entscheiden muß. Bei Ungewißheit ist ihm das Nein näher als das Ja, die Minderheit sympathischer als die Mehrheit, das berechtigte Bedenken wichtiger als die notwendige Handlung. Zögern und sich Zeit lassen liegen ihm mehr als zeitgerechte Entscheidung.

Ein Wesensmerkmal des Politikers ist, daß er sich entscheiden muß, – oft zu Unvorhergesehenem oder Unvorhersehbarem, oft schnell und immer wieder.

Die politische Entscheidung muß – bei allem vorausgehenden Abwägen der Argumente für und wider, bei allem Nuancieren – am Schluß doch möglichst undifferenziert, ja beinahe formelhaft, bestimmt aber prägnanter aussehen, als die eigene Urteilsfindung in ihrem Abwägen und Differenzieren es angezeigt erscheinen ließe.

Beim demokratischen Politiker kommt noch hinzu: Er muß am Schluß »Ja« oder »Nein« zu einer klaren, oft undifferenziert wirkenden, abstimmungs- und mehrheitsfähigen Formel sagen.

Wenn wir noch den Wahlkampf hinzunehmen, wird es in der Massendemokratie noch schwerer. Da gebieten Konkurrenz, gängige Meinung und weitverbreitete Erwartung, daß man dem »Ja« kein »Aber« und dem »Nein« kein »Zwar« hinzufügt; und daß man dieses undifferenzierte »Ja« oder »Nein« möglichst selbstsicher, lächelnd, überzeugend vorträgt. So kommt zum Zwang der Entscheidung, zum Zwang zur Mehrheit noch der Drang zur zwar legitimen, aber doch unbefriedigenden Vereinfachung.

Hier liegt wohl ein Grund für die vielen Mißverständnisse zwischen Intellektuellen und Politikern.

Es gibt viele Politiker, auch gebildete unter ihnen, die sich geradezu mühen, auf gar keinen Fall als »egg-heads« als »Intelligenzler«, als »von des Gedankens Blässe angekränkelt« zu erscheinen. Sie bevorzugen das vital und sicher scheinende statt des problembewußten Auftretens und teilen nur die Ergebnisse ihrer Überlegungen mit – nicht aber die Gedanken, die zu dieser Entscheidung geführt haben. Wo so verfahren wird, kann weder die interne Diskussion noch das Abwägen noch die Kenntnis der Gegenargumente und die eigene Antwort darauf sichtbar werden. Wo der Denkprozeß der Politiker nicht erkennbar wird, erscheint Politik besonders leicht als Sache von Formeln, Thesen, vorgefaßten Meinungen.

Das geht dem Intellektuellen auf die Nerven. Ihn macht doch das Einer-

seits-Andererseits, das Abwägen und das Kennen des Problemgehalts wie das Eingestehen der Möglichkeit des Irrtums überhaupt erst aus!
Lassen die Politiker die Interessierten nicht an ihrem Denken vor ihren Handlungen teilhaben, so entsteht der Verdacht, Politiker handelten ohne zu denken. Gar zu leicht erscheinen dann die Politiker dem Intellektuellen als ungeistig und niveaulos, als dumm und arrogant. Der Intellektuelle fühlt sich abgestoßen. Es kommt nicht zu Dialog und Kommunikation.
Wir Politiker sollten uns bemühen, auch im Stil unserer Auseinandersetzungen mit anderen und bei der Begründung unserer Politik deutlicher werden zu lassen, aus welchen Gründen, wegen welcher Zusammenhänge und für welche Ziele, gestützt auf welche Informationen wir zu dieser und nicht zu einer anderen Entscheidung gekommen sind. Unsere Parteien sollten sichtbar immer ein Ort der Diskussion, des Ringens und der Geistigkeit sein und alle Staatsbürger teilhaben lassen an der Argumentation, die zur Entscheidung führt.
Andererseits sollten sich die Intellektuellen die Mühe machen, differenziert hinzuhören auf das, was die Politiker sagen. Sie sollten sich nicht aus zu grobschlächtiger Information apodiktische Urteile bilden und in ihrer politischen Kritik nicht hinter ihrem sonstigen Niveau zurückbleiben. Und wer Besseres weiß, sollte sich rechtzeitig – also vor Entscheidungen – mit gutem Rat zu Wort melden; denn hinterher wissen es immer gar zu viele besser...

Wirtschaft und Politik

Die Zeit, in der die Politik der Flagge, der Botschafter dem Kaufmann folgte, ist vorbei.
Unsere Kaufleute und Industriellen sind recht erfolgreich in Moskau, ohne daß unser Staat, ohne daß die deutsche Politik Nutzen daraus zieht.
Unsere Politik – andererseits – ist zum Beispiel erfolgreich in Israel, ohne daß unsere Wirtschaft davon besonderen Vorteil hätte.
Dennoch sind Politik und Wirtschaft aufeinander angewiesen; ihre Wechselbezogenheit wird immer intensiver. Immer stärker bestimmen ökonomische Realitäten den Wirkraum der Politik, und immer mehr beeinflußt die Politik das ökonomisch Mögliche. Politik und Wirtschaft sollten Hand in Hand gehen.
Jedermann weiß, daß wir ohne wachsende Wirtschaftskraft weder unsere Außen- und Sicherheitspolitik noch unsere anspruchsvolle Bildungs-, Sozial- und Strukturpolitik fortführen können. Von der Chance auf die Einheit Deutschlands gar nicht zu reden.
Heute und mehr noch morgen kann kein politisch Verantwortlicher entscheiden und führen ohne die Kenntnis wirtschaftlicher Daten, Tatsachen und Zusammenhänge. Das gleiche gilt für den wirtschaftlich Verantwortlichen. Auch er muß das Mögliche und das Unmögliche in der Politik kennen wie die Grundtatsachen der politischen Wirklichkeit und der öffentlichen Meinung.
Politiker und Wirtschaftler sollten voneinander wissen, was für den einen beim anderen »wichtig« ist. Wie soll ein Unternehmer seine Geschäftspolitik und seine Investitionen verantworten, wenn er nicht weiß, was die Politiker außen- und innenpolitisch vorhaben? Wann welche sozialen Reformen und Steuervorhaben geplant und welche außenpolitischen Akzente gesetzt werden? Wie soll der Politiker planen, wenn ihm nicht die wichtigen Veränderungen der wirtschaftlichen Entwicklung wie die Absichten der bedeutenden Wirtschaftler vertraut sind?
Eine Industrienation wie Deutschland, die Export braucht wie Fische Wasser, kann nur blühen bei steter Kommunikation zwischen Wirtschaft und Politik. Der eine muß vom anderen wissen: Wie wirkt der größere Markt, und wie ist seine Zukunft geplant? Wie stark ist das europäische Engagement? Wie ist die Ost-Politik angelegt? Umgekehrt: Wie beeinflußt ein Gesetzeswerk Kosten, Preise und Wettbewerbsfähigkeit? Woher kommen die wirtschaftlichen Antriebskräfte morgen? Welche sozialen Konsequenzen bedingt der zu erwartende ökonomische Fortschritt? Wo muß der Staat rechtzeitig und lautlos Weichen stellen?

Diesen Dialog kann man nicht delegieren wie eine Kompetenz. So dringend erwünscht und nützlich es ist, daß einerseits Politiker direkten Einblick in den Alltag von Unternehmungen gewinnen und andererseits »die Wirtschaft« kundige Abgeordnete durch die Parteien in die Parlamente entsendet, so unerläßlich bleibt das breit angelegte, stete Gespräch zwischen Politikern und den Leitenden der Unternehmungen und Verbände.

Wo Interessen sind, gibt es Verbände. Dagegen ist nichts einzuwenden. Ihr sachverständiger Rat hat manche Gesetzgebung verbessert, ihre mächtige Intervention aber auch gelegentlich Gedanken verwässert, Maßnahmen gehemmt und ungeziemend beeinflußt.

Es ist eine eigene Sache mit »Verbandsmeinungen«, die dem Politiker als sachverständige Mahnung zentnerweise auf den Tisch flattern. Sie sind naturgemäß nicht frei vom Interesse derer, die vom Verband leben, und nur ganz selten vollständig; denn weder informiert jedes Unternehmen seinen Verband ganz und umfassend noch kann der Verband anders verfahren, als eine Mittellinie der Meinungen seiner Mitglieder zur »Verbandsmeinung« zu »erheben«.

Der Politiker tut immer gut, auch insoweit das direkte Gespräch mit den Betroffenen zu suchen. So wie es besser ist, im Wahlkreis die Meinung der Wähler in unmittelbarem Gespräch freimütig zu suchen, als sie aus der Demoskopie zu entnehmen, so ist es auch besser, den unmittelbaren Dialog zwischen Wirtschaft und Politik zu pflegen.

Mir scheint es müßig, nach dem Vorrang von Politik oder Wirtschaft zu fragen. Natürlich gebührt dem Gemeinwohl die Priorität. Selbstverständlich muß und darf die Politik auch in den Wirtschaftsablauf ordnend eingreifen. Besser aber als Prestigefragen und Kampfsituationen ist das Miteinander beider durch stetiges, rechtzeitiges Gespräch.

Eine erfolgreiche Politik für Deutschland setzt voraus:

1. Stete und klare politische Führung durch eine handlungsfähige, von einer wirksamen Mehrheit im Parlament getragenen Bundesregierung;
2. wirtschaftliches Wachstum und positive außenwirtschaftliche Bilanz.

Es gibt Leute, die ganze Theorien über die Gleichförmigkeit der Entwicklungslinien zwischen Konjunkturverläufen und Wählerverhalten entwickeln.

Die Erfahrung lehrt außerdem, daß ein Zusammenhang besteht zwischen politischer Stabilität und wirtschaftlichem Fortschritt. Vertrauen der Wirtschaft in die Stetigkeit der Politik ist eine unerläßliche Voraussetzung jedes wirtschaftlichen Wachstums. Wo die Politik flatterhaft oder unklar ist, stagniert leicht die Wirtschaft, und die Krise beider folgt auf dem Fuße! Deutschland nach dem ersten und Frankreich nach dem zweiten Kriege sind mahnende Beispiele für die Wechselbezogenheit zwischen

Politik und Wirtschaft. Auch hier ist es müßig zu streiten, was zuerst gewesen sei, die Henne oder das Ei! Wo die Politik wackelt, bröckelt die Währung; wo die Wirtschaft kriselt, steht die parlamentarische Erschütterung vor der Türe.
In den Jahren der Weimarer Republik von 1919 bis 1933 hatten wir 20 deutsche Reichsregierungen. Da keine Partei über die Mehrheit im Reichstag verfügte, entstand der Zwang zu Koalitionen als bleibendes, aber unstabiles Element der staatlichen Wirklichkeit. Wie soll ein Land blühen, in dem alle paar Monate die Regierung wechselt? Wie wollte ein Betrieb, eine Schulklasse, eine Kompanie etwas Solides leisten, wenn dauernd die Verantwortlichen ausgetauscht werden?!
Frankreich hat nach dem Zweiten Weltkriege die gleichen Erfahrungen gemacht: 27 Regierungen waren von 1945 bis 1958, als de Gaulle wiederkehrte, im Amt. Die ökonomischen Ergebnisse waren entsprechend: Der Franc litt an Auszehrung.
Stetigkeit der Politik wird immer mehr zur lebensnotwendigen Voraussetzung wirtschaftlichen Wachstums und sozialer Sicherheit. Weil Konrad Adenauer vierzehn Jahre regierte, seine Prinzipien nie änderte und jeder wußte, woran er war – der Rentner wie der Sparer, der Arbeiter wie der Unternehmer –, bestand eine politische Stetigkeit, die Voraussetzung für den Wiederaufbau war. Mit vielen verschiedenen Regierungschefs in dieser Zeit wäre das nie erreicht worden! (Natürlich ist hier nur die demokratisch legitimierte Stabilität gemeint, die politische Stetigkeit durch die freie Entscheidung der Bürger.)
Nun wird für uns aber sicher weder die Geschichte immer Kanzler vom Schlage Konrad Adenauers bereithalten, noch werden die deutschen Wähler sich immer und für alle Zeiten ganz überwiegend für die CDU/CSU entscheiden. So besteht die Gefahr, daß zumindest alle vier Jahre ein genereller Kurswechsel der Politik erfolgen kann und also die wirtschaftliche Entwicklung immer wieder anderen Bedingungen ausgesetzt oder erschüttert wird.
Was ist zu tun?
Unsere wirtschaftliche Entwicklung setzt politische Stabilität voraus. Diese würde durch das Zweiparteiensystem mit Mehrheitswahlrecht gefördert. Dieses System gibt – wie die Dinge bei uns, anders als in Großbritannien, liegen – eine Prämie auf die Mitte und die Mäßigung. Beide Parteien ringen um dieselben Wähler, ihre Programme müssen sich ähneln, und ihre Führer können sich den Luxus extravaganten Fanatismus nicht leisten. Wechsel von Regierung und Opposition bringt die immer wieder nötigen generellen Veränderungen und Auffrischungen, ohne zugleich die politische Linie grundlegend zu verändern. Für Radikale und Phantasten ist kein Raum. Dann bedeutet auch eine alle vier oder fünf Jahre er-

folgende Ablösung der Staatsführung keine Beeinträchtigung der Stabilität.
Mehrheitswahlrecht und Zweiparteiensystem sind aus meiner Sicht freilich nur segensreich, wenn die Grundanschauungen beider Parteien übereinstimmen. Es tauchen Zweifel auf, ob das in Deutschland schon der Fall ist.
Ein Land wie Deutschland – gespalten, bedroht und also durch soziale Halbheiten oder wirtschaftlichen Rückschritt besonders verwundbar – muß dieses Problem der politischen Stabilität als Basis der allgemeinen Wohlfahrt als vital nicht nur für die Wirtschaft, sondern für den Staat begreifen und – lösen.

Hemmnisse

Auch der politische Weg ist voller Disteln und Dornen. Müssen wir nicht alle immer wieder erfahren, daß es keinen Bereich des menschlichen Lebens gibt ohne Versagen und Schwächen? Und wer wollte übersehen, daß die Politik immer unter dem Zwang zum Kompromiß steht? Daß viele Kräfte auf die Verantwortlichen einwirken? Die Demokratie hat den Vorzug, dies alles öffentlich sichtbar werden zu lassen.
Nicht von diesen Selbstverständlichkeiten, die der politischen Bemühung immer entgegenstehen, sondern von anderen Hemmnissen einer guten Entwicklung soll hier die Rede sein.

Parteien sind alles andere als Kirchen, Familien oder Klubs, die auf der Basis menschlicher Sympathien ruhen. Sie sind auch alles andere als Kaffeekränzchen oder Wohltätigkeitsinstitute. Man schließt sich zu einer politischen Partei zusammen, weil nur aus einem größeren Zusammenschluß die zur Mitgestaltung ausreichende politische Kraft erwachsen und weil ohne Mehrheit nichts bewirkt werden kann.
Wer das weiß, weiß zugleich, daß es für niemanden eine ideale Partei geben kann. Weil es schon das demokratische Mehrheitsgesetz erfordert, sich mit anderen zusammenzuschließen, um politisch wirken zu können, ist man zugleich gezwungen, vom eigenen politischen Programm Abstriche zu machen. So wie Koalitionsregierungen einen politischen Kompromiß ihrer Partner voraussetzen, so setzt die Existenz politischer Parteien den Zusammenschluß von Menschen auf der Basis von Kompromissen voraus. Man arbeitet in der Partei mit, die den eigenen politischen Vorstellungen am nächsten kommt. Koalitionspolitik im weiten Sinne beginnt mit der persönlichen politischen Entscheidung eines jeden Menschen. Politische Parteien sind in sich Koalitionen.
Eine politische Partei, die behauptet, in ihr gäbe es keine Richtungskämpfe, kein Ringen um Personen, Ideen, Maßnahmen, keinen täglichen Kampf um die tägliche Politik – eine solche Partei lügt entweder oder sie ist ein Leichnam.
Es gibt keine von Koalitionsproblemen freie Politik. Im Gegenteil kann man sagen: Ohne Koalition keine wirksame Politik.
Zur Politik gehört in jeder Staatsform das Ringen um die Macht. Und dazu gehört immer das Verbinden politischer Kräfte zum Zwecke des politischen Wirksamwerdens, also die Koalition. Demokratie gibt Macht auf Zeit durch Mehrheit.
Im Zwang zur Koalition ist immer auch der Zwang zum Kompromiß ent-

halten und damit zum Ertragen des anderen und seiner Meinung. Darum gilt nicht nur der Satz: »Ohne Mehrheit kein Gesetz und ohne Gesetz keine wirksame Politik«, sondern es gilt auch der weitere Satz: »Ohne Koalition keine wirksame Politik und ohne Kompromiß keine Koalition.«

Aber es geht nicht nur nie ohne Mehrheit in der Demokratie, es geht auch nie ohne Führung.

Einer muß da sein, der nicht nur vorsitzt und das Wort erteilt, sondern die Entscheidung vorbereitet, ihre Durchführung anordnet und kontrolliert, der mit seinem Namen, seiner Person für eine Sache steht und die Partei, die Regierung, die Fraktion, die Gruppe, das Amt repräsentiert. Wer führen soll, welche Vollmacht er hat und was die Richtung sein soll, wird vorher durch Mehrheit bestimmt.

Ohne klare politische Führung welkt die Demokratie dahin. Ohne klare Mehrheit ist klare Führung kaum zu erreichen. Nur eine klare parlamentarische Lage – hier Regierungsmehrheit, dort Oppositionsminderheit – schafft Alternativen und Durchsicht für den Wähler.

Der Kanzler bestimme die Richtlinien der Politik, sagt das Grundgesetz. In der Wirklichkeit ist das schon immer eingeschränkt, weil jeder Kanzler für alle wichtigen Fragen die Mehrheit seiner Partei und Fraktion braucht. Für den Kanzler einer Koalitionsregierung mehrerer Parteien potenziert sich das, – manchmal bis zum Widersinn der Wirklichkeit gegenüber der Verfassungsnorm.

Parlamentarische Koalitionen sind nicht nur – wie ein sarkastisches Bonmot behauptet – eine besonders wirksame Art, im Koalitionspartner den parteipolitischen Gegner stetig zu schädigen, sie verändern die eigene Partei: Es wird argumentiert mit Hinweisen auf Meinungen, Tendenzen, Verhalten des Partners; mit der Furcht, vom Partner in dieser oder jener Frage überspielt oder schließlich im Stich gelassen zu werden; und deshalb sei es besser, das an sich Unerwünschte doch gleich mitzumachen, zumal die Presse morgen ohnehin »die Sache bringen« werde...

Dieser koalitionsinterne Wettlauf um einen vermeintlichen Gunst- oder Platzvorteil hier oder da gehört zu den Wirklichkeiten des politischen Alltags. Auch bester Koalitionswille und faire Koalitionspraxis verhindern nicht, daß die »Partner« stetig einander belauern, mißtrauen und auf eigenen Vorteil aus sind. (Sarkasten behaupten, Koalitionspartner seien soviel »Partner« wie Parteifreunde »Freunde«.)

Wer von Koalitionsregierungen unerschütterliche Geschlossenheit, krisenfreie Einmütigkeit, »Politik aus einem Guß« und weithin leuchtende Strahlkraft erwartet, kennt weder die Menschen noch den politischen Alltag.

Große Volksparteien sind schon in sich Koalitionen. Sie so zu führen, daß stetiges Handeln nach festen Prinzipien erfolgt, ist sehr schwierig. Muß eine solche große Partei mit einer anderen koalieren, weil nur so eine Mehrheit im Parlament für die Regierung gesichert werden kann, so potenzieren sich die Koalitionsprobleme. Dann kann man nur hoffen, daß eine kräftige parlamentarische Alternative als Opposition heilsamen Zwang auf die Koalition ausübt!

Im Grunde ist der Bedarf einer Demokratie an Koalition vollauf befriedigt, wenn zwei große, mehrheitsfähige Parteien sich in Regierung und Opposition ablösen und so immer eine Alternative gegeben ist.

Die Vereinigten Staaten von Amerika und Großbritannien sind bewährte, stabile Demokratien. Die eine hat das präsidentielle, die andere das parlamentarische System der Demokratie. Beide haben zwei große Parteien, Persönlichkeitswahl, Wechsel von Regierung und Opposition.

Auch für den Bürger als Wähler ist die eindeutige Alternative besser. Sie gibt ihm leichter ein klares Bild über die politischen Vorgänge und stärkt seinen Einfluß wie seine Mitwirkungsrechte.

Wer kann sich schon wirklich ein Bild machen, wenn Koalitionsparteien erklären, sie hätten ja gewollt, aber nicht gekonnt, weil der Partner sie behindere und sie allein die Mehrheit nicht besäßen? Hat dagegen eine Partei für ihr Programm und ihre Mannschaft von den Wählern durch Mehrheitsvotum direkt den Regierungsauftrag erhalten, so sind alle Beteiligten, auch die Partei- und Fraktionsvorsitzenden, durch direkte Entscheidung des Souveräns festgelegt; sie haben nur zu vollziehen, was die Bürger unmittelbar bestimmten; sie sind gehalten, vom Wahltag ab an den nächsten Wahltag zu denken, wo Rechenschaft abgelegt und dargetan werden muß, wann und wie das von der Partei vorgeschlagene und von der Mehrheit der Wähler bestätigte Programm verwirklicht wurde. Ausreden und Ausflüchte helfen dem wenig, der die Mehrheit hat und der von einer besseren, geschlosseneren und entschlosseneren Alternativpartei programmatisch und personell bedrängt wird.

Persönlichkeitswahlrecht und Zweiparteiensystem wirken gegen das Anwachsen einer außerparlamentarischen Opposition und verhindern radikale und extreme Außenparteien der Eiferer. Dieses System erlaubt keiner der beiden Parteien eine prinzipielle Position gegen die Kirchen, gegen die Unternehmer, gegen die Gewerkschaften und so fort; es zwingt zu Maß und Mitte.

Bisher ist es anders: Je kleiner die Partei, desto größer sind Programm und Versprechungen, weil ja die »Gefahr«, die Mehrheit zu bekommen und erfüllen zu müssen, was versprochen wurde, nicht besteht.

Friedrich Naumann, der bedeutende Liberale, betonte: »Parlamentarisches System und Proporz schließen sich gegenseitig aus.« Aus dem Verhältniswahlsystem folge die »Unmöglichkeit des parlamentarischen Regierungssystems«. Er schrieb sehr prinzipiell: »Bei allen Wahlakten und Abstimmungen entscheidet die Majorität Volkssouveränität durch Majorität!... Damit aber eine Majorität regieren kann, muß erst eine Majorität vorhanden sein, und zwar nicht nur eine Majorität für ein einzelnes Gesetz oder eine einzelne Handlung. Regieren besteht bekanntlich in zusammenhängendem Handeln auf verschiedenartigen Gebieten, im Ausführen größerer Gedankengänge... Eine Majorität, die nur auf ein oder zwei Leitsätzen aufgebaut ist, wird stets in Gefahr sein, an der Vielartigkeit der politischen Probleme zu zerschellen. Man erinnert sich, wie der Liberalismus am preußischen Militärproblem zerbrochen ist! Es genügt also nicht, eine Majorität zu haben, die etwa in rein demokratischen Gesichtspunkten einig ist, die aber in bezug auf Nationalität, Heer, Zoll, Agrarwirtschaft verschiedene Strömungen vertritt. Es ist eine Majorität nötig, die erst durch lange politische Arbeit in einem Volk entstehen kann, eine durch verschiedene Zeiten teils oppositioneller, teils regierender Betätigung gefestigte Massenpartei. Da aber eine solche Massenpartei nur durch den Gegensatz ihrer Gegenpartei zusammengehalten werden kann, so ist die einzig erkennbare Möglichkeit zur Entstehung eines demokratischen Staates die Aufsaugung aller kleineren Parteiunterschiede durch zwei beständig konkurrierende, beiderseits regierungsfähige, große Parteien. Diesem Zustand am nächsten sind von den großen Staaten England und Nordamerika gekommen. Wo es kein Zweiparteiensystem gibt, stellt sich ein immerwährender Wechsel von Kompromißbildungen ein, der dem Fortschreiten einheitlicher Reformideen fast unübersteigliche Hindernisse entgegenstellt, wie man in Frankreich sehen kann... Durch Verschmelzung, Abschleifung, Kartell, wächst langsam die Partei, die durch ihre eigene Lebens- und Leidensgeschichte ein feines Gefühl dafür erhält, was sie, um Majorität zu werden, sich leisten darf und was nicht. Viel Zeit und Kraft wird verbraucht, ehe es soweit kommt, viele Personen, die in dem einen Stadium Vorzüglichstes wirkten, müssen absterben oder zurückgeschoben werden, damit ein nächstes Stadium erreicht werden kann. Das allgemeine Wahlrecht ist nichts als der Anfang für die Selbsterziehung eines Volkes zur Majoritätsbildung.«

Die Entfernung zwischen dem verantwortlichen Politiker und dem Wähler wird zunächst durch den Politiker bestimmt. Nehmen wir den Abgeordneten: Er ist von seinem Wahlkreis oder über die Landesliste für vier Jahre in den Bundestag entsandt, um dort als einer von 518 (496 und 22 Berliner) das deutsche Volk zu repräsentieren, einen Kanzler zu wählen, Gesetze zu beschließen, politische Entscheidungen herbeizuführen, mitzutragen, zu verantworten. Je stärker seine Mitwirkung in Bonn ist, desto weniger Zeit bleibt ihm für die, welche ihm das Mandat zu dieser Mitwirkung gaben.

Es ist nicht des Abgeordneten Aufgabe, Zierde jeder örtlichen Festlichkeit, Grußredner jedes Verbandes, trinkfester Stammtischgast allerorts, Fußmatte jedes Unbehagens und kommunaler Interessenvertreter bei den Bundesbehörden zu sein.

Ein Abgeordneter hat jedermanns Recht, aber niemandes Einzelinteresse zu vertreten. Er ist nicht an Aufträge und Weisungen gebunden und nur seinem Gewissen verantwortlich. Sein Horizont muß die großen Zusammenhänge unserer Welt umfassen; sein Blick muß auf das ganze Deutschland gerichtet, sein Urteil am Gemeinwohl und an der Sachgerechtigkeit orientiert werden; seine Zugehörigkeit zu einer Partei und Fraktion darf ihn nie zu solchem parteiischen Geist verleiten, daß er die Partei, also den Teil, dem Ganzen überordnet. Er darf sich nicht von der Schlagzeile morgen, sondern muß sich vom Gewissen heute leiten lassen. Seine Leidenschaft soll dem Recht, der Freiheit, der Wahrheit, der Sachlichkeit, soll der Pflicht und dem Dienen gelten.

Dieses Bild des Abgeordneten erträgt weder Fraktionszwang noch Entscheidungen am grünen Tisch ohne das stetige Gespräch mit den Wählern.

Ich könnte meine politische Arbeit nicht leisten, ohne immer wieder in Sprechstunden, Versammlungen und Gesprächen im Wahlkreis und anderswo die in Bonn erarbeiteten Argumente mit den Ansichten der Wähler zu erörtern. Nur dieser stetige Dialog und die Kenntnis des Widerspruches ermöglichen ein abgewogenes und sicheres Urteil.

Ich bin auch deshalb für ein Mehrheitswahlrecht, weil dies den stärkeren Kontakt zwischen Wählern und Gewählten erzwingt, die personalen Momente der Politik stärkt und kleinere Wahlkreise ermöglicht. Wahlkreise mit mehr als 200000 Einwohnern oder mehr als 100 Orten sind zu groß für den stetigen Austausch zwischen Wählern und Gewählten.

Bei dieser Doppelaufgabe des Abgeordneten – Bonn und Wahlkreis – bleibt es nicht aus, daß der eine mehr »Parlamentsstar«, der andere mehr »Wahlkreiskönig« sein wird.

Das Mehrheitswahlrecht kann zwar, muß aber keineswegs, dem Parlament die »Experten« vorenthalten. Im Parlament sind ohnehin die politische Gesamt-Begabung und der gesunde Menschenverstand zunächst gefragt. Außerdem ist wohl nicht zu leugnen, daß die Grenze zwischen Expertentum und Interesse manchmal ziemlich fließend ist.

Natürlich müssen wir auch fragen: Was ist dem Bürger ein Gespräch mit seinen Politikern wert? Wie soll Demokratie leben und wachsen, falls etwa das Gesprächsangebot der Verantwortlichen größer ist als die Gesprächs- und Informationsbereitschaft der Bürger?

Presse, Hörfunk und Fernsehen brächten so viel Information und Meinung, daß für das direkte Gespräch zwischen Wählern und Gewählten

wenig Interesse bestünde? Meine Erfahrung besagt das Gegenteil: Die Wähler suchen das Gespräch mit den Verantwortlichen – falls diese nicht nur kommen, eine Rede halten, etwaigen Applaus »huldvoll« annehmen und wieder abreisen, sondern kurz sprechen und dann eingehend diskutieren. Die Bürger wollen teilhaben an der Argumentation und dem Gang der Meinungsbildung des Gewählten; sie sind nach meiner Erfahrung bereit, auch Schwieriges mitzudenken und Nuanciertes aufzunehmen.
Dieses Rezept erfordert Zeit und Hinhören. Es ist strapaziös, mühsam, oftmals für alle enttäuschend. Ich kenne Fälle, in denen Politiker zu einer Diskussion einen halben Tag anreisen, einen halben Tag für die Abreise benötigen und weniger als ein Dutzend Interessierter vorfinden. Gleichwohl bringt jede Begegnung dieser Art, die nicht unter dem Zwang von Wahlkämpfen steht, allen Beteiligten Gewinn.
Zur Demokratie gehört das stete Gespräch. Wir müssen es pflegen – Wähler und Gewählte, nicht nur die Gewählten unter- und miteinander. Und die Wähler wollen direkte Fragen richten gerade an die, welche sie vom Fernsehen kennen; sie wollen – zwischen aller Routine der Fernsehjournalisten und der Politiker – ihre eigene Meinung zum Ausdruck bringen.
Wer nicht das Heil von Gesetzen, Befehlen, Institutionen, Amtsschaltern erwartet, muß mit dafür sorgen, daß – allem anderen voraus – unser Umgang miteinander im Alltag, von der Straßenbahn bis zum Leitartikel, etwas ahnen läßt von der Wurzel der Demokratie: der Achtung der Würde der menschlichen Person und der Meinung des anderen.
Muß alles Gute über einen Politiker erst am Grabe gesagt werden? Könnte man nicht schon zu Lebzeiten wenigstens den guten Willen und das persönliche Engagement achten? Zu seinen Lebzeiten war Hans-Christoph Seebohm, so man dem Trend der Gazetten folgte, »Sonntagsredner«. Nach seinem Tode war er »aufrechter und unbeugsamer, oft auch unbequemer Sprecher für Würde und Recht« und auch noch ein sehr bewährter und erfolgreicher Verkehrspolitiker von europäischem Format... Wenzel Jaksch ist es ähnlich ergangen.
Jene Öffentlichkeit, die den Politiker ins Rampenlicht hebt und so seine Wirkung fördert, hat unzweifelhaft nicht nur das Recht, sondern auch die Pflicht, diesen Politiker und sein Wirken kritisch zu verfolgen. Aber auch hierfür gibt es Grenzen. Sie liegen im privaten und menschlichen Bereich.

Der Idealtyp mancher scheint entweder der »Nahesteher« oder der »Vielen-Gerechte« zu sein.
Der »Nahesteher« ist ein Mensch, der – wie seine Freunde sagen – zwar ganz und gar »dazu« gehört, der »natürlich« völlig auf dem richtigen Standpunkt steht, der eine »ganz dezidierte« politische Meinung hat, sie

auch konsequent vertritt, der »nur« – aber das müssen Sie doch verstehen! – eine verständliche Scheu hat, alles das auch zu bekunden, gar noch durch Mitgliedschaft in einer Partei... Der »Vielen-Gerechte« blüht vor allem, wo der Proporz regiert. Stellen Sie sich vor: Der Mann wäre katholisch; in erster Ehe war er mit einer evangelischen Frau verheiratet und hatte einen katholisch erzogenen Sohn; nach dem Tode der ersten Ehefrau war er erneut verheiratet, dieses Mal mit einer Katholikin, die aus ihrer ersten Ehe zwei evangelisch erzogene Töchter mitbrachte; unser Mann ist zwar Vertriebener, sein Geburtsort aber ist linksrheinisch; er ist beruflich selbständig gewesen, jetzt aber ist er Prokurist; seine Gewerkschaftsmitgliedschaft hat der kluge Mann seit seinen jungen Jahren erhalten wie seine Rentenversicherung; er ist nicht nur im Kirchenvorstand, sondern auch im örtlichen Fußball-Club; und seine Frau hat einen Vetter beim Theater; also ist unser Mann nicht nur »bi-konfessionell«, sondern – wie's gerade kommt – sowohl den Arbeitnehmern wie den Arbeitgebern, den Flüchtlingen wie den Einheimischen, dem Sport wie der Kultur »anrechenbar«.
Wo der Proporz Wählern oder Partei-Managern den Blick auf die Überlegenheit solider Begabung und Ausbildung verstellen sollte, wird dieser Mann stets sogleich zur Hand sein.
Demokratie braucht etwas ganz anderes: Sich entscheiden, seine Meinung bekennen, sich zur Wahl stellen, Partei ergreifen, gewinnen, unterliegen, Lob und Tadel empfangen.
In unserem Land und in unserer Gesellschaft sind zuviele am »Vielleicht« orientiert. Wie soll daraus ein Gemeinwesen werden? Ja und Nein wie Gewählte und Unterlegene gehören zur Demokratie. Demokratie verlangt Engagement der Demokraten. Unverbindliches »Vielleicht« genügt nicht. Auch Freiheit nämlich gibt es nur ganz oder gar nicht, nicht aber »vielleicht«.

In Deutschland gibt es zu wenig vermögende Familien, als daß es möglich wäre, nur vermögende Leute in der Politik wirksam werden zu lassen. Und selbst wenn dies anders wäre, stünden der demokratische Gedanke und die soziale Verantwortung dem entgegen. Es ist auch nicht möglich und sinnvoll, etwa nur Kandidaten aufzustellen und Abgeordnete zu wählen, die beruflich so gesichert sind, daß sie immer wieder auf den alten Platz zurückkehren können. Das würde die Kandidatur Jüngerer weitgehend unmöglich machen und einige Berufe aus dem parlamentarischen Leben ausschließen.
Politische Führung nutzt ab und verzehrt. Politische Führer werden von der öffentlichen Meinung bis ins Private angestrahlt und ausgeleuchtet. Die Person, die Familie werden zur öffentlichen Angelegenheit.

Als für Erich Mende der Konflikt in seiner Partei und mit seiner Partei kam, stand der Familienvater Erich Mende vor Existenzfragen. Wie immer dieser »Fall« wirklich war, es entstand der Eindruck, als habe man sich in Deutschland diesem Vorgang gegenüber blind und taub gezeigt. So stellt sich mancher die Frage, ob etwa die deutsche Gesellschaft ihre führenden Politiker zur Kaste mache? Müssen sie alle immer »Berufspolitiker« bleiben? Liegt nur in der Politik ihre Existenz? Haben sie keine Alternative? Und geht also der Kampf unter ihnen nicht nur um Rang, Ansehen und Einfluß?
Unverbrauchte Kräfte verlockt diese Situation nicht gerade zum politischen Engagement. Bleibt die Kommunikation zwischen Politikern und Gesellschaft aus, findet sie nicht – wie in den USA, in Großbritannien und Frankreich – ihre Konsequenz auch im Wechsel der Handelnden und ihrer Tätigkeiten, so verarmt der freiheitliche Rechtsstaat.
Eine Demokratie ist so gut, wie die Bürger sie gestalten. Parteien sind so schlecht, wie das Desinteresse Begabterer sie sein läßt. Politische Führung steht in der Gefahr, »Establishment« zu werden, wenn die persönliche Lage der Führenden ausweglos ist, da sie von der Politik leben müssen...

Es wird mit Recht erwartet, daß ein früherer Bundespräsident oder Bundeskanzler dem Lande weiter dient – als Berater der Nachfolger, als Werbender im Ausland, als Gesprächspartner ausländischer Besucher, als Festredner, als Artikelschreiber und vieles mehr. Es wird auch erwartet, daß er im Staatsinteresse weiterhin den ständigen Schatten eines Kriminalbeamten erträgt und die geheimen Vorgänge seiner Amtszeit allen Kritikern zum Trotz für sich behält.
Weder Theodor Heuss noch Konrad Adenauer konnten den hierzu nötigen Aufwand an Information, Korrespondenz, Terminplanung, Reisen, Lektüre, Büro, Telefon, Mitarbeitern und Repräsentation ganz aus ihren guten Pensionen bestreiten. Auch Ludwig Erhard kann das nicht.
Es wird erwartet, daß er für uns weiter tätig ist. Zugleich wird kritisiert, daß hierfür auch öffentliche Mittel verwendet werden.
Was sind uns unsere Politiker wert? Wenn sie unabhängig sein und bleiben sollen, müssen wir ihre materielle Existenz sichern.
Eine Schweizer Stimme, der Leitartikler der »Basler Nachrichten«, schrieb am 10. September 1967: »Wohl haben die Deutschen die Fiktion aufgegeben, daß Parlamentarier kein Beruf sei. Die Diäten eines Mitgliedes des Bundestages decken aber bei weitem nicht das Risiko, nach vier, acht, zwölf und mehr Jahren nicht mehr gewählt zu werden und ohne ausreichendes Überbrückungskapital dazustehen. Obwohl Idealismus und politisches Flair unentbehrlich bleiben, kann das Parlament eines modernen Industriestaates nicht mehr nach Amateurstatuten des vergangenen

Jahrhunderts spielen. Für jene raren Kräfte nämlich, die nach Kenntnissen und Erfahrungen befähigt wären, neuzeitliche Verwaltungen sowohl aufzubauen und zu führen, als auch zu durchleuchten, bieten Abgeordnetendiäten keinen Anreiz. Auf die Dauer kann sich eine moderne Demokratie keine Parlamente mehr leisten, deren Fachleute verschiedener politischer Färbung sich etwa von ein und demselben Beamten die Reden zu ein und demselben Gesetz schreiben lassen. Ein Parlament, das seinen auf dem geduldigen Papier demokratischer Verfassungen festgelegten Kontrollpflichten genügen soll, bedarf einer bedeutend großzügigeren Honorierung seiner Mitglieder als bisher üblich, damit der Abschied von der Politik nicht zur Existenzfrage wird. Die gegenwärtige Regelung bringt die Repräsentanten des Volkes bestenfalls in die Abhängigkeit von Parteiapparaten.«

»Wer in Florenz leben und sich der Gunst des Volkes erfreuen will, der muß sich aller Zeichen des Ehrgeizes enthalten und jeden Anschein selbst in den geringfügigsten Dingen und im alltäglichen Leben vermeiden, als wolle er größer oder mächtiger oder vornehmer erscheinen denn die anderen. In einer Stadt nämlich, die durch und durch auf Gleichheit begründet ist und in der es viel Neid gibt, wird unfehlbar jeder Anstoß erregen, der den Eindruck erweckt, als wolle er den anderen nicht gleichen oder gar von der allgemeinen Lebensart abrücken.«
Das schrieb 1529 Francesco Guicciardini.
Aber das ist – natürlich – lange her und Florenz ist weit...

Politiker und Parteien leben stets in der Gefahr, »Anpassungsartistik« zu betreiben, also überall um Wohlwollen zu buhlen, nirgends anzuecken, dem Wähler allein demoskopisch nachzuspüren und – so »orientiert« – Politik zu einer Folge von Antworten auf die Ergebnisse der empirischen Politologie zu erniedrigen.
Ginge man diesen Weg, so nähme man der Politik jede sachlich orientierte Zielsetzung, jede Zukunftsperspektive und das ihr wesensnotwendige Element des Führens. Ihr legitimer geistig-moralischer Anspruch wäre dahin. Die bekannte unpopuläre »Durststrecke« vor dem politischen Erfolg wäre nicht jenes Hindernis, dessen Überwindung so oft die Solidität des Zieles wie die des Politikers ausweist; sie wäre vielmehr zum zentralen Verkehrszeichen der Anpassungsartistik erhoben: Hier entlang zur kurzsichtigen Bequemlichkeit in der Sackgasse des muffigen Mittelmaßes!
Wehrpflicht war zunächst unpopulär ebenso wie Wettbewerb und Selbstvorsorge. »Anpassungsartistische« Politik wäre nie im Stande gewesen, sie durchzusetzen. Der Demoskopie sollte der Verantwortliche nicht nur

entnehmen, wem er zu entsprechen, sondern auch, wem er entgegenzutreten hat.

»Anpassungsartistische« Politik setzt wenig urtümliche Akzente und Ziele, die vom Wähler neue Antworten und Motive der Entscheidungen verlangen. Eine solche Politik fordert kaum heraus, reizt selten nur zum Widerspruch wie zur neuen Bejahung, stellt keine Fragen, sondern erstarrt in Ehrfurcht vor den schon vorhandenen Antworten. Eine solche Politik ist im tiefsten Grunde undemokratisch, weil sie der Gesellschaft die Antwort auf politische Fragen abzunehmen sucht und damit das Lebenselement der Demokratie, die Auseinandersetzung der Meinungen behindert. Sie führt zur Langeweile der Regierten, damit zu Unzufriedenheit, Unbehagen, ja sie verführt zur Sehnsucht nach Neuem um jeden Preis. Wer seine politischen Vorhaben allein nach den im Volk schon vorhandenen Antworten richtet, wird immer mehr die Vergangenheit restaurieren als sich der Zukunft zuwenden.

Ebenso schädlich handelt der Politiker – schädlich fürs Ganze und für sich selbst – der seine Politik allein nach der demoskopisch errechenbaren persönlichen »Image-Situation« bestimmte. Wer allein der Demoskopie folgt, darf sich weder über »Malaise« noch über »Unbehagen« noch über »Stimmungsdemokratie« wundern!

Politik ist Kunst im weitesten Sinne – dem Menschen zugeordnet, jenem Wesen, das weder allein aus Ratio und Berechnung handelt, noch von anderen vorausberechnet werden kann.

Dem Komponisten wie dem Interpreten ist die Kenntnis der Musikwissenschaft nützlich. Sie kann aber weder das schöpferische Genie bewirken, noch es auch nur ersetzen. Dem Dramatiker, dem Regisseur, dem Schauspieler ist die Kenntnis der Theaterwissenschaft ebenfalls nützlich. Doch nützt die beste Kenntnis hierüber nichts, wenn die künstlerische Begabung fehlt. So ist es auch beim Politiker in seinem Verhältnis zu den Politologen, aus welcher wissenschaftlichen Disziplin sie immer kommen mögen: Als Ratgeber sind die Politologen dem Politiker nützlich; sie können aber die Politik nicht ersetzen.

Politik ist etwas anderes als Politologie. Letztere ist ein System von Erfahrungen, Tatbeständen, Anmerkungen, Prämissen. Politik setzt das voraus, ist aber selbst Urteil aus sachlicher, moralischer und geistiger Erkenntnis, ist Führen, Handeln, Entscheiden, Improvisieren, Zukunftahnen; kann Kunst sein; ist auch das Setzen neuer Akzente und Ziele (über deren Ergebnisse später die Politologen Kluges werden sagen können).

Diese Aussage ist nicht gegen die Mitwirkung der Demoskopie, Statistik und Soziologie in der Politik gerichtet. Sie will nur die Grenzen zur Politik klären und im übrigen ihren Rang als Hilfsmittel, als unentbehrliche Mitberater moderner Politik unterstreichen.

Demoskopismus wäre der direkte Weg zum Verlust der Demokratie zugunsten der radikalen Fanatiker von links- und rechtsaußen.
Helmut Thielicke hat recht, wenn er sagt: »Wir sind Konsumenten von Freiheit geworden. Produzieren wir sie eigentlich noch in unserem Leben? Haben wir noch eine Nachschubquelle? Die Freiheit, die das Ermächtigende vergessen hat – oder besser und in Klartext: die *den* Ermächtigenden vergessen hat –, degeneriert sehr schnell zu bindungsloser Liberalität. Sie führt ein kurzes Interim hindurch noch das Scheinleben der Idee, die ohne Erinnerung an ihren Ursprung ist und darum auch nicht mehr aus diesem Ursprung gespeist wird. Das bekannte Wort, daß die Menschheit sich in einem Gefälle befindet von der Divinität über die Humanität zur Bestialität, ist ein Fanal. Wer die Freiheit des Menschen will, muß nach dem fragen, was mehr ist als der Mensch.«

Der alte Oberpräsident Gronowski, ein Mann, der ein ausgefülltes Leben lang Parlamentarier war, gab mir als jungem Parlamentskandidaten, der sich ihm vorstellte, diese Erfahrungen mit auf den Weg: »Erstens: Sie werden mehr Sorgen bekommen, als ein Pudel Flöhe hat. Zweitens: Wer auf dem Marktplatz steht, muß wissen, daß Hunde kommen, um an ihm das Bein zu heben.« Nur wer beides ebenso ertragen könne wie Lob oder Tadel werde von der Geschichte als »geeignet fürs Parlament« ausgewiesen.

Wirtschaftskraft

Die Bürger des reichsten und mächtigsten Volkes der Welt stehen plötzlich vor der Notwendigkeit, auf private Auslandsreisen zu verzichten und weniger im Ausland zu investieren, kurzum: sich mancherlei Beschränkung gefallen zu lassen, um die internationale Kraft des Dollars zu erhalten oder zurückzugewinnen. Selbst die reichen USA können nicht alles auf einmal. Auch dort setzt die Wirtschaftskraft Grenzen für das politisch Mögliche.

Großbritannien mußte das Pfund abwerten und seinen Bürgern eine wirtschaftliche und soziale Roßkur zumuten. Es kündigte den schmerzlichen Abschied von weltweiten Engagements an, weil die finanzielle Kraft nicht weit genug reiche.

Charles de Gaulle mußte erkennen, daß seine Persönlichkeit und seine Vorstellungen sowohl in Lateinamerika wie in Osteuropa seinen konkreten wirtschaftlichen Möglichkeiten weit voraus waren.

Die Moskauer Führer haben zurückgesteckt, seit sie bemerkten, daß ihre außen- und innenpolitischen Ziele ehrgeiziger und anspruchsvoller waren als die ökonomischen Mittel, die sie dafür bereitstellen konnten.

Wir Deutschen waren seit längerer Zeit ohne Erfahrung mit wirtschaftlicher Rezession und Arbeitslosigkeit. So überraschten uns die ökonomischen Wirklichkeiten der Jahre 1966 und 1967. Mancher war kopflos, und Übertreibung regierte das Feld. Mehr und mehr wird nun eingesehen, daß auch wir uns nicht alles auf einmal erlauben können. Und die Erkenntnis gewinnt Rang, daß unser politischer Atem, auch für die auswärtige Politik, zum Teil von unserer Wirtschaftskraft abhängt.

So erfreulich es ist, wenn diese Einsichten im Volk Fuß fassen – sie genügen noch nicht! Wir müssen sehen, daß besorgte Fragen im In- und Ausland gestellt werden: Japan erstarke wirtschaftlich weiter, während in Deutschland Antriebskräfte für ein entsprechendes wirtschaftliches Wachstum schwer zu erkennen seien. Mittelfristige Prognosen sowohl der EWG als auch der OECD sagen uns ein geringeres wirtschaftliches Wachstum voraus als Frankreich, Italien oder den USA. Viele fragen, ob es uns gelingen werde, 1970 und 1980 noch drittgrößte Industrienation der Welt zu sein. Andere fragen, ob die Großen unserer Wirtschaft und Politik noch Kraft und Willen zu mutigen Konzeptionen, kühnen Entscheidungen und Risiko hätten; ob sie bereit seien, Widerwärtigkeiten zu trotzen und die provinzielle Enge, wo sie hemmend entgegentritt, zu überwinden.

Und wie ist es mit uns? Warum warben alle Parteien bei der letzten Wahl zum Deutschen Bundestag, indem sie »Sicherheit« oder nur »Ja« auf Plakate schrieben? Welche Grundmotive hatte man im deutschen Volk aufgespürt? Zukunftsbesorgtheit? Ist dieses Volk überfordert worden durch die Geschichte dieses Jahrhunderts? Durch zwei Kriege, zwei Inflationen, Wiederaufbau und andauernde Teilung?

Unsere Wiederaufbauleistung bleibt beispielhaft. Wir begannen in Trümmern. 1950 betrug das Bruttosozialprodukt schon knapp 100 Milliarden DM, 1965 war es auf 450 Milliarden DM angestiegen. (1966 vorläufig: 477,9 Milliarden DM.) Bei Vollbeschäftigung und einem sehr entwickelten System sozialer Sicherheit erhöhten sich die Reallöhne von 1950 auf 1965 in der Industrie um 138 Prozent.
Wir haben Anlaß zu Stolz und Dank.
Inzwischen wissen wir aber alle, daß auch bei uns die Bäume nicht in den Himmel wachsen. Wir haben uns davon überzeugt, daß auch andere etwas können, und erkennen immer mehr, wie sehr unsere Zukunft von einer wachsenden Wirtschaftskraft abhängt.
Unsere Wirtschaft wird nur wachsen, wenn wir unsere Strukturprobleme lösen und unsere Möglichkeiten auf das konzentrieren, was für morgen steigende Kraft der deutschen Volkswirtschaft erwarten läßt.
Wir sollten keine Angst haben, wirtschaftliche Strukturveränderungen auch zu vollziehen. Wir dürfen sie gelegentlich ordnen, selten bremsen, nie verhindern. Und immer müssen sie begleitet sein von sozialer Absicherung mit dem Blick in die Zukunft. In einer modernen Industriegesellschaft gehört nichts so zum Dauerzustand wie strukturelle Veränderung. Sie ist einer der Preise für den ökonomischen Fortschritt und für das Wachstum.
Ein Blick in den Bundeshaushalt schärft das Auge für unsere Strukturprobleme. Da gibt es viele, zu viele Subventionen, die mehr den Prioritäten von gestern als den Erfordernissen für morgen entsprechen. Die mittelfristige Finanzplanung des Bundes schafft Übersicht, aber weder Geld noch Wirtschaftskraft. Sie ist um gute Weichenstellung und schonungsloses Offenlegen der Probleme bemüht.
Der Bundestag hat durch § 12 des Gesetzes zur Förderung der Stabilität und des Wachstums der Wirtschaft vom 9. Juni 1967 die Bundesregierung verpflichtet, dem Parlament alle zwei Jahre einen Subventionsbericht zu geben. Ende 1967 ist der erste Bericht dieser Art vorgelegt worden. Nach dieser amtlichen Unterlage betrugen »die sichtbaren Finanzhilfen des Bundes« im Jahre 1967 7,2 Milliarden DM. Dieser Betrag werde für 1968 auf rund 8,7 Milliarden DM ansteigen. Zur Aufschlüsselung dieser Milliarden heißt es: »Im Jahre 1967 entfallen von der Gesamtsumme der Finanzhilfen rd. 23 v.H. auf Erhaltungshilfen, rd. 30 v.H. auf Anpas-

sungshilfen und rd. 4 v. H. auf Produktivitätshilfen. Die sonstigen Finanzhilfen betragen rd. 43 v. H.« Nach diesem amtlichen Subventionsbericht betrug das Gesamtvolumen der Steuerbegünstigungen im Jahre 1967 rund 9,6 Milliarden DM.
Da man auch im Bundeshaushalt jede Mark nur einmal ausgeben kann, fehlt jede Mark, die für vergangenheitsbezogene Subventionen ausgegeben wird, bei der Finanzierung unserer Zukunftsaufgaben.
Besondere Strukturprobleme bestehen bei der Kohle, der Landwirtschaft, im Handel, bei der Bundesbahn und in einzelnen Regionen unseres Landes.
Im Jahre 1957 hatten wir in der Bundesrepublik Deutschland einen Primärenergieverbrauch von fast 200 Millionen Tonnen Steinkohleneinheiten; 1966 waren es 270 Millionen Tonnen Steinkohleneinheiten. Hatte die Steinkohle an diesem Verbrauch 1957 noch einen Anteil von 70%, so fiel dieser Anteil im Jahre 1966 unter 40%. Der Anteil des Mineralöls hingegen stieg an und überrundete die Kohle: 1957 betrug er 10% und 1966 45% des Primärenergieverbrauchs. Der Kohleabsatz ist immer schwieriger geworden, auch infolge technischer Entwicklungen, welche den Ausnutzungsgrad der Kohle intensiver werden ließen. 82 Schachtanlagen wurden von 1957 bis 1966 geschlossen; die Zahl der im Bergbau Beschäftigten sank in diesem Zeitraum um 273 000. Die Leistung je Mann und Schicht aber stieg von durchschnittlich 1,6 t auf 3,2 t. Aus öffentlichen Mitteln des Bundes erhielt der Bergbau 1967 3,6 Milliarden DM. (Das Verhältnis der Beiträge zu den Zuschüssen in der Knappschaftlichen Rentenversicherung, das noch 1960 etwa 1 zu 1 gestanden hatte, betrug 1967: 1 Milliarde Beitragsaufkommen zu 2,781 Milliarden Staatszuschuß.)
Unsere Landwirtschaft zeigt ein Bild, das eher noch dramatischer ist: 1949 hatten wir 1939604 landwirtschaftliche Betriebe, 1966 waren es noch 1432932. Das ist ein Minus von 26,6%. Die Tendenz zum größeren Betrieb ist unverkennbar. Die Zahl der Arbeitskräfte in der Landwirtschaft ging wie folgt zurück: 1950 gab es 5560000 und 1966 nur noch 3280000 »Familienarbeitskräfte«. Die Zahl der »Lohnarbeitskräfte« verringerte sich im gleichen Zeitraum von 2216000 auf 378000. Die Produktivität unserer Landwirtschaft nahm stärker zu als die unserer Industrie! Die Nahrungsmittelproduktion je landwirtschaftlicher Arbeitskraft stieg von knapp neun Tonnen Getreideeinheiten im Jahre 1951 auf fast 30 Tonnen im Jahre 1967. Von 1950/51 auf 1965/66 stieg die Nahrungsmittelproduktion an: + 51,5%; die Zahl der Vollarbeitskräfte sank: − 52,4%; die Nahrungsmittelproduktion je Arbeitskraft in Doppelzentner Getreideeinheiten stieg an: + 218,3%. Der Preis für diese Evolution ist hoch: Überarbeitete Bäuerinnen, verschuldete Höfe wegen schneller Mechani-

sierung und Erzeugerpreise, die von den Bauern weitgehend als kaum ausreichend betrachtet werden.
Im deutschen Handwerk haben wir einen erheblichen Strukturwandel hinter uns: Von 1956 bis 1965 hat die Zahl der Handwerksbetriebe von 786300 auf 664600, also um 121000 (= 15%) abgenommen; die Zahl der Beschäftigten nahm aber in diesem Zeitraum zu! Sie stieg von 3,8 auf 4,1 Millionen Menchen. Auch die Umsätze erhöhten sich erheblich. Die Struktur des Handwerks ist nun gesünder. Der Anteil des Handwerks am Sozialprodukt ist mit 11% doppelt so hoch wie der der Landwirtschaft.
Der Einzelhandel ist ebenfalls in einem Strukturwandel. Die Zahl der Geschäfte mit einem Umsatz zwischen 20000 und 100000 Mark sinkt ab. Das gilt auch für den Anteil solcher Betriebe am Gesamtumsatz des Handels. Der Trend zu wachsenden Unternehmensgrößen ist hier – wie in der Landwirtschaft, wie im Handwerk – unverkennbar. Die Marktanteile nach Betriebsformen des Handels machen eine weitere Entwicklung sichtbar (1966): Der Anteil der Warenhäuser (9,6%), des Versandhandels (4,4%), der Filialunternehmen (14,5%) steigt, der des übrigen Einzelhandels sinkt (71,5%).
Die Deutsche Bundesbahn ist immer mehr auf Zuschüsse aus der Bundeskasse angewiesen. Die Steuerzahler trugen auf diesem Wege im Jahre 1960 mit 881 Millionen DM und im Jahre 1967 mit 2,5 Milliarden DM zur Finanzierung der Bundesbahn bei. Diese Zahlen steigen im Laufe der Jahre weiter an, – falls nicht dieses Strukturproblem als Teil des verkehrspolitischen Programms gelöst wird. Genügend Vorschläge liegen auf dem Tisch. Nun muß entschieden werden.
Es gibt auch räumliche Strukturprobleme: Wir haben Gebiete industrieller Ballung und solche, aus denen die Menschen abwandern müssen, da Arbeitsplätze fehlen. Viele bleiben und werden »Pendler«. Während an der Ruhr Feierschichten und Arbeitslosengeld gezahlt wurden, suchten Fabrikanten nicht nur im Raum Stuttgart, sondern schon im Raum Bielefeld Arbeitskräfte! Ich kenne Arbeiter, die täglich bis zu 100 Kilometer von der Wohnung zum Arbeitsplatz »pendeln«. Wir erlauben uns hier den Luxus ungeheurer Verschwendung von Kraft, Zeit, Nerven, Geld, aber auch unnötige Spannungen.
Wir müssen uns auch fragen, ob wir – wie selbstverständlich – für eine längere Zeit davon ausgehen können, daß immer viele hunderttausend Menschen aus anderen Ländern bei uns arbeiten wollen und können. Wird die Weltlage das immer erlauben? Was sagt unsere außenwirtschaftliche Bilanz auf die Dauer dazu? Was wäre, wenn plötzlich alle diese Menschen wegblieben? Ist die Struktur unserer Volkswirtschaft so auf ein stabiles Fundament gegründet?
Aus alledem wird deutlich, was wir zu tun haben: Finanzverfassungsre-

form, Raumordnung, Planung der Industrieansiedlung, nüchterne Arbeitskraftbilanz bis zum Jahre 2000 und mutige Veränderungen unserer Strukturen.
Wenn wir die geschilderten Probleme nicht lösen, werden wir ausgezehrt werden vom Geldausgeben für Subventionen, statt unsere Kraft den Zukunftsausgaben zuzuwenden.
Wir stecken nicht nur in einer Finanzklemme. Wir stehen am Ende der Wiederaufbauphase und vor einer entscheidenden Weichenstellung. Wir sind gefragt, ob unsere Entschlossenheit und unsere Konsequenz ausreichen, die deutsche Wirtschaftskraft so zu stärken, daß wir auch morgen in der Produktion die dritte, im Handel die zweite und im Sozialen die erste Nation der Welt bleiben.
Wer sich Sorgen macht um den Arbeitsplatz, die Währung und die Alterssicherung, kann nur antworten: Wir müssen die produktiven Kräfte der deutschen Wirtschaft stärken. Unsere soziale Sicherheit und Ordnung morgen erfordern, daß wir weiter hart arbeiten, daß wir festhalten an Sozialer Marktwirtschaft und an Partnerschaft. Dies ist die Zeit, der Qualität der deutschen Volkswirtschaft Priorität zu geben wie der Solidität der Arbeit und der Leistung. Dies ist auch die Zeit, immer an die volkswirtschaftliche Qualität aller öffentlichen Haushalte zu denken.
Ohne Subventionen für Bahn und Kohle wären die Bundesfinanzen 1966 und 1967 auch ohne schmerzhafte Operation in Ordnung gewesen. Diese Strukturprobleme haben wir, obwohl Bergleute und Bundesbahner Qualitätsarbeit leisten. Aber die Nachfrage geht zurück.
Wenn wir unsere Strukturprobleme nicht lösen, wird der Zeitpunkt kommen, an dem selbst ein achtbares reales Wachstum bei den Einnahmen auf der Ausgabenseite der Bundesfinanzen allein von den stetig wachsenden Subventionen aufgezehrt würde. Die Konsequenz dessen wäre: Kein Geld für Wissenschaft, Forschung, Modernisierung, Sozialinvestitionen.
In allen diesen Fragen sind wir dabei, die Weichen zu stellen. Wir müssen es entschieden tun. Versäumten wir, unsere Strukturprobleme zu lösen, so betrieben wir fiskalische Tages-, nicht aber ernsthafte Finanz-, Gesellschafts- und Wirtschaftspolitik! Hierbei darf uns nicht leiten, was gestern richtig war; uns muß leiten, was heute für morgen richtig ist. Nicht das Festhalten an überholten Prioritäten und veralteten Formen von gestern, auch nicht das Wohlstandsdenken für den Augenblick dürfen ausschlaggebend sein, sondern die Verantwortung für die Zukunft. Handelten wir anders, so hinterließen wir unseren Kindern weniger als wir von unseren Vätern empfingen, denn andere schreiten voran.
Schon rufen uns besorgte Beobachter zu, wir hätten nicht nur Strukturschäden; unsere ökonomische Gesamtstruktur entspräche der Wieder-

aufbauphase, nicht den Bedingungen von morgen; wir hätten zuviel Menschen und Geld in Bereichen, die künftig kaum noch Wachstum versprächen. Natürlich haben wir Bereiche mit großen Zukunftserwartungen. In der friedlichen Nutzung der Kernenergie, in der Chemie und der Elektronik haben wir Chancen ergriffen. Wenn die Politik das fördert und das Bildungswesen Priorität erhält, liegen hier Wurzeln neuer Wirtschaftskraft.
Das alles wird Geld kosten, viel Geld, auch Steuergeld. Es wird nur gut gehen mit Prioritäten, mit mehrjähriger Finanzplanung. Und diese erfordert dringend die Finanzverfassungsreform. Nötig ist auch, daß jeder weiß und entsprechend handelt: Das Ja zu dieser Priorität heißt eine andere zurückstellen, heißt Ja zur Rangordnung.
Auch die abgeschwächte Wirtschaftstätigkeit 1966/67 machte deutlich, daß wir nicht nur Konjunktur-, sondern Strukturprobleme haben und beide zusammen sehen müssen.
Die Konjunktur läßt sich nicht befehlen. Was sie braucht ist: Vertrauen, Gewinnerwartung, unternehmerische Initiative und stetige politische Führung. Menschliches Verhalten ist nur in Grenzen »machbar« und rechenhaft.
Die Konjunktur ist weder an Hand von Durchschnittsdaten noch mit globaler Therapie allein zu fördern. Wir haben nicht nur Quantitäts-, sondern auch Qualitätsprobleme. Bemühungen um konjunkturellen Aufschwung müssen Hand in Hand gehen mit solchen der Strukturverbesserung.
Zusätzliche öffentliche Verschuldung ist vertretbar zu Zwecken, die künftig volkswirtschaftlich Ertrag bringen, die Struktur und damit die Qualität verbessern. Weniger der Umfang als die Qualität der Schulden und die Art ihrer Finanzierung sowie die Entschlossenheit zur Tilgung sind zu beachten.

Zu einer Politik, die die Wirtschaftskraft für morgen stärken will, gehört auch, daß wir Europäer – und wenn es gewünscht wird, auch im atlantischen Rahmen – zu einer verstärkten Zusammenarbeit kommen; wirtschaftlich, technologisch und sozial. Nur so – und auf keinem anderen Wege – werden wir auch wirtschaftlich weiterkommen.
Wir sind heute dem Jahre 2000 näher als dem Jahre 1933. Die siebziger und achtziger Jahre stehen vor der Türe. Unser Land braucht den Blick nach vorne und unsere Politik politische Planung! Hierzu gehören moderne Methoden, moderne Maschinen und vor allem moderne, führungsfähige, entscheidungsfreudige, sachgerecht denkende Menschen. Solange »Manager« in unserem Lande eher ein Schimpfwort ist, werden wir weder die modernen Führungsmethoden des »Teamwork« beherr-

schen noch überwinden, was Robert McNamara uns Europäern vorwarf: »Management Gap«. Dieses Nachhinken erweitert die Lücke zu den USA. Und wer das schmerzliche und anwachsende (!) »Technological Gap« der Europäer zu den USA überwinden will, muß Europa einen, die Scheu vor kontinentalen Unternehmungen ablegen und zu modernen Führungsmethoden, die das »Team« wie den »Manager« einschließen, Ja sagen. Hierfür sind Ausbildungs-, Forschungs- und Weiterbildungsstätten erforderlich.

Zukunftsromane sind Gegenwart geworden, nicht nur auf technischem Gebiet. Das Weltbild unserer Zeit ist ein anderes als das der dreißiger und fünfziger Jahre unseres Jahrhunderts. Es gibt mehr Menschen, mehr Völker auf dieser Erde, die bereits in den Kategorien der Zukunft denken und handeln. Industriekonzerne errechnen Bilanzen für Jahrzehnte voraus und stellen ihre firmenpolitischen Entscheidungen auf sie ab. Viele mittlere Betriebe – auch in unserem Land – haben in diesen Monaten ihre Umsatzberechnungen für das Jahr 1977 bereits fertig, und die führenden Köpfe dieser Werke handeln nach diesen Plänen und Berechnungen.

Warum tun sie es? Nicht weil sie gern mit Zahlen spielen oder die Computer arbeiten lassen wollen. Auch nicht nur deshalb, weil sie Kapital und Arbeitskraft zielgerecht einsetzen oder ihre Verdienstchancen voraussehen wollen. Sie rechnen bereits mit der Zukunft, weil sie als Werke, Betriebe auch morgen leben und weil sie die Arbeitsplätze, die in wenigen Jahren anders aussehen als unsere heutigen, für die ihnen anvertrauten Menschen erhalten wollen. Weil sie – es klingt banal – Arbeit und Brot geben wollen, Sicherheit und jedem der ihnen anvertrauten Menschen die Möglichkeit, zufrieden zu sein.

Es gab in den sozialpolitischen Kämpfen der zwanziger Jahre in Deutschland Protestmärsche, bei denen unterbezahlte Frauen eigene, nicht von den Gewerkschaften empfohlene Plakate trugen, die damals wenig verstanden wurden. Aber vielleicht spüren wir heute, was diese Frauen meinten, deren Protest besagte, daß zu den Zielen jeder Politik mehr gehören müsse. Die Frauen trugen Plakate, handgemalt mit einfacher Schrift: »Wir wollen nicht nur Brot, wir wollen auch Rosen.«

Gewiß, es gibt Millionen Menschen, denen noch das Brot fehlt, aber unsere Ziele müssen über das Beschaffen des Brotes hinausgehen, sonst werden wir auch das eines Tages nicht mehr beschaffen können. Fortschritt müssen wir immer stärker begreifen als Chance zu mehr Bildung, Humanität und Rücksicht.

Wir Deutschen leben in einem mit Bodenschätzen nicht sonderlich gesegneten Land. Unsere Existenz hängt ab von unserer Arbeitskraft, von unserem Fleiß, von unserem Wissen, unseren Erfahrungen und von den schöpferischen Begabungen, die uns geschenkt werden. Diese Daseinsbe-

dingungen zwingen zum Miteinander. Hier kann sich niemand auf einer Goldmine oder einem Diamantenfeld zur Ruhe setzen. Für alle steht alles auf dem Spiel. Vernachlässigte Begabungen, brachliegendes Können, Leistungsbereitschaft, die nicht in Anspruch genommen wird, Zuverlässigkeit, an die niemand appelliert, – so etwas beschwört folgenschwere Verluste herauf. Den Kampf um die Zukunft werden wir alle miteinander gewinnen oder verlieren.
Wenn ich es recht sehe, stellen die Bedingungen der künftigen wirtschaftlichen Entfaltung uns vor besondere Fragen. Wir sollten sie ideologiefrei und sachgerecht beantworten. Ich glaube, daß immer mehr Geld, Zeit und Kraft für Entwicklung, Forschung und Modernisierung benötigt wird; daß beim Wettbewerb auf dem Weltmarkt immer mehr die – verhältnismäßige Kleinheit unserer Großbetriebe sichtbar und spürbar werden wird; daß der Dollar – er sollte, wie ich meine, Leitwährung bleiben; und die Nation, die dahintersteht, muß auch die politischen Leitpflichten erfüllen –, daß die wirtschaftliche Potenz des Dollarbereiches eine verstärkte Zusammenarbeit in Europa zwingend erfordert.
Kurzum: Kapitalbasis, Kooperation und Zusammenschlüsse erhalten einen anderen Rang. Es wird leichter sein, die Konsequenz dieser Dinge auch in der Politik zu ziehen, wenn die »Großen« der Wirtschaft darauf verzichten, einen unnötigen vertikalen Aufbau voranzutreiben, in den Verteilerapparat einzudringen, Zulieferer zu »schlucken« und so fort. Das setzt allerdings den fortdauernden Willen der »Kleinen« zur Selbständigkeit voraus.
Zu diesen Voraussetzungen gehört auch, daß wir noch entschiedener alle Anstrengungen unternehmen, um die Sparkraft des deutschen Volkes wirksam zu nutzen. Weite Schichten der Bevölkerung müssen für die finanzielle Beteiligung auch an der Industrie gewonnen werden: auf diese Weise kann die Eigentumsstreuung verbreitert und die finanzielle Basis des ökonomischen Fortschritts verstärkt werden. Ich habe nicht den Eindruck, daß wir die in der hohen Sparrate schlummernde Kraft schon voll ins Spiel gebracht haben.
Jedenfalls verlangt die Sorge um den Arbeitsplatz morgen, die Sorge um unsere Wettbewerbsfähigkeit und unsere Wirtschaftskraft in der Zukunft, daß wir an diese Probleme ohne Scheuklappen herangehen – in der Politik wie in der Wirtschaft.
Ich vermag mich des Eindrucks nicht zu erwehren, daß unser Sozialaufwand noch nicht zur höchstmöglichen Effizienz beim einzelnen führt, daß die Ergebnisse hier und da auch widerspruchsvoll sind. Wie sollte das beim Tempo des Wiederaufbaus anders sein?
Wir sollten also den Mut finden, die herkömmliche Vielschichtigkeit unserer Sozialleistungen wie unserer Sozialverwaltungen kritisch unter die

Lupe zu nehmen. Der Bürger begreift schwer, warum er mit diesem Anliegen zur Behörde X und mit jenem zur Behörde Y gehen muß. Das wird umso ernster, als er ja spätestens bei den nur Sachverständigen verständlichen und vom Bürger als ärgerlich empfundenen wechselseitigen An- und Aufrechnungen der sozialen Leistungen spürt, daß schließlich immer dieselbe staatliche Gemeinschft hinter allen sozialen Leistungen steht.
Wir müssen daran gehen, das System unserer Sozialleistungen, das in der Welt keinen Vergleich zu scheuen braucht, zu durchleuchten, um zu sehen, ob nicht noch mehr Effizienz beim einzelnen bei gleichem Aufwand möglich ist. Und dazu sollten wir, wenigstens methodisch, die Frage stellen, ob wir nicht das System unserer Sozialleistungen vom Empfänger her, also mehr final als kausal sehen sollten.
Die Zukunft dürfte für das politische wie für das ökonomische Rechnen – mehr noch als bisher – den ganz spitzen Bleistift erfordern!

Mitte April 1967 hatten wir 535 520 Arbeitslose. Eine verdienstvolle wissenschaftliche Arbeit, die der *Stern* veranlaßte, untersucht das im einzelnen und stellt auch hier strukturelle Gesichtspunkte fest. Mehr ungelernte Hilfskräfte als besonders Ausgebildete, mehr Arbeiter als Angestellte mehr Männer als Frauen, mehr alte als junge Menschen seien von der Arbeitslosigkeit betroffen gewesen. Bau- und Stahlarbeiter hätten den größten Anteil gestellt. Strukturelle Schwächen der deutschen Wirtschaft und regionale Ungleichheiten seien deutlich zutage getreten. Die politische Diskussion dieser Fragen sollte auch folgende Tatsachen beachten und würdigen:

1. Mit uns stehen Volkswirtschaften im internationalen Wettbewerb – und das heißt im Kampf um Vollbeschäftigung daheim! –, die mehr Geld für Forschung ausgeben als wir. Einige Länder stellen die Ergebnisse der mit staatlichen Mitteln betriebenen militärischen Forschung ihrer Industrie zur Verfügung.
2. In der Elektronik beherrschen die USA weitgehend die Märkte, und viele meinen, ein Land ohne eigene Elektronik sei morgen zweitklassig.
3. Infolge unserer Altersstruktur nimmt die Zahl der »Erwerbspersonen« bei uns zunächst ab. Von daher gibt es also keine expansive Tendenz.
4. Der Weg der Produktivitätssteigerung erfordert Kapital. Alle Sparer müssen hierfür interessiert werden. Die öffentliche Hand muß den investierenden Teil ihrer Ausgaben zu Lasten der konsumorientierten erhöhen.
5. Auch morgen brauchen wir Export wie die Fische das Wasser.
6. Steigenden Anteil an unserem volkswirtschaftlichen Ertrag haben die Bereiche: Chemie und Mineralöl, Stahl-, Maschinen- und Fahrzeug-

bau, Elektronik und Feinmechanik. Sinkenden Anteil haben: Landwirtschaft, Bergbau, Holz, Textil.

7. Unsere Energiekosten sind im Durchschnitt höher als die vergleichbarer Länder.
8. Berlin, Häfen, Ruhr, Zonenrandgebiete stellen besondere Sorgen dar.
9. Auch bei uns überwiegt immer mehr die Zahl der im Dienstleistungsbereich Beschäftigten.

Das schlechteste wäre, wenn wir vor lauter Sorgen und Problemen Übersicht, Initiative und Mut verlören. Das moderne wirtschaftspolitische Instrumentarium des Stabilitätsgesetzes, die Zusammenordnung von Bund und Ländern durch die Finanzverfassungsreform, zukunftsgerechte Raumordnungspolitik und Datenverarbeitung auch im Dienst der Politik vorausgesetzt, halte ich diese Antwort für die beste: Soziale Marktwirtschaft plus qualifizierte Leistung aufgrund solider Berufsausbildung.
Ich glaube nicht, daß irgendwer Besseres in der Wirtschaft zu Wege bringt als der, der nach eigenen Ideen sein Geld riskiert. Noch so begabte Ministerialbeamte eignen sich nicht als betriebswirtschaftliche Planer. Ebenso glaube ich, daß uns für morgen – nachdem heimische Landwirtschaft, Kohle und Häfen als Kraftquellen nicht mehr ausreichen – nur noch dieses bleibt: Qualifizierte Leistung aufgrund einer den neuen Anforderungen gewachsenen Berufsausbildung. Da liegt für alle Länder die Quelle der Kraft für morgen.
Völlig zu Recht gilt der deutsche Arbeiter als besonders qualifiziert! Unter unseren Arbeitern ist mancher, der auch im weißen Kittel gut seinen Mann stehen könnte. Hans Katzers Arbeitsförderungsgesetz gibt Rechtsansprüche auf berufliche Bildungsförderung. Das ist ein richtiger Weg. Auch müssen wir für die Zukunft die Voraussetzungen schaffen, daß Arbeiter andere und neue Aufgaben übernehmen und den Arbeitsplatz neuen technischen Entwicklungen entsprechend wechseln können.
Unter unseren Kindern wird noch immer nicht jede Begabung wirklich ausreichend gefördert. Geradezu rührend restaurativ erscheint es heute, diese Sätze aus dem Jahre 1958 in den »Mitteilungen des wirtschaftswissenschaftlichen Instituts der Gewerkschaften« nachzulesen: »Zugleich darf man nicht vergessen, daß heute eine Reihe von manuellen Berufen bedeutende Chancen zur beruflichen und ökonomischen Befriedigung geben, so daß sich der Aufstiegsdruck der Arbeiterschaft von dem offiziellen Aufstieg über die höheren und Hochschulen abwenden kann. Eine ähnliche Anwendung bieten auch die Funktionen des Betriebsrates und des Gewerkschaftsfunktionärs für aktive und intelligente Teile der Arbeiterklasse. Diese abweichenden Aufstiegsmöglichkeiten liegen der durchschnittlichen Arbeiterfamilie um so näher, als die höheren Schulen für

sie eine fremde Welt sind und der Aufstieg innerhalb der Arbeiterklasse ihnen als moralisch einwandfreier erscheint. – Das bedeutet keineswegs, daß in der gegenwärtigen Sozialordnung der Bundesrepublik kein Bildungsprivileg mehr bestünde. Es wird nur in der Öffentlichkeit gerade nicht als besonders dringlich empfunden, weil die gegenwärtige Situation für die kritischen und aktiven Elemente der unteren Schichten Ausweichmöglichkeiten liefert. Es wird jedoch zu einer Frage ersten Ranges in dem Augenblick, wo bestimmte ökonomisch privilegierte Arbeitergruppen nivelliert werden, technische Ausbildung und gute Schulbildung selbst für den ökonomischen Aufstieg wichtig werden und die Arbeiterschaft Anspruch auf grundsätzliche ökonomische und soziale Gleichberechtigung erhebt.«

Manche wissenschaftliche Begabung für die Forschung liegt brach, da sie scheiterte am Geld oder am Zwang zu gleichzeitiger Lehre.

Berufsausbildung und Leistung sind die erste Quelle unserer wachsenden Wirtschaftskraft. Die anderen Antriebskräfte müssen der Wagemut der Unternehmer und die Fortsetzung der Sozialen Marktwirtschaft sein.

Wir sollten nie vergessen, daß im freien Teil Deutschlands seit 1948 das Sozialprodukt Jahr für Jahr gewachsen ist. Auch wenn man die gestiegenen Preise eliminiert, hat jeweils das Sozialprodukt des folgenden Jahres das vorjährige überholt. Nur von 1966 auf 1967 nahm das reale Bruttosozialprodukt um 0,5% ab.

Die Wirtschaftspolitik ließ dem unternehmerischen Handeln einen möglichst breiten Spielraum und beschränkte sich auf ein Minimum direkter Interventionen. Sie scheute sich freilich nie, mit marktkonformen Mitteln die Entwicklung zu beeinflussen, und griff nur da wirklich ein, wo es politisch notwendig erschien – wie in den Bereichen Landwirtschaft, Kohle und Wohnungsbau.

Das Stabilitätsgesetz enthält nun einen sehr großen Instrumentenkasten für wirtschaftspolitische Eingriffe. Das ist gut so. Am besten wird das als »fleet in being« angesehen und nur benutzt, wenn Interventionen für das Gemeinwohl zwingend notwendig werden. Der Vorrang auch der wirtschaftlichen Freiheit ist uns – ausweislich der jüngsten Geschichte – so gut bekommen, daß wir auch für die Zukunft unbedingt diese prinzipielle Position beziehen sollten.

Aus meiner Sicht gehört zur Sozialen Marktwirtschaft Kostenwahrheit. Die Lage der Bahn, der Post und der Kohle, die internationale Wettbewerbsfähigkeit und das Anwachsen des Anteiles der Dienstleistungen insgesamt an unserer Volkswirtschaft erfordern dringend eine längerfristige Haushaltspolitik, Zurückhaltung der öffentlichen Hand, Durchforstung aller Subventionen und mehr Reverenz vor Kosten und vor Zusam-

menhängen. Bei aller Differenzierung – in Steuerzahler, Verbraucher, Sparer, Sozialversicherte und so fort – bleibt, daß am Schluß dieselben Menschen, dasselbe Volk vor der Notwendigkeit stehen, irgendwann und irgendwie den Kosten entsprechend zu zahlen.
Soweit Subventionen nicht Wettbewerbsverfälschungen anderer ausgleichen, Strukturveränderungen erleichtern oder sozial zwingend sind, werden sie zu einer wachsenden Belastung und zu einer höchst fragwürdigen Umverteilung der Einkommen.
So ist es überall da, wo öffentliche Hände künstlich verbilligen. Bei Mieten, bei Bahntarifen, bei Postgebühren, bei Aufwendungen für Bildung und Vorsorge und Gesundheitswesen und so fort. So ist es auch da, wo etwa Subventionen gegen Strukturveränderungen und gegen den Markt gewährt werden.
Alles das zahlen die Bürger selbst. Diese Umverteilung bringt zusätzliche Kosten, weil größerer Verwaltungsaufwand des Staates entsteht, als wenn der Bürger seine Bedürfnisse direkt finanzierte. Diese Umverteilung begünstigt Reiche wie Arme, Junggesellen wie Kinderreiche.
Der durch solche Art »Verbilligung« Begünstigte hat in Wahrheit keinen Vorteil. Würde die Gesamtheit der Steuerzahler diese Subventionen nicht leisten, könnten die staatlichen Einnahmen sinken wie der Umfang der Verwaltung. Alle Ausgaben der öffentlichen Hand stammen nur aus einer Quelle: Vom Bürger, ob er nun als Steuerzahler, Sozialversicherter, Schwimmbadbenutzer, Verbraucher, Mieter oder Bahnfahrer auftritt.
Ich rede also dem Abbau der Subventionen, die nur das Gestrige konservieren wollen, das Wort, weil sie oftmals über die wahre Lage hinwegtäuschen, weil sie den Staatsapparat und den Staatsbedarf aufblähen, weil sie blind solche begünstigen, die es nötig haben wie die, welche Hilfe nicht brauchen, weil sie gelegentlich auch Tendenzen fördern, Strukturwandlungen gegen den Markt zu verhindern.
Hier gilt es, sofort die Erwartungen zu begrenzen: Ich glaube nicht, daß dieser Subventionsabbau zu einer sofortigen, generellen Steuersenkung führt. Aber er könnte das weitere Ansteigen der Steuern und Abgaben verhindern. Und das wäre wieder ein Schritt in die richtige Richtung.
Eine an der Kostenwahrheit orientierte Politik, welche Subventionen abbaut, hat für mich diese unverzichtbare Voraussetzung: Kinderreiche, Rentner, Invaliden, Unterhaltsempfänger aus dem Lastenausgleich, Voll-Kriegsbeschädigte und andere müssen finanziell so ausgestattet sein, daß der Subventionsabbau auch ihnen die Teilhabe am Fortschritt unserer Zeit erlaubt. Nicht Verbilligungsscheine für Bedürftige, sondern auskömmliche Sozialleistungen sind die richtige Antwort.
Wir benötigen heute mehr öffentliches Geld für Neuentwicklungen, bei denen das private Risiko allein zunächst zu groß ist. Wir brauchen heute

Geld für Forschung, industriellen Fortschritt und für das Bildungswesen. So wie wir in den vierziger und fünfziger Jahren Geld zum Beispiel für Wohnungsbau öffentlich bereitstellen mußten, so gilt es heute für die genannten Bereiche. Dieses Geld werden wir nur bereitstellen können, wenn wir weniger für vergangenheitsbezogene Subventionen ausgeben.

Zur Stärkung unserer Wirtschaftskraft gehört nicht nur die innere Kräftigung und das Konzentrieren auf das Wesentliche. Da unser Lebensstandard vom Export abhängig ist, müssen wir auch beim Thema Wirtschaftskraft über unsere Grenzen blicken. Daß die europäische Vereinigung zwangsläufig zu diesem Thema gehört, haben wir betont. Aber wie ist es mit dem, was Jean-Jacques Servan Schreiber in seinem Buch »Le defi americain« 1967 mit dem Satz umschrieb: Die dritte industrielle Weltmacht nach den USA und der Sowjetunion werde in fünfzehn Jahren nicht Europa sein, sondern die US-Industrie in Europa? Und diese verschaffe sich ihr Kapital in Europa von den Europäern.

Ein »Ausverkauf« der deutschen Position sollte weder generell noch in wichtigen Branchen stattfinden. Aber davon sind wir – zwar nicht in allen Branchen, wohl aber generell – weit entfernt. Einer von hundert Beschäftigten in der Bundesrepublik Deutschland ist in Unternehmen mit US-Beteiligung tätig. Die Lücke in der Währungs- und Kaufkraftparität zwischen dem Dollar und den europäischen Währungen erleichtert das Vordringen der USA. Durch fehlendes europäisches Handels- und Patentrecht erschweren sich die Europäer ihre Position zusätzlich.

Aber in den Sektoren Mineralöl und Elektronik haben US-Gesellschaften schon marktbeherrschende Positionen!

Wir sollten am Prinzip der Freizügigkeit festhalten, diese Dinge aber sowohl zwischen den Regierungen wie in den europäischen Gremien und sowohl zwischen den Gewerkschaften wie zwischen den Unternehmern stetig erörtern und notfalls auch eingreifen.

Die industriellen Investitionen der USA bei uns bewirken, daß wir den technischen Vorsprung der USA auf diesem Wege teilweise mit nutzen können. Ihre Finanzierung könnte sich allerdings auf dem europäischen Kapitalmarkt für die europäischen Unternehmungen nachteilig auswirken. Es kommt hinzu, daß inländische Unternehmungen oftmals ansprechbarer für konjunktur- und wirtschaftspolitische Bitten und Erwägungen der eigenen Regierung sind.

Ich leugne keineswegs, daß hier Probleme entstehen. Aber was wollen wir eigentlich? Autarkie oder weltwirtschaftliche Verflechtung? Wir wollen doch auch selber – und ein Blick auf unsere außenwirtschaftliche Bilanz legt das sehr nahe! – in anderen Ländern nicht nur Märkte haben, sondern dort Beteiligungen erwerben und eigene Produktionsstätten errichten.

Unser politisches Interesse an wirtschaftlichem Engagement anderer in unserem Lande ist groß. Das erhöht die politische Solidarität, die wir schon unserer Sicherheit wegen dringend benötigen.
Natürlich müssen wir erschweren, was nur flüchtige Spekulation oder Schön-Wetter-Engagement ausländischen Kapitals bedeutet. Auch sollten wir jedwedes Dumping anderer abwehren und peinlich auf die Gleichheit der Bedingungen für uns wie für andere, bei uns wie bei diesen, achten. Wer bei uns industriell tätig sein will, muß schon unseren Anschauungen und Gepflogenheiten Rechnung tragen. Es muß uns das, was er bei uns zu tun wünscht, im eigenen Bereich gestatten, wobei wir selbstverständlich seinen Anschauungen und Gepflogenheiten Rechnung tragen müssen.
Es wird modern, in Europa von »Dollar-Imperialismus« zu sprechen; nicht der Wodka, sondern der Whisky erobere die Welt. Und mancher Geschäftsmann aus den USA steigert diese These zur Aversion durch landesunübliche Hemdsärmeligkeit. So gibt es Fronten, deren extreme Positionen einmal »dollar stay home« und zum anderen »wer hier Dollars investiert, überläßt uns nie den Russen« lauten. Beides ist offenbar zu oberflächlich und zu emotional gedacht.
Das ist um so erstaunlicher, als wir in Deutschland Erfahrungen mit Investitionen aus den USA haben. Vor dem ersten Weltkrieg gründete Rathenau die AEG auf der Grundlage der Edison-Patente, und Rockefeller schuf hier den Vorläufer der heutigen ESSO. Nach dem ersten Weltkrieg gründete Ford sein Unternehmen in Köln, und Opel wurde an General Motors verkauft.
Wie ist es heute? Die deutsche Industrie investiert zur Zeit jährlich etwa 25 Milliarden DM. Dem steht ein Buchwert an US-amerikanischen Direktinvestitionen in der Bundesrepublik Deutschland von 12,5 Milliarden DM Ende 1966 gegenüber. Das ist die Gesamtsumme, nicht etwa die jährliche Größe.
Hier ist es wichtig, die Zahlen zu kennen: Der Buchwert der amerikanischen Direktinvestitionen – Erwerb von Dauerbeteiligungen an Firmen, Gründung neuer oder Erwerb bestehender Unternehmen, Errichtung oder Erwerb von Zweigniederlassungen und Gewährung von Darlehen an Unternehmen, an denen man maßgeblich beteiligt ist – hatte in der ganzen Welt Ende 1966 einen Stand von 216 Milliarden DM erreicht. Hiervon entfielen 65 Milliarden DM auf Europa. Den Hauptposten daran stellen die Direktinvestitionen in Großbritannien mit 23 Milliarden DM, gefolgt von denen in der Bundesrepublik mit 12,5 Milliarden DM. Es folgen dann Frankreich und die übrigen Länder. Es ist daraus ersichtlich, daß nur etwa 30% der amerikanischen Investitionen überhaupt auf Europa entfallen und knapp 6% auf die Bundesrepublik.

Auch wir Deutschen investieren im Ausland. Unser Kapitalexport hat sich in jüngster Zeit erhöht.
Wir haben also zur Stunde – generell gesehen – keine »Überfremdung«. Die weltwirtschaftliche Verflechtung wächst. Sie kann die Solidarität der Menschheit stärken und mithelfen, in Teilbereichen die Herrschaft des Rechtes in der Welt zu begründen.
Hier gibt es, wie mir scheint, nur eine konstruktive Antwort: Die eigene Leistung und den Gemeinsamen Markt der Europäer. Schutz gegenüber unfairen Wettbewerbern ist selbstverständlich. Schutz gegenüber dem unter den gleichen Bedingungen Tüchtigeren ist immer nur eine Atempause vor dem Niedergang.
Im Grunde bedrängen uns weder monetäre noch technische noch wirtschaftliche Überlegungen unserer Freunde von jenseits des Atlantik, sondern die Enge der nationalen Volkswirtschaften und das Fehlen des großen europäischen Marktes, zu dem Großbritannien und Skandinavien gehören. Nicht uns einigeln, sondern uns entfalten, muß die europäische Antwort auf einige Herausforderungen aus der »Neuen Welt« sein. Wir Europäer haben eine alte Kultur. Ob wir ein veralteter Kontinent werden, liegt nur an uns. In unserer Bildung, unserer Sparkraft und unserer Vereinigung liegen ungenützte Quellen, die – zum Sprudeln gebracht – uns so viel Kraft geben können, daß wir keiner Herausforderung anderer auszuweichen genötigt sind!
Das Ergebnis der »Kennedy-Runde« wurde für die Europäer günstiger, weil die sechs Länder der EWG einheitlich auftraten.
Professor Kahn vom Hudson-Institute in den USA erwartet, daß in etwa 30 Jahren die USA, Japan, Kanada und Schweden die Spitzengruppe der wirtschaftlichen Entwicklung in der Welt bilden werden. Er könnte Recht behalten, falls wir Europäer uns selber schaden, indem wir uns nicht zusammenschließen! Und wenn wir Deutschen in diesem Europa eine Rolle spielen wollen, müssen wir mit aller Energie unsere Probleme rasch lösen und unsere Wirtschaftskraft stärken.
Japan hat von 1958 bis 1965 sein Bruttosozialprodukt verdoppelt. Das gelang niemandem sonst in dieser Zeit. Während einige in der Welt philosophierten, ob China oder Indien in den siebziger Jahren in Asien wirtschaftlich führend sein werde, baute Japan schon in den sechziger Jahren seine Position aus. Es ist längst in der Spitzengruppe der Wirtschaftsmächte der Welt und macht uns Deutschen den Rang streitig.
Gewiß: Auch die Lebenshaltungskosten sind dort stark angestiegen; nur 35% aller Haushalte haben fließendes Wasser; die Einwohnerzahl ist über 100 Millionen Menschen; Japan hat neben wirtschaftlichen Antriebskräften des Nachholbedarfs aus dem eigenen Lande Standortvorteile im entwicklungsfähigen Ostasien. Das allein erklärt die wachsende Wirt-

schaftskraft Japans nicht. Es kommt hinzu: Siebzig Prozent aller Kinder gehen dort bis zum 18. Lebensjahr in die Schule; sechzehn Prozent studieren; auf einigen Gebieten der Technologie ist Japan führend, was die Erfolge im Schiffbau, in der Elektronik und im Automobilbau erklärt. Dieser flüchtige Blick auf Japan lehrt, daß ein größerer Markt, Bildungsanstrengungen und technologische Schwerpunkte entscheidende Voraussetzungen wachsender Wirtschaftskraft sind.

Gesellschaftspolitik

Die Tiefe und Breite der Bildung im Volk, sein Informiertsein, seine Grundanschauungen, seine Arbeitsverhältnisse und seine soziale Sicherheit, die Art des Wohnens und des Lebens; der Grad der gesellschaftlichen Verflechtung, der Ballung oder der Gliederung; die Struktur der Industrie; das Vorhandensein von »Klassen«, organisierten Gruppen oder mächtigen Außenseitern; der Charakter der Parteien; die Situation der Machtverhältnisse durch Geld, Rang, Massen, Bildung, Ansprüche; die Realität von Freiheit, Toleranz und Humanität; Ausmaß und Härte der Tabus, das vorherrschende historisch-politische Bewußtsein, die provinzielle Enge oder die Weltoffenheit, der Umgang der »Mächtigen« mit- und untereinander, die Existenz und Situation des »Mittelstandes«, die Qualität der Journalisten, Arbeiterführer, Verbands-Syndici – dies alles und vieles mehr sind die Bedingungen der Wirklichkeit, welche für jede demokratische Politik den Bewegungsraum, die Grenzen des Möglichen und die Realisierbarkeit von Zielen wesentlich mitbestimmen. Andererseits ist unsere gesellschaftliche Wirklichkeit heute sehr stark beeinflußt von dem, was in unserem Lande seit der »Stunde Null« der Zerstörung, der Kapitulation und der Niederlage den Wiederaufbau mitbestimmte: die staatliche Politik.

Die gesellschaftliche Wirklichkeit ist eine gestaltende Kraft der staatlichen Politik wie andererseits die staatliche Politik die gesellschaftliche Wirklichkeit, wie sie ist und wie sie sein wird, mitgestaltet.

Die Steuergesetze haben wesentlichen Einfluß zum Beispiel auf die Möglichkeiten der wirtschaftlichen Konzentration, der freien Berufe und des Mittelstandes. Sie bestimmen mit über die Struktur und Größe der Betriebe, über den Anteil des privaten und des öffentlichen Eigentums am Volksvermögen, über die Verteilung des Eigentums an neu entstehenden Sachwerten, über den Anteil des Sparens und des Konsums. Die Sozialgesetze schaffen – mit einem gestiegenen Maß sozialer Sicherheit, mit stärkerer Betonung der Partnerschaft, mit Freiheit für Tarifvertrags-Partner – durch Beseitigung der Proletarität neue gesellschaftliche Sachverhalte.

Die Bau-, Verkehrs- und Investitionspolitik bestimmen mit über den Grad der Ballung oder der Entflechtung von Menschen und Betrieben, über die Entwicklung von Stadt und Land, über die Zukunft der dörflichen Gemeinschaft. Die Außenhandels- und Zollpolitik kann ganze Wirtschaftszweige (Landwirtschaft, Energie) fördern, in ihrer Existenz bedrohen oder die Richtung der Produktion bestimmen.

Nach allem, was wir erlebt haben, ist es verständlich, nach allem, was vor uns liegt, ist es bedauerlich, daß die Deutschen weitgehend »die Gesellschaft lieben, aber heimlich den Staat wie jede Institution hassen« (Hanssler).

Die Gesellschaft wirkt ein auf den Staat, dieser auf die Gesellschaft. Jede politische Entscheidung, jede Gesetzgebung setzt im freiheitlichen Rechtsstaat eine dafür bereite gesellschaftliche Wirklichkeit und eine dem Vorhaben förderliche politische Landschaft voraus. So wie niemals der Blick auf das Verfassungsrecht ohne den auf die Verfassungswirklichkeit ein Urteil erlaubt, so muß jede Betrachtung einer politischen Ordnung die gesellschaftliche Wirklichkeit einschließen. Ebenso muß jeder politische Blick in die Zukunft den dafür erforderlichen Wandel der Gesellschaft einbeziehen.

Das Lebensprinzip der Gesellschaft ist Freiwilligkeit, das des Staates heißt Ordnung. Die Demokratie verbindet beides: Politische Parteien – lebend aus der Freiwilligkeit der Gesellschaft – ringen um die Mehrheit, und diese setzt Recht und bestimmt damit die Ordnung im Staat. Wo es so bestellt ist, wird die Wechselbezogenheit von Staat und Gesellschaft zur gegenseitigen Abhängigkeit. Man folgt der guten Maxime »Quod omnes tangit ab omnibus approbetur«, aus dem Einladungsschreiben zur Session des britischen Parlamentes 1295.

Die Wechselbezogenheit zwischen Staat und Gesellschaft ist auch historischem Wechsel unterworfen. Es gab einmal eine Zeit, in der die »feudale«, später die »bürgerliche« Gesellschaft den Staat – weitgehend »ihren« Staat – trug und gestaltete. Friedrich Engels, Mitstreiter des Karl Marx, zog daraus die einseitige, überspitzte Konsequenz, indem er den Staat definierte als den Ausschuß, der die Geschäfte der herrschenden Klasse besorge.

In der Sowjetunion ist das nun realisiert: Der Staat ist die Diktatur der herrschenden Klasse; die »Gesellschaft« ist verstaatlicht; neu geordnet durch Zwang und »Sozialismus«; nicht nur die Produktionsmittel sind verstaatlicht; die Politik kontrolliert jede freie gesellschaftliche Entfaltung durch staatlich-behördlich-klassenkämpferische Reglementierung. Aurel von Jüchen bezeichnete diese sowjetische »Zwangsgesellschaft« als »Seinsverletzung«. Hier ist freilich anzumerken, daß unter den Herrschenden, in den Führungskreisen der Kommunisten, Macht-, Personal- und Richtungskämpfe stattfinden.

Die Bezogenheit zwischen staatlicher Politik und gesellschaftlicher Wirklichkeit war und ist in Deutschland besonders sichtbar. Bereits die Inflation nach dem Ersten Weltkrieg wirkte sich in dieser Beziehung außerordentlich stark aus. 1945 wurden frühere gesellschaftliche Strukturen noch tiefer erschüttert, zerstört, umgewälzt. Ob dieses Ausgangspunktes muß

die Politik in Deutschland für wie gegen sich gelten lassen, daß unsere heutige gesellschaftliche Wirklichkeit sehr weitgehend mitgeprägt ist durch die Politik und die Gesetze der Wiederaufbauphase.
Wir sehen, daß vieles erreicht wurde, aber manches gesellschaftspolitisch zu tun bleibt; daß im Tempo des Wiederaufbaus manches sich gar zu wildwüchsig entwickelte, daß manches Ergebnis anders ist als es gewollt war. Nicht nur Strukturprobleme belegen diese Aussage.
Der »Soziale Rechtsstaat« wird immer mehr Wirklichkeit. Er ist aber noch nicht vollendet.
Die Nachkriegs-Politik hat zur Demokratisierung der Gesellschaft wie zur Stärkung der materiellen Basis der Freiheit Gutes erwirkt. Die Bundesrepublik Deutschland ist der »klassenlosen Gesellschaft« näher als die »DDR«: Privilegien verschwinden; Bildung für jeden rückt in den Bereich der Realität; soziale Sicherheit wird breiter; die Einkommen klaffen weniger auseinander. Nun muß eine neue Phase anbrechen – eine Phase gesellschaftspolitischer Akzente, gewollter Einwirkung zu mehr Menschlichkeit, Gerechtigkeit, Rücksicht und Anerkennung der Leistung jedes einzelnen wie ganzer Teams und Unternehmungen.
Immer unerläßlicher wird die Zusammenschau der Dinge, die Gestaltung der Details aus einem Ordnungsbild. Es genügt nicht mehr, eine Einzelfrage sachgerecht aus ihrem eigenen Problemgehalt zu regeln, zum Beispiel Bundesbahnfragen ohne Berücksichtigung der Straßenprobleme. Die Rückwirkungen jeder Detailregelung auf andere Normen, andere Zusammenhänge und Bestrebungen, auf die Struktur der Gesellschaft müssen berücksichtigt werden – zum Beispiel die der Sozialgesetze auf die Kosten und die internationale Wettbewerbsfähigkeit. Wer Fragen der Schule, der Steuern, der sozialen Leistungen, des Verkehrs, des Bauwesens, des Wettbewerbs jeweils für sich gesondert ordnen wollte, ohne dabei die Einflüsse auf das Allgemeine, auf die Gesellschaftsstruktur zu bedenken, würde höchst widerspruchsvolle Ergebnisse und weitgehend einander behindernde oder gar die Wirkung zerstörende Folgen seiner Politik in Kauf nehmen müssen.
Nur eine Politik, die zur Zusammenschau der heute so nuancierten Details fähig und zugleich entschlossen ist, die einzelnen Sachbereiche gesellschaftspolitisch zu koordinieren, wird auf die Dauer fruchtbar ordnen können, weil sie für alle überzeugend, sozial und gerecht ist. Wer dem Zusammenhang zwischen staatlicher Politik und Gesellschaftsordnung nicht Rechnung trägt, macht auch Gesellschaftspolitik, allerdings – nach dem System der Systemlosigkeit – eine Gesellschaftspolitik des Durch- und Gegeneinanders, des Wirrwarrs und der Ungerechtigkeit. Sozial, gerichtet auf das gemeinsame Wohl aller, wäre eine solche Politik bestimmt nicht.

Eine klare Gesellschaftspolitik wird leichter fallen, wenn wir die soziale und ökonomische Lage in unserem Volke exakter kennen. Wir haben Statistiken, Gutachten, »Sozialbericht«, »Grünen Bericht« und »Mittelstandsbericht« der Bundesregierung. Wir kennen die Gutachten zur Steuerreform, zum Problem der lohnbezogenen Abgaben und vieles mehr.

Es ist ein guter Stil, die Diskussion durch die Aufarbeitung der Daten und die Systematisierung der Fragen zu versachlichen und so die Sachgerechtigkeit der Entscheidung zu erleichtern. Wo immer es möglich und angebracht ist, sollte man so vorgehen. Auch dann bleibt freilich die Gefahr, daß Lösungen von Fall zu Fall, von Punkt zu Punkt gefunden werden und die Zusammenschau der Einzelheiten verlorengeht.

So wie ein gesellschaftspolitisches Leitbild, eine Gesamt-Konzeption, unerläßlich ist für den richtigen politischen Denkansatz, so ist zugleich die zusammenschauende Kenntnis der ökonomischen und sozialen Daten unentbehrlich für eine gemeinwohlgerechte Entscheidung. Objektivität setzt objektive Kenntnis, nicht Daten der Interessierten, voraus.

Es gibt unter den Schriften von Leibniz einen »Entwurf gewisser Staatstafeln«. Er fordert solche »Tafeln«, um die Zusammenschau von Tatbeständen und die Klärung der Zusammenhänge so deutlich werden zu lassen, daß richtig regiert werden könne.

Unabhängige wissenschaftliche Institute sollten alle zwei Jahre einen Bericht über die sozialökonomische Lage der Bevölkerung in der Bundesrepublik Deutschland erstellen.

Nach Form und Inhalt soll dieser Bericht den Berichten über die Lage der Landwirtschaft oder die Lage der Mittelschichten angepaßt sein, jedoch mit folgenden Unterschieden:

1. Der Bericht sollte nicht auf einen bestimmten Bereich spezialisiert sein, sondern die Lebensverhältnisse aller Schichten umfassen.
2. Der Lagebericht sollte regionale Unterschiede in den Daseinsformen und Existenzgrundlagen berücksichtigen, zum Beispiel die Lage in den Ballungsräumen, den großen Städten, den Zonenrandgebieten, in mittleren Städten, Landstädten, Dörfern; er sollte einen Gesamtüberblick über das Bundesgebiet geben.
3. Der Lagebericht sollte sich knapper, einprägsamer Aussagemethoden bedienen und moderne graphische Hilfsmittel benutzen.

Ein solcher Bericht würde die Übersicht erleichtern und die Zusammenschau der Probleme fördern. Er würde auch helfen, den Einblick vieler in unsere gesellschaftliche Wirklichkeit zu verbessern, und so dazu beitragen, daß Phantasten und Radikale kein zu leichtes Spiel haben. Ebenso würde leichter kenntlich, daß keineswegs alle sozialen Fragen in unserem Lande schon gelöst sind.

Unsere gesellschaftspolitischen Entscheidungen sollten sich auch künftig an diesen Maximen orientieren: An Sozialer Marktwirtschaft und Partnerschaft, an der Freiheit der Tarifpartner, an der Freiwilligkeit der Entscheidung.

Wir haben nicht Ja gesagt zum Pflichtjahr, sondern Anreize gegeben, die den freiwilligen Entschluß, ein Jahr im sozialen Dienst zu verbringen, fördern. Wir haben nicht Zwangssparen eingeführt, sondern Anreize zum Sparen gegeben. Das war nicht zufällig, sondern konkreter Ausdruck einer prinzipiell freiheitlich angelegten Gesellschaftspolitik.

»Jenseits von Angebot und Nachfrage« liegen »meta-ökonomische Aufgaben« (Röpke). Mit Müller-Armack muß man feststellen, »daß die vordringende Industrialisierung und Verkehrsentwicklung auch Unruhe und Unrast gestiftet hat«, daß der »unstreitig besseren Versorgung eine unverkennbare Gefährdung des Lebensraumes der einzelnen« gegenübersteht. Auch wird durch die gesellschaftliche Verflechtung die Abhängigkeit des einzelnen größer.

Es gilt, den Menschen zu fördern, seine Würde zu sichern, seine freie Entfaltung zu ermöglichen; ihm durch die Gesellschaft Sicherheit zu geben, ohne ihm die Eigenverantwortung zu nehmen; den Zusammenhang zwischen eigener Vorsorge und Hilfe des Ganzen sicht- und fühlbarer zu machen. Die Rentenreform von 1957 zeigt, was gemeint ist: Solidarhilfe, gemessen am eigenen Beitrag und nachdrücklich aus Steuergeldern unterstützt. Mit wachsender gesellschaftlicher Verflechtung wächst die Pflicht der Gesellschaft zur Sicherung bei Not, Krankheit und Alter. (Ohne Selbstbeteiligung des Krankenversicherten wie ohne direkten Einblick des Versicherten in die Liquidation des Arztes werden unsere Ausgaben hierfür ins Unermeßliche steigen.)

Es gilt, den Menschen besser instand zu setzen, mit der neuen Umwelt fertig zu werden. Hierzu ist es hilfreich, Elemente der Gliederung zu fördern, Überschaubarkeiten zu schaffen, die Ballung dem Menschen erträglicher zu machen. Ziel ist immer der Mensch, dem aller Fortschritt dient. Nicht den Menschen dem Verkehr, der Maschine, dem industriellen Bedürfnis anzupassen, ist richtig, sondern umgekehrt: Der Mensch soll in keinem Fall zum Objekt der Technik, des Fortschritts werden.

Fortschritt ist, wie ich meine, auch dahin zu begreifen und zu bewirken, daß mehr Rücksicht, mehr Menschlichkeit, mehr Selbstverantwortung, mehr Recht für Familie und freie gesellschaftliche Kräfte aus ihm erwachsen.

Sollte es nicht zum Beispiel möglich sein, mit wachsender Automation die Chance verringerter Arbeitszeit zu nutzen, um die berufstätige Mutter wieder mehr für ihre eigentlichen Aufgaben frei zu machen, wenn sie will, ohne daß sich die materielle Situation der Familie verschlechtert?

Sollte es nicht auch möglich sein, mit wachsendem Einsatz von Atomenergie – also mit schwindender Bedeutung bisheriger Standortgesetze – die geographische Entballung der Industrie und eine gesundere regionale Wirtschaftsstruktur zu fördern?

Das alles klingt sehr allgemein. Die praktische Politik kennt konkrete Dinge auch aus diesem Bereich. Sie werden leichter lösbar sein, wenn das Allgemeine, das hier formuliert ist, sich durchgesetzt haben wird. Als wir – um ein Beispiel zu nennen – »Eigentum für jeden« sagten, mußten wir auch zunächst unsere Kraft auf das Allgemeine konzentrieren. Als der Gedanke allgemein gebilligt war, kamen die Pläne leichter und wurden die ersten Gesetze möglich.

Der soziale Rechtsstaat, den unser Grundgesetz fordert, ist im Werden. Ich gehöre nicht zu denen, die meinen, die soziale Frage bei uns sei nur noch eine »Parkplatzfrage«. Und ich meine auch nicht, daß wir in dem, was die Wissenschaft »seelische Entproletarisierung« nennt, schon am Ziel sind. Die Phase des Wiederaufbaues geht zu Ende. Uns ist gelungen, wovon Marxisten träumten: Die Proletarität ist im freien Teil Deutschlands endgültig überwunden.

Kein Geringerer als Herbert Marcuse, der geistige Führer der Neomarxisten und harte Gegner der Gesellschaftsordnung westlicher Industrienationen, bescheinigt, daß die alte Proletarität überwunden wurde. Zu Berliner Studenten sagte er: »Die Arbeiterklasse stellt nicht mehr die Klasse mit der Negation der bestehenden Bedürfnisse dar. Das ist eine der ernstesten Tatsachen, mit der wir uns auseinanderzusetzen haben... Soweit ich übersehen kann, sind heute weder das Lumpenproletariat noch die Kleinbürger in irgendeiner Weise eine radikalere Kraft geworden, als sie es vorher waren.« Marcuse sprach auch davon, die Arbeiterklasse sei »in ihrer großen Majorität in das System integriert« und verspüre kein »Bedürfnis nach einer radikalen Umwandlung«.

Wer das auf sich wirken läßt, wird leichter verstehen, warum das neue Programm der Kommunistischen Partei der Sowjetunion die auf Wohlfahrtsstaat und Überwindung der Klassengegensätze gerichtete Politik sozial fortschrittlicher Länder als schwere Behinderung für weitere kommunistische Erfolge bezeichnet. Denn diese freiheitliche soziale Politik, die sich aus partnerschaftlichen Gedanken orientiert, führt ja zu dem, was Marcuse beklagt: Der Befriedigung der Bedürfnisse der breiten Massen und der Integration der Arbeiterschaft in Gesellschaft und Staat, so daß revolutionäre Bedürfnisse nicht mehr bestehen.

Auf diese sehr wichtige Erkenntnis werden wir zurückkommen müssen, wenn wir einige Probleme der Weltpolitik und die Erscheinungen der Studentenunruhen erörtern. –

Gleichwohl: Vieles bleibt noch zu tun. Die Struktur unserer Gesellschaft kann und muß soziologisch wie geographisch noch ausgewogener werden. Wir haben Chance und Pflicht, den Alltag noch menschlicher zu gestalten, die Zivilisationsschäden durch Verschmutzung des Wassers und der Luft und durch Lärm zu beseitigen. Wir sollten Fortschritt nicht nur technisch begreifen, nicht nur materiell und äußerlich. Wir sollten die modernen Möglichkeiten vor allem zu mehr Fortschritt in der Bildung nutzen und die Chance ergreifen, weltoffener zu werden.

Vor uns stehen neue Fragen: Wie ist die Lage der Alten, der Kinderreichen, der Bauernfrauen und der Hausfrauen zu verbessern? Oder: Wie lassen sich die Situation der Krankenhäuser und die sozialen Folgen der Strukturveränderungen überwinden?

Wir wissen aus mannigfacher Erfahrung – auch in der Familie und im Betrieb – wie gut es oft ist, wenn alte Menschen ganz einfach da sind. Ihre Erfahrung ist ein Wert in sich. Man kann Möglichkeiten schaffen, den alten Menschen, die noch für andere in unserer Gesellschaft da sein möchten, das zu erleichtern. Und wir sollten den Alten, die das wünschen, die Chance eröffnen, ihre Erfahrung sozialen Werken dienstbar zu machen. Für unsere Jugend ist das alles organisiert. Unsere Gesellschaft sollte auch ihren alten Menschen Möglichkeiten des Daseins für andere bieten.

Wir sollten dem diskriminierenden Begriff der »Nur«-Hausfrau den Kampf ansagen. Ohne ihre oft durch dieses »nur« abgewertete Arbeit hätte weder unsere Gesellschaft noch unser Staat Bestand. Und diese Arbeit ist hart, ohne Achtstundentag, freies Wochenende, Urlaubsanspruch.

Ich will nicht ein neues Sozialrecht für die schwer arbeitenden Hausfrauen. Aber ich meine, daß wir unsere Sozialgesetze durchforschen müssen auf Möglichkeiten, dem Rang dieser Arbeit zu entsprechen; zumindest sollten wir mehr tun für Müttergenesungswerke und auch hier daran denken, daß Vorbeugen besser ist als heilen! Hausfrauen sollten gestellt sein wie die Hauptversicherten, wie die männlichen Arbeitnehmer.

Wenn es stimmt, daß der Mensch von heute mit Besorgnis in die Zukunft blickt und in der von Hans Freyer in seiner »Theorie des gegenwärtigen Zeitalters« beschriebenen Gefahr einer »neuen Proletarität«, nämlich der Unterordnung unter Sachsysteme, lebt, dann muß durch eine neue Gesellschaftspolitik dieser Gefahr entgegengetreten werden.

Sinnvolle Gesellschaftspolitik vermag nämlich viel. Sie kann durch Raumordnung und Strukturpolitik überschaubare Räume zum Wohnen, Leben und Arbeiten schaffen. Sie kann durch Eigentumspolitik materielle Sicherheit und Verwurzelung geben. Sie kann durch stabiles Geld, gesunde Währung und Vollbeschäftigung Zukunftsangst beseitigen helfen.

Sie kann durch personale Verantwortung und durch Förderung der Selbständigkeit in der Sozialordnung Erwartungen an die Gemeinschaft durch den Blick auf die Aufgabe der eigenen Vorsorge ersetzen. Sie kann der Konzentration der Produktionsapparate die Dekonzentrierung im Eigentum entgegenstellen. Sie kann Ausbildung und Fortbildung fördern und dem Sport Raum geben. Sie kann den Unfallschutz verbessern, die Gesundheit pflegen, den Arbeitsplatz vermenschlichen helfen. Sie kann Erholungsgebiete schaffen, die Verpestung der Luft einschränken, den Lärm bekämpfen, das Wasser rein halten, den Verkehr um Wohngebiete herumleiten. Sie kann der Familie Basis, dem Mittelstand Zukunft, der Landwirtschaft steigenden Ertrag, dem Bergmann Sicherheit auch für morgen, dem »Pendler« Arbeit am Wohnort geben. Sie kann allen Begabten helfen und weitgehende Gleichheit der Startchancen schaffen. Sie kann die oft unerträgliche Lage in den sozialen Berufen verbessern, den überlasteten Müttern helfen, jungen Ehepaaren eine Wohnung und der berufstätigen Frau Sicherheit und Rang geben.

Das Wort »sozial« gewinnt eine neue Bedeutung: Mit fortschreitender Entproletarisierung und wachsender sozialer Sicherheit, mit zunehmender Beseitigung der Kriegsfolgen und mit abnehmenden Einkommensunterschieden wird es frei vom »Arme-Leute-Geruch« früherer Epochen. Wer heute »sozial« sagt, meint immer mehr Fragen der gesellschaftlichen Ordnung, der Gerechtigkeit für alle Schichten, also Fragen der Gesellschaftspolitik.

Es ist gewiß richtig, daß mehr Wohlfahrt und Freizeit nicht automatisch glücklicher und zufriedener machen. Man kann aber auch feststellen, daß in unserem Lande geistiges Interessiertsein durch mehr Freizeit reger geworden ist.

Andererseits: das Zusammenrücken der Menschen – örtlich, im Betrieb, gefördert durch Verkehr und Nachrichtentechnik – wirkt der Vereinsamung nicht entgegen. Die Gefahr, daß die Massengesellschaft zur vermaßten Gesellschaft werde – gefördert noch durch die Massenmedien Fernsehen, Hörfunk, Film, und Presse –, halte ich für gegeben, warne aber vor Hinnehmen und Übertreibung als Unausweichlichkeit. Angst, Neid, Sehnsucht nach Anderem und Neuem sind, wie ich meine, immer noch psychologische Grundpositionen wie auch die Bereitschaft, lieber anderen Verantwortlichkeiten abzutreten als selbst Verantwortung zu übernehmen. Das religiöse Bedürfnis nimmt, wie mir scheint, in der Breite ab, aber im Kern der Gläubigen zu. Der Glaube an die Ideologien schwindet rapide. Auch der Kommunismus wird differenzierter gesehen.

Ich meine zugleich, daß wir bald werden feststellen können: Die Andauer der Möglichkeiten des Konsums, des Aufstiegs, der Mobilität begründen langsam auch ein Gefühl der Freiheit, der Zuversicht, des Selbstwertes. Immer mehr Menschen beginnen dem Satz zuzustimmen, daß jeder seines Glückes Schmied sei. Die Zufriedenheit mit der Arbeit steigt wie die mit der wirtschaftlichen Entwicklung. Die demokratische Gesinnung gewinnt an Selbstverständlichkeit. Die wachsenden Forderungen an das Ganze werden immer mehr begleitet von der Bereitschaft, dazu einen Beitrag zu leisten.

Das neue technische Zeitalter – manifestiert in Atomkraft, Elektronik, moderner Nachrichtentechnik und Automation – habe eine »zweite industrielle Revolution« eingeleitet; und ebendies verlange, die gesellschaftliche Ordnung und das Bildungswesen den »Erfordernissen der zweiten industriellen Revolution anzupassen«. Die deutschen Sozialisten haben hierzu einen besonderen Parteitag in München abgehalten und die skizzierte Position bezogen. Ich meine: Anzupassen sind unsere Methoden, nicht unsere Prinzipien. Handelten wir anders, so kämen wir zur Relativierung und Technisierung aller geistigen Gehalte.

Je mehr die Technik dem Menschen Macht und Möglichkeit gibt, desto dringender wird die Frage nach seinem Charakter, seiner Substanz, nach der Gesinnung, der Gesittung und dem moralischen Fundament. Der Inhalt des Bildungswesens wie der Sozialordnung ist nicht der neuen Technik anzupassen, sondern alles muß bemüht sein, den Menschen als Herrn dieser Technik zu stärken. Angepaßt werden muß die Technik, nicht der Mensch, nicht die Ordnung des Zusammenlebens, nicht der Gehalt der Bildung!

Sozialpolitik im engeren Sinne umfaßt heute das System der sozialen Sicherheit, welches den Menschen auch bei Krankheit, Unfall, Arbeitslosigkeit und im Alter ein festes Einkommen gewährleistet.

Trotz der hohen Zuschüsse der öffentlichen Hand, also aller Steuerzahler, zu unserem System der sozialen Sichereit entrichten die Versicherten auch direkt hohe Beiträge für diese Zwecke.

Die Sozialbelastung der Arbeitnehmerverdienste hat eine Grenze erreicht, die nachdenklich stimmt. Auch hier wird deutlich, daß es nichts umsonst gibt. Ende 1967 ergaben sich folgende Durchschnittszahlen für die Beitragssätze in den einzelnen Versicherungszweigen, bezogen auf die Bruttoverdienste: Unfallversicherung 1,4% (getragen vom Arbeitgeber), Arbeitslosenversicherung 1,3% (je zur Hälfte aufgebracht vom Arbeitnehmer und vom Arbeitgeber), Krankenversicherung 10% (je zur Hälfte aufgebracht vom Arbeitnehmer und vom Arbeitgeber), Rentenversicherung 14% (je zur Hälfte aufgebracht vom Arbeitnehmer und vom Arbeitgeber). Die Berechnung sieht für einen männlichen Arbeitnehmer, der verheiratet ist und zwei Kinder hat, wie folgt aus: Bei einem angenommenen Bruttowochenverdienst einschließlich der Arbeitgeberbeiträge von DM 260,20 führt der Arbeitgeber als Beiträge ab: Krankenversicherung: 10,50 DM, Rentenversicherung: 16,01 DM, Arbeitslosenversicherung: 1,49 DM, Unfallversicherung: 3,20 DM. Das sind insgesamt 31,20 DM. Es ergibt sich also ein Bruttoverdienst von 229,– DM (260,20 – 31,20 = 229,– DM). Hiervon zahlt der Arbeitnehmer: Lohnsteuer: 14,23 DM, Kirchensteuer: 1,42 DM, Krankenversicherung: 10,50 DM, Rentenversicherung: 16,01 DM, Arbeitslosenversicherung: 1,49 DM; also zusammen 43,65 DM. Mithin bleibt ein Nettoverdienst von DM 185,35.

Diese Zahlen haben die Tendenz, immer weiter anzusteigen – die Beiträge wie die öffentlichen Zuschüsse. Auch hier hat es keinen Zweck zu übersehen, daß unsere Volkswirtschaft, daß die Arbeit der aktiven Generation alle diese Summen aufbringt – ob sie nachher als Staatszuschuß, als Beitrag des Arbeitnehmers oder des Unternehmers oder anders erscheinen!

Wer diese Zahlen und Zusammenhänge sieht, wird dem Satz zustimmen, daß unsere Sozialpolitik eine zu ernste Sache wird, als daß man sie allein den Experten überlassen könnte.

Dieses kommt hinzu: Schon jetzt machen alle Staatsausgaben bei uns vierzig Prozent des Bruttosozialproduktes aus! Es entfallen auf den Bund 15, auf die Sozialversicherung 11, auf die Länder 9 und auf die Gemeinden 5 Prozent. Damit ist der staatliche Einfluß auf unser Wirtschaftsgeschehen erheblich.

Unsere Sozialleistungen beanspruchen einen immer größeren Teil unseres Sozialproduktes. Betrug dieser Anteil 1950 noch 12,6 Prozent des Bruttosozialproduktes, so stieg dieser Anteil im Jahre 1967 bereits auf 14,6 Prozent. Alle EWG-Länder bleiben dahinter zurück.

Wir alle sollten die Mahnung Müller-Armacks hören: »Der soziale Status eines Landes hängt auf die Dauer nicht von übersteigerten Sozialausgaben ab, sondern von der Fähigkeit einer gesunden Wirtschaftskraft, Gewinne zu erzielen, zu investieren und damit das gesamte Einkommensniveau zu erhöhen.«

Wenn es richtig ist, daß immer breitere Schichten in größere Wohlfahrt und soziale Sicherheit hineinwachsen, daß »Proletarität« nur noch ein psychologischer Rest ist, daß Arbeiter und Angestellte kaum noch unterscheidbar sind und ihre rechtliche Gleichstellung zwangsläufig wird – wenn es sich dem Grunde nach so verhält, dann ist die Zeit reif für eine Sozialpolitik, die von mündigen Menschen ausgeht, nicht von Objekten staatlicher Sozialbetreuung, zur Vermeidung des Anschwellens der öffentlich zu bestreitenden Fürsorgelasten.

Der seelische Rest des proletarischen Bewußtseins, an dessen Auflösung lediglich versteckte Klassenkämpfer nicht interessiert sind, kann nur verschwinden, wenn man alle als mündige Bürger behandelt und allen zu-

mutet, aus eigener Kraft, eigener Entscheidung und eigener Einsicht zu handeln!
Die Operation, die dieser Schritt bedeutet, setzt den Arbeiter als mündigen Bürger frei. Vom mündigen Arbeiter sprechen, ihm aber Selbstverantwortung nicht zutrauen, offenbart Unredlichkeit und desavouiert den Arbeiter. »Zur Persönlichkeit gehört untrennbar die Selbstverantwortung... Solidarität kann nicht sinnvoll werden ohne Verantwortungsgefühl.« (Theodor Blank)
Das alles heißt nicht, die Sozialleistungen abbauen oder auf dem jetzigen Stand »einfrieren«. Im Gegenteil! Das heißt, soziale Leistungen umfassender und sinnvoller und da erbringen, wo sie nottun. Wer, wie die Bundesrepublik, an der Spitze der Welt mit seinen Sozialleistungen liegt, muß künftig differenzieren, entschematisieren und individualisieren.
Wer »Aufstieg durch Bildung« sagt und das künftige Wachstum vor allem von solider Leistung im Beruf erwartet, der muß die sozialen Leistungen für die Stunde der Not nach dieser Lebensleistung staffeln. Der Rentenreform lag dieses Prinzip schon zugrunde.

Martin Luther stand ganz in der christlichen Tradition, als er der staatlichen Ordnung die Kompetenz der Fürsorge bestritt und diese Dinge prinzipiell zur Sache der persönlichen Nächstenliebe erklärte[1]. Heute bejahen auch christliche Kreise den Wohlfahrtsstaat, formulieren – so Papst Johannes XXIII. – das Gemeinwohl als »Inbegriff jener gesellschaftlichen Voraussetzungen, die den Menschen die volle Entfaltung ihrer Werte ermöglichen oder erleichtern«[2], und bejahen die mit der »Verdichtung und Vermehrung der Sozialbeziehungen« einhergehenden »Verrechtlichungen« der wechselseitigen Ansprüche von Staat und Person.
Der moderne Staat begleitet heute den Menschen nicht nur durch »Formulare von der Wiege bis zur Bahre«. Von der Geburt im Krankenhaus über Schul- und Berufsausbildung bis zur sozialen Sicherheit im Alter ist der Staat immer dabei. Wer Ja sagt zur modernen Welt, muß auch zu diesen Konsequenzen Ja sagen. Der Staat von heute hat dem Bürger gegenüber auch Dienstleistungsfunktionen. Er kann viel dazu beitragen, einander das Leben zu erleichtern.
Die Verdichtung der Sozialbeziehungen ist auch eine Folge der Spezialisierung der Berufe, der arbeitsteiligen Wirtschaft, der Lebensansprüche der Menschen, des Krieges und der Teilung, der Altersstruktur wie der Zivilisationsgefahren und der Ballung in der Industrie.

1 Siehe hierzu: Hans Robert Gerstenkorn »Weltlich Regiment zwischen Gottesreich und Teufelsmacht«, Bonn, 1956, S. 213f.
2 »Mater et magistra« 65.

Die Verdichtung und Vervielfältigung der Sozialbeziehungen zwischen den Menschen innerhalb der modernen Gesellschaft wie zwischen Bürger und Staat macht meines Erachtens die Demokratie zur allein erträglichen Staatsform unserer Zeit; denn vom einzelnen wird mehr Einordnung, vom Staat mehr Vorsorge und Zusammenordnung, von beiden wird mehr Rücksicht verlangt. Das ist eigentlich nur erträglich bei Demokratie, also bei Regierung des Volkes durch das Volk.
Soll der Staat nicht über Gebühr weit in den persönlichen Bereich vordringen, dann müssen wir uns bemühen, Überschaubarkeiten zu erhalten, die Selbstverantwortung zu stärken und nur mit Behutsamkeit wie mit prinzipiellem Zögern dem Staat neue Kompetenzen zu geben.
Eine solche Politik – wie wir sie im Sozialhilfe- und Jugendhilfegesetz normiert haben – ist auch besser für den Bürger: Die Einrichtungen der freien Wohlfahrtspflege arbeiten wesentlich billiger als solche der öffentlichen Hand. So muß zum Beispiel die Stadt Hagen für einen Platz in einem städtischen Kindergarten jährlich DM 700 aufbringen, während sie für einen Platz in einem Kindergarten eines freien Trägers jährlich DM 62 zahlt.
Die »Massengesellschaft« gehört zu unserer Zeit. Bemühen wir uns nicht um Verstärkung der Rechte und Möglichkeiten der menschlichen Person, nicht um Einsetzung der Familie, des Privateigentums und der privaten Initiative in ihre zentralen gesellschaftlichen Funktionen, so werden wir es vielleicht erleben müssen, daß aus der »Massengesellschaft« die anonyme vermaßte Gesellschaft wird. Eine solche Gesellschaft wäre weder zur Demokratie noch zur Verteidigung der Freiheit fähig.
Der moderne Staat ist mit Aufgaben überladen. Die moderne Gesellschaft ist arm an Elementarem, an Vielfalt, an Selbständigkeit, an dem Staat gegenüber Vorgegeben-Unabhängigem. Sie ist reich an behördlicher Reglementierung, an Egalisierung und nivellierendem Drang. Wer bei dieser Lage den Ausweg in noch mehr Staat, noch mehr Verplanung, noch mehr Lenkung sieht, läuft Gefahr, dem Menschen Steine statt Brot zu geben und nicht an der Stärkung, sondern am Abbau der Freiheit mitzuwirken.
Alle Sorgen auf den Staat werfen, alles vom Staat erwarten, alles von ihm regeln lassen, alles von ihm erhalten wollen – das ist versorgungsstaatliches Denken. Es hypertrophiert den Staat, macht ihn zum »Vater«, ist autoritär, macht den Bürger zum »sozialen Untertan« (Ludwig Erhard) und schwächt die Demokratie. Wo Risiko und Gefahr behördlich eliminiert werden, wird bald auch kein Platz für Wagnis und Freiheit mehr sein!

Wie bisher sollten »Wohlstand für alle« und »Eigentum für jeden« Leitgedanken unserer Politik bleiben. Aus diesen Leitgedanken sind vielfältige Programme entwickelt worden. Jetzt ist es an der Zeit, einen neuen Leitgedanken hinzuzufügen: »Aufstieg durch Bildung«.

Das bedeutet, ein Bildungsangebot für jeden zu schaffen und das Recht auf Bildung für alle zu verwirklichen. Heute sehen wir im Alltag unseres Lebens, daß Wissen und Bildung die Voraussetzung für ein humanitäres Miteinander wie auch dafür sind, die Produktivität unserer Arbeit zu vermehren, sie so groß zu machen, daß wir unserer Jugend alle Chancen geben und das Leben unserer Alten sichern können. Wir erfahren täglich, daß heute Arbeit etwas anderes ist als gestern: Arbeit wird immer mehr zur geistigen Anstrengung für jeden.

Aufstieg durch Bildung heißt aber noch etwas anderes: Lehrende müssen auch wieder Lernende sein. Das Wissen, das heute vermittelt wird, wächst in einem kaum zu fassenden Ausmaß. Und wir können noch nicht übersehen, was wir alle wissen müssen, um morgen bestehen zu können. Vom dynamischen Prozeß des Lehrens und Lernens, der alle umfaßt, hängt nicht nur unsere materielle Zukunft ab, sondern mehr noch die Qualität unserer Gesellschaft und der Grad der Humanität und der Liberalität unserer öffentlichen Ordnung.

Hier liegt eine große, bei weitem noch nicht bewältigte Aufgabe des Staates. Und hier sollte kein Raum sein für Kompetenzstreitigkeiten zwischen Bund, Ländern und Gemeinden. Die Sache ist zu ernst, als daß wir uns solchen Luxus leisten könnten.

Drei große Ideen haben – wie ich es sehe – den Wiederaufbau der Bundesrepublik Deutschland und damit unsere Nachkriegsgeschichte wesentlich gestaltet. Erstens: die westliche Orientierung der deutschen Außenpolitik; zweitens: die Soziale Marktwirtschaft; drittens: die soziale Partnerschaft. Für diese Leitlinien der Politik stehen vier große Namen: Konrad Adenauer für die erste, Ludwig Erhard für die zweite, Karl Arnold und Hans Böckler für die dritte. (Zwei entscheidende Grundtatsachen der Nachkriegsentwicklung sind der Charakter der Union und der Versuch der SPD, Volkspartei zu werden.)

In der internationalen Streikstatistik schneiden wir Deutschen besonders gut ab. Wir haben die niedrigste Streikziffer vergleichbarer Industrieländer und gleichwohl sowohl beim Nominal- wie beim Reallohn Spitzenstellungen.

Unser Wiederaufbau war – zum Erstaunen vieler in der Welt, die unsere Trümmer und unsere seelische Verfassung kannten – eine Periode sozialen Friedens. Unruhen, Proteste, Demonstrationen blieben aus. Grund hierfür war nicht nur die allgemeine Einsicht, daß wir alle einen Arbeitsplatz, ein Dach über dem Kopf und ausreichende Nahrung brauchten, sondern auch die Gesinnung der Partnerschaft.

Der Gedanke brach sich Bahn, daß der Arbeitnehmer unentbehrlich sei wie der Unternehmer; daß Kapital und Arbeit zusammenwirken müßten; daß feindliches Gegenüber von Gewerkschaften und Unternehmensverbänden am Schluß keinen Vorteil bringe; daß der runde Tisch, das Gespräch und die Mitverantwortung aller Beteiligten der bessere und für alle erfolgreichere Weg sei.
Nachdem die Gedankenwelt des Karl Marx im 19. Jahrhundert aus Deutschland gekommen war, ging nun im 20. Jahrhundert ein aus meiner Sicht wichtigerer Gedanke aus der deutschen Alltagswirklichkeit hervor: Der Parole des »Klassenkampfes« folgte der Ruf nach »Partnerschaft«.
Karl Marx kam zu dem Ergebnis, daß die Geschichte ein Prozeß des Gegeneinander, eine Folge von »Klassenkämpfen« sei. Ausbeuter und Ausgebeutete hätten sich immer feindlich gegenübergestanden. Die Geschichte aller bisherigen Gesellschaft sei die Geschichte von Klassenkämpfen. »Unsere Epoche, die Epoche der Bourgeoisie, zeichnet sich jedoch dadurch aus, daß sie die Klassengegensätze vereinfacht hat. Die ganze Gesellschaft spaltet sich mehr und mehr in zwei große feindliche Lager, in zwei große, einander direkt gegenüberstehende Klassen: Bourgeoisie und Proletariat. Alle bisherige Gesellschaft beruhte... auf dem Gegensatz unterdrückender und unterdrückter Klassen.«
Unter Bourgeoisie versteht der Marxismus die Klasse der Besitzer der Produktionsmittel; unter Proletariat die Klasse der Menschen, die gezwungen seien, ihre Arbeitskraft zu verkaufen, um leben zu können. Das ist eine klare und deutliche Sprache. Sie enthält die These des Klassenkampfes, die noch heute wirksam ist, nicht nur in gewissen innerstaatlichen sozialistischen Vorstellungen, sondern auch in der internationalen Politik.
Niemand, dem diese Theorie nicht vertraut ist, wird zum Beispiel imstande sein, die sowjetische Politik der Verhinderung der deutschen Wiedervereinigung zu begreifen oder ihr wirksam zu begegnen.
Karl Marx gibt auf diese Analyse die Antwort, daß man eine klassenlose Gesellschaft errichten müsse. Dieser im Endziel kommunistische Zustand solle dadurch erreicht werden, daß man den Klassenkampf verschärft, daß die »Proletarier«, die »Ausgebeuteten«, sich bewußt zur Klasse vereinen, durch die Revolution die Macht erringen und die »Diktatur des Proletariats« begründen. Durch diese Diktatur solle dann die Klasse der Ausbeuter entmachtet werden. Am Schluß werde die klassenlose Gesellschaft stehen.
Das ist in groben Zügen die Position von Karl Marx. Es ist die Position des Gegeneinander, des Klassenkampfes, – allerdings mit dem Endziel der klassenlosen Gesellschaft. Der Weg dahin aber ist der Weg der Gewalt, des Hasses und des Kampfes.

In vielem, was Karl Marx aus seiner Zeit beschreibt und auf Grund seines Tatsachenmaterials analysiert, pflichte ich ihm bei. Seine Konsequenz aber, seine Therapie halte ich für falsch, für unvernünftig, für nichtdemokratisch.

Die Geschichte freier Länder ist ein lebendiges Lehrbuch dafür, daß »Ausbeuter« und »Klassenkampf«, so weit es sie gab oder gibt, auf einem der Marxschen Therapie entgegengesetzten Wege durch eine sehr konkrete, soziale Politik demokratisch und besser überwunden werden können. Es genügt, die Stichworte zu nennen: Vereinbarungen über Arbeitszeiten, Löhne und Arbeitsbedingungen durch Gewerkschaften und Arbeitgeber; soziale Sicherheit durch staatliche Ordnung; gewerkschaftliche und politische Arbeiterbewegung. Auf diesem Wege gelang es, die Lage der Menschen in abhängiger Arbeit zu bessern, ihren Lebensstandard zu heben, ihre soziale Sicherheit zu gewährleisten, ihre staatsbürgerliche Gleichberechtigung und Gleichachtung durchzusetzen und so mit der Beendigung der »Ausbeutung«, soweit es sie gab, eine Situation zu schaffen, welche den »Klassenkampf« selbst erledigte.

Es genügte und genügt nicht, die negativen Dinge abzubauen und soziale Mißstände zu beseitigen. Es ist auch zu wenig, die Arbeiterschaft ökonomisch und sozial zu emanzipieren, sie politisch gleichberechtigt mitwirken zu lassen und so fort. Johannes Messner hat das Wort von der »seelischen Entproletarisierung« ausgesprochen und damit den Kern unserer Probleme von heute und morgen treffend bezeichnet.

»Seelische Entproletarisierung« setzt politische Gleichheit aller und demokratische Gesellschaft voraus. Gemeint ist mehr: Das allgemeine Bewußtsein der Gesellschaft, daß es »ohne die Arbeitnehmer überhaupt nicht geht«; eine Wirklichkeit, welche alle teilhaben läßt, nicht nur am ökonomischen und sozialen, sondern auch am kulturellen Fortschritt; eine Gesellschaft, welche Rang nicht nach Geburt und Privileg, sondern nach Leistung und Bildung vergibt; eine Sozialordnung, welche nicht nur soziale Sicherheit, sondern auch Wohlstand, Bildung und Eigentum für alle greifbar macht.

Der geistige Ansatzpunkt hierfür ist das partnerschaftliche Denken.

Partner begreifen sich als Teile des Ganzen. Sie nehmen ihre Rolle voll in Anspruch. Sie wissen aber, daß sie nicht allein da sind mit ihrem Rang, ihrem Interesse, ihrem Prestige, ihren Bedürfnissen. Vielmehr anerkennen sie, daß andere da sind, die Rechte und Ansprüche haben und Achtung beanspruchen wie sie selbst. Partner wissen, daß sie einander brauchen, daß sie nur miteinander ihrer objektiven Aufgabe wie ihren subjektiven Ansprüchen gerecht zu werden vermögen.

Partnerschaft heißt: Den anderen gelten lassen, mit ihm zusammenwirken. Weder ist prinzipiell der Arbeitnehmer ein niederes Wesen noch der

Unternehmer ein Blutsauger. Eigentum ist kein Verbrechen. Die menschliche Achtung voreinander ist unabhängig vom sozialen Status. Alle sind voneinander abhängig. Jeder braucht den anderen.
Partnerschaft heißt: Anerkennung der gegenseitigen, andersartigen Positionen und Bereitschaft zum Zusammenwirken.
Dieses Denken hat Raum für Gegeneinander eigentlich nur da, wo der andere entweder selbst zum Miteinander nicht bereit ist oder rückfällig wird, etwa durch einen »Herrn-im-Hause-Standpunkt« oder Aufreizung zur prinzipiellen Aufsässigkeit oder Bummelei.
Unsere soziale Wirklichkeit wie auch unsere Rechtsordnung bemühen sich, dem Geist der Partnerschaft zu entsprechen. Das Tarifvertragsgesetz, die Mitbestimmungsgesetze und die Selbstverwaltungsgesetze für unsere großen Sozialeinrichtungen sind aus partnerschaftlichem Denken verfaßt und verabschiedet.
Ohne Zweifel ist Partnerschaft nicht nur eine wirksame Alternative zum Klassenkampf, sondern auch eine Methode, den Klassenkampf zu überwinden, und ein prinzipieller Denkansatz zur konkreten Ausgestaltung des sozialen Rechtsstaates.
Einige fordern: »Mehr Mitbestimmung.« Ich gehöre zu denen, welche die bisherigen Mitbestimmungs-Gesetze begrüßen und verteidigen. Sie halfen entscheidend mit, unseren Wiederaufbau zu gestalten und den partnerschaftlichen Geist des Miteinander lebendig werden zu lassen. Zugleich meine ich, daß ein Punkt nicht übersehen werden darf, in dem Partnerschaft durch Einseitigkeit ersetzt würde: Er liegt da, wo der Unternehmer nicht mehr frei ist zu entscheiden. Wer verantwortet und das Risiko trägt, sollte entscheiden.
Wer mitarbeitet, trägt Verantwortung mit. Das wirklich zu praktizieren, daran auch in der Rezession zu denken, Geist und Buchstaben der bestehenden Gesetze voll zu nutzen – das halte ich für besser, als durch neue Gesetze etwa die unternehmerische Entscheidungsfreiheit und Verantwortung einzuengen sowie das damit verbundene Risiko zu schmälern.
Diese Position erfordert, daß wir alle noch größere Anstrengungen machen als bisher, um das Eigentum breit zu streuen. Ich meine, im Miteigentum liegt die entscheidende Forderung aus partnerschaftlichem Denken für die Zukunft. Mehr Eigentum für jeden zu schaffen und dadurch mehr Mitwirkung und mehr Mitverantwortung, scheint mir die bessere Politik zu sein.

Unsere auf breitere Streuung des Privateigentums gerichtete Politik hat, wie ich meine, zwar die richtige Richtung eingeschlagen, aber noch nicht ihre Ziele erreicht. Auch hier macht ein Blick in den Bundeshaushalt deutlich, was vor sich geht: Von 1955 bis 1967 betrug die haushaltsmäßige Auswirkung des öffentlich geförderten Sparens 38,2 Milliarden DM. Im einzelnen: 1,7 Milliarden DM für Sparprämien, 6,3 Milliarden DM für Wohnungsbauprämien, 5,3 Milliarden DM für Bausparkassenbeiträge, 1,8 Milliarden DM für Kapitalansammlungsverträge und 23,1 Milliarden DM für Versicherungsbeiträge.

Unsere Gesetze geben Anreize zum Sparen sowohl durch Steuervorteile wie durch staatliche Prämien. Die soziale Privatisierung großer Werke durch Ausgabe von Volksaktien, die Förderung des Baus von Familienheimen und die Begünstigung vermögenswirksamer Leistungen auf Grund von Verträgen zwischen Arbeitnehmern und Arbeitgebern sind gesetzlich festgelegte politische Entscheidungen zu dem Ziel »Eigentum für jeden«.

Neben den Steuergesetzen, welche diese eigentums-politische Zielsetzung unterstützen, sind zu nennen: Das Sparprämiengesetz, die »kleine« Aktienrechtsreform; die soziale Privatisierung der Preußag, des Volkswagenwerkes und der VEBA; die Förderung des Investment-Sparens; das Vermögensbildungsgesetz; die Anreize zum Bausparen und zum Wohnungsbau.

Das Vermögensbildungs-Gesetz wird wenig genutzt. Im Jahre 1966 nahmen nur 3,2 Millionen Arbeitnehmer dieses Gesetz in Anspruch. Auch im Bereich der Gewerkschaft Bau/Steine/Erden, die sich für die Möglichkeit tarifvertraglicher Vermögensbildung besonders eingesetzt hatte, nahmen nur knapp 40% der Arbeitnehmer die eigentumsfördernden Möglichkeiten in Anspruch.

Ende 1967 verwalteten die Sparkassen über 7 Millionen prämienbegünstigte Sparverträge mit einem Bestand von über 10 Milliarden DM. Das sind etwa 12% der Spareinlagen von Privatpersonen. So ist eine volkswirtschaftlich wichtige Größenordnung erreicht. Da offenbar dieser eigentumsfördernde Weg von breiten Schichten besonders gerne beschritten wird, sollte diese Förderung – trotz der wachsenden Haushaltsbelastung! – besonders gepflegt werden. Ähnliches gilt für Bausparverträge und Anreize zum Bau von Eigenheimen.

Eine freie Gesellschaft setzt in unserer Zeit voraus, daß jeder die Chance zum Aufstieg hat und das neu entstehende Eigentum breit gestreut wird. Ohne diese beiden Bedingungen wird unsere freiheitliche Ordnung nicht Bestand haben.

Moderne Eigentumspolitik will die Freiheit des Menschen materiell stärken, der Vermögenskonzentration entgegenwirken und die Sozialordnung durch Vermögensbildung in breiten Schichten gerechter gestalten. Zwar ist der Weg gewiesen und beschritten, das Ziel aber ist noch nicht erreicht.

Für Deutschland kommt hinzu, daß ohne Mobilisierung der Sparkraft des

deutschen Volkes die notwendige Stärkung unserer Wirtschaftskraft schon mangels Kapitals nicht erreicht werden könnte.
Gewiß gibt es viele gesellschaftspolitische Notwendigkeiten. Auch hier müssen Prioritäten festgesetzt werden. Die Eigentumspolitik sollte gleichrangig mit der Bildungspolitik als zentral für unsere gesellschaftspolitischen Entscheidungen gelten.

Demokratie gibt es solange wie entschlossene, kämpferische Demokraten da sind. Die lautstarke Radikalität linker und rechter Extremisten erinnert uns plötzlich daran.

Wir erleben Demonstrationen, Auflehnung gegen Gesetze und das Bestreben, ein revolutionäres Bewußtsein zu erzeugen, ebenso wie die neu gestellte Frage nach dem Vaterland. (Dem Jugendproblem gilt ein eigenes Kapitel, S. 190ff.)

Rüdiger Altmann fragt nach unserem Staat und schreibt: »Die Bundesrepublik befindet sich insofern nicht nur in einer gefährlichen, sondern auch höchst modernen Situation. Aus einem Konflikt von Weltmächten geboren, hat sie sich selbst als Provisorium proklamiert. Sie ist verfassungsmäßig ebenso bereit, in einem gesamtdeutschen und nationalen Staat aufzugehen, wie auf ihre Souveränität zugunsten eines supranationalen Europa zu verzichten. Diese Bereitschaft hat nach keiner Seite zu einer Lösung geführt. Aber der Wartestand ist kein status quo.«

Der Wesenskern der Demokratie ist die rechtsstaatlich gesicherte Freiheit. Alle Staatsgewalt, jede Politik, jeder Minister, jeder Soldat, Richter und Beamte ist dem Recht unterworfen. Keiner darf alles, was er kann.

Natürlich gilt bei uns nicht das Prinzip der Sowjetunion, nach dem alles verboten ist, was nicht erlaubt sei, sondern der Grundsatz, daß alles erlaubt ist, was das Recht nicht verbietet. Und selbst das ist eingeschränkt: Auch die Mehrheit, auch der Gesetzgeber hat Grenzen. Wir sagen doch nicht ja zur Demokratie, um über den schrankenlosen Absolutismus der Majorität das Totalitäre zur Hintertür wieder hereinzulassen. Demokratie meint aber auch nicht einen schlappen Staat, der Gesetzesbrecher gewähren läßt, wenn sie nur ihr Unrecht als politischen Protest tarnen.

Die Grenzen des Gesetzgebers liegen nicht nur in dem Rahmen, welchen die Verfassung setzt, und auch nicht nur in den Normen des Verfahrens. Neben diesen formal gesetzten Grenzen gibt es solche aus den der Demokratie immanenten Prinzipien der Toleranz und der Rücksicht. Diese Grenzen aus der Gesinnung und der Gesittung sind das Wesentliche. Auch darf der Gesetzgeber nicht alles, was zum Beispiel nach christlicher Ethik Sünde ist, etwa zum strafbaren Tatbestand für alle normieren.

Es gehört zum guten Ton, von der »pluralistischen Gesellschaft« zu sprechen. Gemeint ist zunächst der Tatbestand, daß die Gesellschaft kein Monolith, sondern ein vielschichtiges Gebilde ist; daß sie weder religiös, noch landsmannschaftlich, noch nach Beruf, Vermögen, Neigung, Einfluß, Interesse, Bildung egalitär und unitarisch, sondern differenziert ist.

Auch aus diesem Tatbestand ergibt sich für den freiheitlichen Rechtsstaat, der eine solche Gesellschaft institutionell zusammenzuordnen hat, die Toleranz als eine wesentliche Norm der staatlichen Ordnung. Der freiheitliche Rechtsstaat darf, den Menschenrechten verpflichtet, nicht die Gewissen majorisieren.

Andererseits kann keine Ordnung es jedem recht machen oder allen Meinungen entsprechen. Einige gehen nämlich so weit, den soziologischen Tatbestand der pluralistischen Gesellschaft zu einer qualitativen, absoluten Norm machen zu wollen: Weil die Gesellschaft pluralistisch sei, dürfe der Staat, dürfe die Mehrheit nie etwas durchsetzen, zum Beispiel durch gesetzliche Regelung, was nicht communis opinio, sondern nur Auffassung eines Teiles sei. Würde man dem schlechthin folgen, so hätte der Staat seine Ordnungsfunktion eingebüßt, dürften Mehrheitsentscheidungen nicht mehr fallen; ein neuer »Nachtwächterstaat« entstünde, dessen Gehalt nur noch »Seid nett zueinander!«, Regelung des Verkehrs und – in minimalen Grenzen – polizeiliche Ordnung wäre.

Die originäre Geltung der Grundrechte – die Staatsverfassung bestätigt sie nur; sie verleiht sie nicht! –, die freie Entfaltung der Person und der Gesellschaft, die Beschränkung des Staates auf das, was einheitlicher Regel bedarf, und das Ja zur bunten gesellschaftlichen Vielheit, das föderative Prinzip, die Unabhängigkeit der Gerichte und der Justitiabilität der Gesetze und Verwaltungsakte sind wesentliche Punkte, an denen der freiheitliche Rechtsstaat erkannt werden kann.

Wohin Recht entartet, wenn es nur als Ausfluß der aboluten Souveränität des Staates und inhaltlich ohne die Schranken des Gewissens und der Menschenrechte verstanden wird, haben wir erfahren. Wir wissen, daß Legalität allein noch nicht Recht ist, daß Rechtsstaat ohne Bindung an moralische Normen zum Gesetzesstaat jedweden Inhaltes entarten könnte.

Ähnlich verhält es sich mit der Freiheit. Guardini wie Thielicke fragen, ob sie Substanz, Wirkkraft, Menschlichkeit und Zukunft haben könne ohne ethische Bindung; ob Libertät ohne Divinität nicht gar zu leicht zu Opportunität und Bestialität entarte.

Der freiheitliche Rechtsstaat erfordert, wenn er nicht Verfassungsphrase für Festreden werden soll, auch von den meßbaren soziologischen Wirklichkeiten seinen Tribut: Er verlangt, daß Richter und Beamte in Geltung, Recht und Besoldung so gestellt sind, wie es der Würde ihres Amtes, dem Anspruch des Staates und der Sicht der Öffentlichkeit entspricht. Zugleich muß der Staat von ihnen erhöhten Gemeinsinn verlangen.

Der freiheitliche Rechtsstaat kann und darf es nicht dulden, wenn Gruppen, wen immer sie repräsentieren, seine Autorität um keinen Preis anerkennen wollen, wenn sie ihr Interesse rücksichtslos dem Gemeinwohl überordnen oder das Recht verletzen. Das Wort vom »Neo-Feudalismus« ist gefallen. Der Rechtsstaat muß auch die Mächtigen unter das für alle gleiche Recht einordnen. Wo blieben, wenn er je nachgäbe, die wirklich Schwachen, die »stummen« Armen – wo Ordnung, Recht und Sicherheit? Der freiheitliche Rechtsstaat darf nie vor gesellschaftlicher Macht irgendwelcher gerade mächtiger Gruppen kapitulieren. Umgekehrt hat er Willkür zur Ordnung, Macht zur Rechtlichkeit, Schwäche zum Anspruch und alle zur Redlichkeit zu rufen.

Kritik an den öffentlichen Einrichtungen, den Politikern, den Zuständen ist nicht nur erlaubt, sondern förderlich. Meinungsstreit gehört zur Demokratie. Aber: Nicht der Steinwurf, sondern das Gespräch, nicht die Gewalt, sondern das Argument sind die Zeichen demokratischer Auseinandersetzung.

Staat ist nicht nur Obrigkeit, Tradition, Befehl und Gehorsam, sondern zunächst gesicherte Freiheit der Bürger wie der Gesellschaft, und erst dann Zusammenordnung zum Gemeinwohl und Herrschaft des Rechts.

Einen freiheitlichen sozialen Rechtsstaat zu verwirklichen, war der Traum vieler Deutscher in tiefster Not. In den Gefangenenlagern in den Weiten Rußlands, in den Trümmern der Städte, in den überfüllten Wohnungen, die uns der Krieg noch gelassen hatte; in den zerschlagenen Betrieben und Werken, in den Schlangen vor den Arbeitsämtern und den Lebensmittelgeschäften; in den überfüllten Universitäten entwickelten nach 1945 Menschen aller Schichten gedanklich diesen Staat. Sie wußten in dieser Stunde, was Familie war, was die Wohnung und der Arbeitsplatz bedeuten. Sie empfanden aber auch, daß das alles nicht genüge, und suchten nach der neuen staatlichen Ordnung.

Einen freiheitlichen sozialen Rechtsstaat zu schaffen, waren die Väter des Grundgesetzes im September 1948 in Bonn zusammengetreten. Sie kamen als Vertreter des deutschen Volkes aus allen deutschen Ländern, in denen es den Bürgern vergönnt war – nach Diktatur und Krieg, nach Zusammenbruch und Elend – wieder frei und geheim durch Wahlen ihr Schicksal selbst zu bestimmen. Da sie alle böse Erfahrungen hatten, schrieben sie – als Erfahrungssumme ihres Lebens – ins Grundgesetz, daß die Bundesrepublik Deutschland ein demokratischer und sozialer Bundesstaat sein und im Dienste der unantastbaren Würde der menschlichen Person stehen solle. Die Väter der Verfassung hatten die konsequente Kühnheit, eben diese Prinzipien der Änderung durch eine wie auch immer geartete Mehrheit rechtsförmlich für alle Zeiten zu entziehen. Sie taten das auch, weil sie ein Modell für das ganze Deutschland verbindlich festlegen und zugleich sagen wollten, was von nun an gemeint sei, wenn man hier wie in aller Welt Deutschland sagt.

Da wir in einer Periode leben, die mehrere Änderungen des Grundgesetzes zwingend erfordert, tun wir gut daran zu betonen: Das Grundgesetz hat sich bewährt. Seine Prinzipien bleiben unantastbar. Deutschland muß auch morgen freiheitlicher, sozialer und demokratischer Rechtsstaat bleiben.

Das bleibt er aber nicht von allein. Demokratie braucht kämpferische, leidenschaftlich engagierte Demokraten! Wir erleben, wie man links- und rechtsaußen die Köpfe erhebt und lautstark in einer Art trommelt, als hätte das deutsche Volk noch keine böse Erfahrung mit radikalen Verführern.

Wir haben keinen Nachholbedarf des Beweises unserer sozialen oder unserer nationalen Gesinnung. Nicht durch Phrasen, sondern durch Taten und mühsame Arbeit wurde das freie Deutschland wiederaufgebaut und ist es zum geachteten Partner der freien Welt geworden.

Zugleich ist uns schmerzhaft bewußt und stimmt uns bescheiden, daß noch immer nicht allen Deutschen die Menschenrechte alltagswirksam zuteil werden, daß unser Land ohne Frieden und gespalten ist.

Da wir also aufgefordert bleiben, die Einheit und Freiheit Deutschlands in freier Selbstbestimmung zu vollenden, haben wir auch die Pflicht, freiheitliches, rechtsstaatliches, demokratisches, soziales Modell für das ganze Deutschland zu bleiben und uns stets für alle Deutschen verantwortlich zu wissen.

Niemand wird bestreiten, daß die Freiheit der Sicherung, das Recht der Anwendung und Bewahrung, die Demokratie der Wachsamkeit stetig bedürfen.

»Wer rastet, rostet«, sagt der Volksmund. Wer glaubt, die Demokratie bliebe, weil sie in der Verfassung stünde, das Recht regierte, weil es in Paragraphen vorliege, die Freiheit sei gesichert, allein weil wir uns an sie gewöhnt haben, – wer das glaubt, irrt.

Die Bundesrepublik Deutschland ist unser Staat. Wir sollten ihm geben, was er braucht – auch an Gesinnung. Wer das ganze Deutschland in Freiheit vereint will, darf das schon in Freiheit geordnete deutsche Gemeinwesen nicht mißachten. Der muß unserem freiheitlichen und sozialen Rechtsstaat Respekt erweisen, um so allen Deutschen und aller Welt zu zeigen was wir meinen, wenn wir vom ganzen Deutschland sprechen.

Das Parlament ist das Herzstück des demokratischen Staates. Es handelt stellvertretend für das Volk. Ihm obliegt, für die Nation zu handeln sowie durch Rede und Gegenrede auszudrücken, was im Volk lebendig ist.

Unsere parlamentarische Wirklichkeit ist verbesserungsbedürftig. Die mangelnde Präsenz der Abgeordneten bei wichtigen Bundestags-Sitzungen wird äußerst kritisch vermerkt. Bemängelt wird auch, daß manche Parlamentsdebatte den Ereignissen zu sehr nachhinke, daß Besucher oftmals eher Vorlesungen als Debatten erlebten, daß die wirklichen Entscheidungen vorher in vertraulichen Kreisen der Ausschüsse, der Fraktionen, der Koalitionen fielen und im Parlament nur deklamiert werden.
An mancher Kritik ist ein Körnchen Wahrheit. Zunächst aber muß man wohl in Erinnerung rufen, daß der Bundestag seine Pflichten als Gesetzgeber bisher gut erfüllt hat; daß er Regierungen nicht nur begründet, sondern auch beendet hat; daß er fleißig ist; daß nicht nur die Präsenz im Plenarsaal, sondern das Studium der Probleme, die Beantwortung der Briefe und die interne Vorberatung zu den Pflichten des Abgeordneten gehören.
Wir bemühen uns im Deutschen Bundestag um die Reform unserer Arbeit. Unser Arbeitsrhythmus wurde verändert. Die Fragestunde wird gut genutzt. Kürzere Redezeiten, lebendigere und aktuellere Debatten werden erstrebt. Wenn die Regierung wichtige Mitteilungen zuerst im Bundestag macht und wir einen Saal und eine Sitzordnung bekommen, welche das Zuhören erleichtern und das Reden vom Platz statt vom Pult ermöglichen, könnten wir weitere Fortschritte machen.
Im dänischen Parlament gibt es eine gute Übung: Man klatscht nicht Beifall. War man mit der Rede eines Kollegen besonders zufrieden, so legt man ihm hinterher eine 10-Öre-Münze auf seinen Platz...
Bei allem Reformbemühen darf man dieses nicht übersehen: Die Anforderungen an die Abgeordneten steigen. Nicht nur die Sachprobleme werden schwerer und erfordern Mehrarbeit schon bei der Vorbereitung und Diskussion der Lösungsmöglichkeiten. Auch wachsen die Zahl und die Intensität der Besprechungen, Reden, Diskussionen, die landauf, landab zu führen sind. Ein Parlament, das allen seinen Aufgaben gerecht wird, kann nur selten ein voll besetztes Haus haben, denn nicht nur dort ist parlamentarische Arbeit zu leisten. Wer das britische Unterhaus und den Kongreß der USA kennt, weiß, daß ein funktionierendes Parlament nicht immer ein »volles Haus« haben muß.
Kein Parlament kann in der Regel aktueller sein als Presse, Funk und Fernsehen. Und jedes Parlament muß, wenn es seine Verfahrensregeln festlegt, nicht nur den eigenen Notwendigkeiten zügiger Beratung entsprechen, sondern auch dem berechtigten Interesse der Bürger und der Betroffenen, am Gang einer Gesetzgebung teilzuhaben und Anregungen rechtzeitig geben zu können.
Die Regierungsmehrheit wird sich immer zwischen zwei Extremen bewegen müssen: Sie muß und soll die Regierung tragen und fördern, solange

sie mit ihrer Politik einverstanden ist. Gleichwohl darf das Parlament weder zur »Stempelmaschine« werden, welche den Gesetzentwürfen schon deshalb die Legalität gibt, weil sie von der eigenen Regierung kommen, noch darf das Parlament aus kleinlicher Profilsucht zur »Schwatzbude« werden, die der eigenen Wichtigkeit wegen alles zerredet und so die Wirksamkeit der Regierung hemmt.

Unser Staat wird von einigen kritisiert, weil er sich zu sehr in die Richtung des »Gefälligkeitsstaates« entfalte. Die so empfinden, weisen darauf hin, daß er gar zu sehr als fremder Dritter, als »Melkkuh«, nur als Beschwerde- und Anspruchsstelle empfunden werde, weil die Politik gar zu leicht den lautstarken Forderungen, unterstützt von organisierten Interessen, nachgebe, weil sie die Menschen durch Geschenke und Gefälligkeiten verhätschele, ohne genügend klar und oft das gleichfalls unentbehrliche Nein zu sprechen. Des Neins entwöhnt, wüchsen die Ansprüche, und mit jedem erfüllten Wunsch steigerten sich zugleich Bedarf und Unzufriedenheit.
Die »Stimmungsdemokratie« hängt damit eng zusammen. Gemeint ist auch die Gefahr, daß Wahlen weniger mit Argumenten als durch allgemeine Stimmungen entschieden werden. Dabei wird betont, daß die Parteien hierzu mitwirkten, weil ihre Propaganda oft mehr dem Gefühl und dem Schlagwort diene als dem Argument und der Überzeugung.
Wenn die breiten Massen die Überlegenheit der Demokratie überwiegend darin sähen, daß sie den höheren Lebensstandard brächte, so wäre die Demokratie in Gefahr, falls es dem Kommunismus je gelänge, ökonomisch auch nur ungefähr den Anschluß an die Freie Welt zu gewinnen.
Der moderne demokratische Staat muß dem Bürger sagen, was ist, und kann auf sein Opfer, seinen Gemeinsinn und seine Mitverantwortung nicht verzichten. Auch der demokratische Staat muß Ziele setzen, an Pflichten erinnern, die Solidarität aller in Anspruch nehmen. Er hat nicht nur soziale Sicherheit zu gewährleisten, sondern auch Steuern zu erheben, nicht nur Freiheit zu garantieren, sondern auch Pflichten abzufordern. Der demokratische Staat ist nicht nur eine Stelle, gegen die der Bürger Ansprüche hat; der Staat hat auch Ansprüche an den Bürger!
Ich glaube, daß wir in Deutschland manchen Anlaß hatten, unseren Staat nicht sonderlich zu lieben. Und ich verstehe, daß wir nach dem Kriege vom Staat nicht viel wissen wollten. Für die Zukunft werden wir so nicht auskommen! Wir brauchen mehr Gemeinsinn und Staatsbewußtsein.
Wir müssen – zum Beispiel – den Mut aufbringen, auch die Frage der Arbeitszeit unter dem Gesichtspunkt des Gemeinwohles zur Diskussion zu stellen. Kann etwa die 35-Stundenwoche unser Ziel sein, wenn dadurch zukunftsentscheidende Gemeinschaftsaufgaben ungelöst bleiben oder zu

spät angepackt würden? Nicht nur das Eigentum, auch die Arbeit hat eine Sozialfunktion!
Natürlich können solche Fragen nur gestellt werden, wenn die Politik die Opfer gerecht verteilt und eine Sozialordnung anstrebt, die allen Gutwilligen als gerecht, als lebens- und verteidigungswert erscheint.

Nationale Besinnung

Britische Ein-Penny-Münzen aus dem Wechselgeld des Londoner Alltags zu sammeln, ist reizvoll. Da folgen die Könige und die Königinnen, die eine blickt nach links, der andere nach rechts, immer schön abwechselnd, und die Jahreszahlen gehen zurück bis ins vorige Jahrhundert. Der Penny mit dem Bild der Königin Victoria und der Jahreszahl 1863 ist gültig wie der mit dem Konterfei Georgs V. von 1915 und der mit dem Bildnis Elizabeths II. aus dem Jahre 1962. Das drückt Stetigkeit und natürliches Geschichtsbewußtsein einer Nation aus.
Wir haben nicht nur die Bildnisse auf unseren Münzen gewechselt. Kaiserreich, Krieg, Niederlage, Demokratie, Inflation, Arbeitslosigkeit, Diktatur, Krieg, Niederlage, Inflation, Demokratie, Fremdherrschaft, Spaltung – das sind die Etappen unserer jüngsten Geschichte.
Die Jugendgruppe, der ich als Sextaner angehörte, wurde von demselben Staat verboten, der uns später zu Soldaten machte und in den Krieg schickte. Ihr geistlicher Betreuer saß im KZ, während wir an der Front waren. Uns gelang nie, die Juden so schrecklich zu finden, wie man es uns einhämmerte, weil wir uns manches Jugendfreundes vom Fußball-Spielen her erinnerten, den wir als »Juden« erst erkannten, als er plötzlich einen gelben Stern tragen mußte und scheu fern blieb.
Als der Krieg zu Ende war und wir nichts auf dem Leibe hatten als gefärbte Uniformstücke, sah und sprach uns mancher an, als seien wir Soldaten schuldig. Aus Trotz erklärten manche von uns lauthals alle Väter für die wahrhaft Schuldigen, weil sie Hitler nicht verhindert hätten. Die Besatzungsmächte schenkten den früheren Soldaten besondere, mißtrauische Aufmerksamkeit. Von »Kollektivschuld« – gar aus deutschem Munde – mochten wir nichts hören.
Dann kam Adenauer und verlangte für einen Staat, der sich selbst für ein Provisorium erklärte, wieder Soldaten. Unser »Nie-wieder-Krieg« sei nur so, durch Beitrag zu Bündnis und Abschreckung, zu realisieren. Heute haben wir Wehrpflicht in der Bundesrepublik Deutschland und in der »DDR«, und wer in unserer Hauptstadt Berlin von einem Teil in den anderen möchte, ist daran durch die Mauer gehindert oder wird an ihr erschossen...

So ist es schon nicht ganz leicht, ein ungebrochenes vaterländisches Bewußtsein zu bewahren. Und doch geht es nicht ohne das. Auch bei uns wächst es wieder. Es ist noch nicht formuliert. Aber es ist erkennbar. Es muß aus sich wachsen und reifen.
Manche in Deutschland und manche im Ausland stehen der gesunden nationalen Besinnung im Wege. Draußen gibt es noch mehr Unversöhnlichkeit und Mißtrauen als wir wahr haben wollen.
In zwei besonders schwierigen Situationen habe ich erfahren, daß uns nichts so gut bekommt, wie ganz offen auszusprechen, was wir auch hierzu denken.
Im November 1965 war ich Gast der israelischen Regierung bei einem offiziellen Essen in Jerusalem, das der stellvertretende Ministerpräsident Abba Eban gab. Es wurden Tischreden gehalten. Hier das wesentliche aus meinem Text:
»Die deutsche Geschichte umfaßt mehr als zwölf böse Jahre. Ein erneuertes Deutschland tritt Ihnen gegenüber. Für jeden Menschen ist es gut, stets eingedenk zu bleiben, woher er kommt und wohin er geht. Für jedes Volk ist es gut, die Geschichte – die ganze Geschichte – nie zu vergessen. Für die Völker miteinander ist es besser, den gemeinsamen Weg in die Zukunft des Friedens zu suchen.«
Aus meiner Sicht bleibt das wesentlich: Vergangenes kann man nicht leugnen. Aber etwas Neues und Besseres gelingt nur mit dem Blick in die Zukunft. Die Beziehungen zwischen Deutschen und Israelis, zwischen Christen und Juden sind nicht frei von der vergangenen Belastung; aber nicht darauf, sondern auf die gegenwärtige, gemeinsame Bemühung um eine bessere Zukunft sollte man sie gründen – hier wie dort.
Ich hatte viele Anlässe und Gelegenheiten, zu diesem nationalen Thema im Ausland in Gesprächen und Reden meine Meinung zu sagen. Nur dieses sei noch erwähnt:
Auf Einladung der Präsidenten der jüdischen Organisationen der USA sprach ich im Juni 1966 zu ihrer Konferenz. Ich war gebeten, auf die Frage zu antworten, ob in Deutschland ein neuer Nationalismus entstehe. Hier mein Text:
»Unseren nationalen Ehrgeiz sehen wir darin, bedeutsam zu werden für die Menschheit durch Werke des Friedens. Unsere Gefechtsbereitschaft gilt den Schlachten gegen Hunger, Armut, Not – für Gerechtigkeit, Fortschritt und Bildung überall in der Welt und für jedermann, der Menschenantlitz trägt.
Wir können hierfür noch nicht voll wirksam werden, weil wir vor den Toren der UNO warten müssen, weil die Spaltung Deutschlands ungeheure Kräfte verzehrt, die für Werke des Friedens in der Welt frei würden durch Selbstbestimmung aller Deutschen. Wir wissen, daß unser Wunsch nach

Einheit von vielen in der Welt nur dann unterstützt wird, wenn sie sehen, welchen Grad der Humanität und der Redlichkeit die deutsche Wirklichkeit heute erreicht und welchen Stil und welche moralische Kraft die deutsche Demokratie dauerhaft entfaltet. So ist unsere innere Politik in besonderer Weise ein außenpolitischer Faktor.
Durch unser Volk geht eine nationale Besinnung. Das ist gut und natürlich. Die Deutschen – allen voran die Jugend – drängen immer stärker nach Einheit des Landes. Jeder zweite Einwohner bei uns ist nach Hitlers Machtergreifung (30. Januar 1933) geboren. Die jungen Menschen fragen, was war und was sein wird. Mancher in der Welt fragt so.
Wir antworten als ersten Satz: Hitler war eine schreckliche Wirklichkeit. Daran gibt es nichts zu verniedlichen.
Der zweite Satz heißt: Die deutsche Geschichte umfaßt mehr als zwölf böse Jahre.
Und der dritte: Ein erneuertes Deutschland tritt der Welt gegenüber. Unsere Gegenwart ist rechtlich und um Redlichkeit bemüht; sie ist ehrenhaft. Auch uns ist erlaubt, unser Land zu lieben.
Ein erneuertes Deutschland ist da. Eine Generation wächst heran, der niemand neue heimliche Stempel wegen einer endgültig gewesenen Vergangenheit aufdrücken sollte.
Wer – wo immer in der Welt – von Sorgen ob eines angeblichen neuen deutschen Nationalismus geplagt sein sollte, kann dem leicht abhelfen, indem er gebührend würdigt, was ist!«

Auch Deutsche stehen der gesunden Besinnung im Wege: Die radikalen Extremisten, die entweder alles in den Schmutz ziehen, was Staat und Ordnung und Vaterland bedeutet, oder mit nationalistischen Phrasen werbend tätig sind.
Es gibt keine Gegenwart ohne Vergangenheit. Darum gehört die Antwort auf Gestern zu unserem Weg in die Zukunft.
Die Demokraten in Deutschland begannen 1945 ohne viel Hoffnung und ohne Aussicht auf Dank; sie begannen aus Liebe zu ihrem geschlagenen Volk da, wo Hitler endete, und mit dem, was er hinterließ. Dieser Mann trägt schwere Schuld auch vor dem deutschen Volk und gerade vor denen, deren vaterländische Gesinnung und deren Idealismus er mißbrauchte. Dieses deutsche Volk ist nicht kollektiv schuldig geworden. Wir sagen das nun seit zwanzig Jahren. Heute ist es leichter, das zu tun und sich zu diesem Volk, zu seiner ganzen Geschichte zu bekennen, wie auch zur Ehre des deutschen Soldaten.
Wir haben kriminelle Delikte immer säuberlich von politischem Irrtum getrennt. Wer Verbrechen begangen hat, gehört vor Gericht, damit das Gericht objektiv und endgültig die Schuld feststellen und das Maß der

Aussonderung aus der Gemeinschaft bestimmen kann. Anders ist es beim politischen Irrtum. Zur Freiheit gehört immer auch die Möglichkeit falschen Gebrauchs; zur Erkenntnis gehört das Risiko des Irrtums. Das gilt nicht nur heute, das galt auch gestern, und das wird auch morgen gelten.
An alledem sollten wir weiter festhalten. Ebenso wollen wir nicht vergessen: Beide, Kommunismus und Nazismus, haben kräftig Hand angelegt zur Zerstörung der Demokratie von Weimar. Hitler ist tot, und Ulbricht lebt; das Hakenkreuz über Deutschland war, und die Rote Fahne über einem Teil Deutschlands ist.
Wir müssen jenen, die uns immer noch mißverstehen, potentielle Anlässe hierfür nehmen. Unsere Wiedervereinigung werden wir nie erreichen, wenn die Basis des demokratischen Vertrauens zu uns nicht breit und tief ist.
Auch hier gilt, daß auch die falsche Meinung, daß auch das Ressentiment eine politische Realität ist.
Ebenso gilt: Wer nie in der Diktatur lebte, hat es schwer, sehr schwer, ihre Bedingungen auch nur zu erahnen. Wer nur die reine Luft des freiheitlichen Rechtsstaates kennt – und es ist ein Geschenk für die, welche nur das kennen –, der wird leicht mit zu hartem, mit zu ungerechtem, zu lebensfremdem, zu wenig sachkundigem, ja zu grobem Maß die Lebensumstände, die Möglichkeiten und das Verhalten der Menschen in der Diktatur beurteilen. Und der wird auch den Menschen, die jetzt unter Ulbricht leben müssen, nicht gerecht.
Wir tun das unsere, Schaden wiedergutzumachen, unsere freiheitliche Gesinnung glaubhaft darzutun, Verbrechen zu verfolgen und Schuld zu sühnen. Wir rechnen auch nicht auf, wiewohl vielen Deutschen Unrecht geschehen ist. Aber wer den Menschen kennt, weiß, daß der gute Wille, zumal der durch Taten bekundete, konstruktiver Antwort bedarf. Wenn die öffentliche Meinung der Welt mehr unsere demokratische Realität als die potentielle Gefährdung von rechts- und linksaußen betonte, würden wir leichter mit den Feinden der Demokratie fertig!
Wir haben nicht viel von Patriotismus gesprochen, als wir 1945 begannen, einen Karren aus dem Dreck zu ziehen, den wir nicht dorthin gebracht hatten. Wir haben gehandelt – natürlich als Patrioten. Wir sollten Deutschland weiter dienen durch Arbeit, durch Maß und durch Klugheit – nicht durch alte Phrasen in neuer Lautstärke.
Wir lieben unser Land, aber wir wollen unseren Patriotismus und unsere Kraft wie bisher unserem großen Ziel zuwenden, einem vereinten Europa, in dem wir als Deutsche eine Heimat haben. Allein das ist zeitgemäß und zukunftswirksam.
Selbstbesinnung bleibt – und dies ist ersatzlos – die Voraussetzung für

die Chance auf Selbstbestimmung aller Deutschen. Unsere demokratische Wirklichkeit ist und bleibt die beste Werbung für unseren Anspruch auf Einheit unseres Volkes.

Wer in Deutschland mit falschem Pathos und bekannten Phrasen nationalistisch trommelt, marschiert rückwärts – wie die in der Welt, welche immer noch oder schon wieder »die« Deutschen mit heimlichen Stempeln versehen.

Man sagt, wirtschaftlich und sozial seien wir ein Riese, politisch ein Zwerg. Diese Aussage ist bitter, sie ist übertrieben, aber sie hat leider einen wahren Kern. Auf die Dauer ist es nicht gut, ökonomisch in der Spitzengruppe der Welt und politisch knapp im Mittelfeld zu sein.

Wir müssen also für morgen unsere politische Geltung und unseren ökonomischen Rang mehr in Übereinstimmung bringen – ein notwendiges, sehr schweres Unterfangen!

Wir sind ein gespaltenes Land. Unser erstes Ziel ist die Einheit der Deutschen. Manche in der Welt können, andere wollen Hitler nicht vergessen. Wir sind nicht in der UNO. Wir haben alle Soldaten unter NATO-Befehl. Wir sind keine nukleare Weltmacht. Also sollten wir nicht – wie Zettel in Shakespeares »Sommernachtstraum« – »den Löwen auch noch spielen wollen«. Wir sind nämlich kein Löwe.

Unsere Rolle in der Welt kann nur sein, durch Werke des Friedens bedeutsam zu werden. Militärisches Engagement außerhalb der NATO kann nicht unsere Sache sein.

Nukleare Fragen sind für uns nur solche der Sicherheit. Wir brauchen auf diesem Gebiet weder ein Spielzeug noch ein falsches Rangabzeichen. Es muß nicht unbedingt sein, daß über weite Strecken allein wir Deutschen von Bedrohung, Waffen, Kommunismus sprechen. Das ermüdet die Welt. Wir sollten davon sprechen, daß in Deutschland kein Friede ist, daß in Deutschland nicht alle die Menschenrechte haben.

Wir sind für die Maßstäbe von heute ein kleines Volk. Unser Name ist geschändet worden. Darunter werden wir auch künftig noch leiden – auch die, welche damit nichts zu tun hatten. Wir haben aus der Geschichte gelernt. Wir suchen unser Wohl und unsere Zukunft nicht gegen andere, sondern mit ihnen. Unser Bekenntnis zu den Menschenrechten ist endgültig wie unsere Entscheidung für den Westen. Ebenso gültig ist, daß wir Deutsche bleiben, daß wir zu unserer ganzen Geschichte stehen. Auch uns ist erlaubt, unser Land zu lieben.

Diese Position wird gestört einmal durch die, welche sich zu Demokratieschiedsrichtern für die Welt aufspielen: »Germania docet« wird uns die Welt, falls wir unvernünftig genug wären, es zu versuchen, noch auf lange Zeit nicht abnehmen. Theodor Eschenburg hat recht: »Die Bundesrepublik ist viel zu schwach, um ihre Beziehungen zu fremden Staaten

nach der Beurteilung deren Herrschaftssystems und deren Regierungspraxis zu regulieren.«
Mehr noch wird diese Position gestört durch die Tätigkeit und »intellektfeindliche Demagogie« Rechtsradikaler. Wir müssen erleben, wie mit dem Appell an das dumpfe Gefühl eines mystischen Nationalismus gearbeitet wird; wie Menschen verhetzt werden, die von zeitbedingten Strukturveränderungen betroffen sind; wie jungen Menschen von alten, braunen Gehirnen falsche Parolen suggeriert werden – »nationale Denkungsart«, »Artkraft«, »Befehlsgewalt des Staates über den einzelnen Menschen«, »biologische Selbstbestimmung und Arterhaltung«, »raumfremde Mächte«, »Ungeist der Unterwerfung und Verfremdung«. Gefühle und Leidenschaften werden erzeugt, bis dem Argument kein Raum mehr bleibt. Mißbrauch wird getrieben mit der Existenzsorge, dem nationalen Gefühl und dem Ordnungsbedürfnis vieler Mitbürger.
An diesem bösen Erscheinungsbild gibt es nur ein Gutes: Bei den Jungwählern bleibt die NPD unter ihren Durchschnittszahlen!
Die Demokraten sind herausgefordert. Wer, wie schon betont, das Heil nicht von Gesetzen und Amtsschaltern, sondern von Gesinnung und Gesittung der Demokraten erwartet, kann das Verbot radikalisierter und radikalisierender Gruppen immer nur als letztes Mittel betrachten. Auch den Demokraten wird nichts geschenkt. Freiheit hat seinen Preis nach außen und nach innen. Ohne Engagement für eine Sache und ohne Kampf gegen deren Feinde gibt es auch in der Politik nichts. Wer den Demokraten den Kampf ansagt, muß durch die Herausgeforderten mit den Mitteln der Demokratie die Niederlage bekommen! Wie stark sind wir – die Demokraten? Wie gut sind unsere Argumente? Wie gut ist unsere Sache, wie entschlossen unser Wille für die Demokratie?
In der Beantwortung dieser Fragen liegt die Zukunft unseres freiheitlichen Rechtsstaates. Ich bin zuversichtlich.

Zukunft der Demokratie

Die Demokraten müssen sich noch einem Problem stellen: Moderne Soziologen zweifeln an der Möglichkeit unserer Demokratie unter den technischen und wissenschaftlichen Bedingungen der Zukunft. So fragt Krippendorf, ob das Ende des Parteienstaates gekommen sei wegen der Möglichkeiten der Psychologie, der Pädagogik und der Organisation zur Manipulation des Menschen; Schelski entwickelt das Modell des »Technischen Staates« und fragt, ob nicht »die klassische Auffassung der Demokratie als eines Gemeinwesens, dessen Politik vom Willen des Volkes abhängt, immer mehr zur Illusion« werde, weil zum Beispiel die technisch-wissenschaftliche Entscheidung nicht Mehrheitsmeinungen unterliege.

Die Fragestellung ist für die Theorie unserer Zeit und die Möglichkeit der Demokratie morgen interessant. Ich will – hier – nicht wissenschaftlich, sondern aus der Erfahrung des Politikers antworten:

Kommunisten in Europa müssen – vor der Wirklichkeit der menschlichen Natur – die Grenzen der Möglichkeit, den Menschen zu manipulieren, erkennen und respektieren. Trotz aller wissenschaftlichen Erkenntnisse, trotz allen theoretischen Manipulationsvermögens und trotz deren Anwendung rebellierten in Mitteldeutschland, in Ungarn, in der Tschechoslowakei und in Polen junge Menschen. Und bei uns demonstriert mancher aufgrund seiner Vermutung, er werde autoritär manipuliert. Allen »Gesetzen« der »Sachzwänge« wie allen »Zwängen« der »Entideologisierung« zum Trotz fragen junge Menschen nach Idealen, fragt der Mensch nach Freiheit.

Demokratie bleibt möglich, weil der Mensch einen Kern hat, der spontan, unrational, unberechenbar und unmanipulierbar ist und bleibt. Welcher Parlamentarier, welcher Wahlkämpfer könnte das nicht tausendfach belegen!

Die moderne Demokratie wird unvoreingenommen die wissenschaftlichen Erkenntnisse nutzen. Sie wird ihre Entscheidungen durch deren Hilfe sachgerechter und zügiger treffen können. Sie erhebt nicht den Anspruch, Naturgesetze oder technische Erfahrungen durch Majorität zu bestimmen. Verantwortliche und moderne Politik wird das alles nutzen. Die Ziele, die Ideale, die Prinzipien wird sie geistiger Erkenntnis eigenständig und schöpferisch entnehmen. Was immer den Bereich des politisch Möglichen und die Auswahl politischer Methoden künftig mitbestimmen wird, der Mensch bleibt von Natur auf Freiheit angelegt. Und es gibt keinen humanen Weg außer dem, die Mehrheit bestimmen zu lassen, welche politische Meinung gelten, welches Ziel verfolgt und welche Richtung eingeschlagen werden soll. Nur das demokratische Prinzip kann menschliche Gemeinschaften fair zusammenordnen!

Technik ist berechenbar. Der Mensch ist beeinflußbar; voll berechenbar ist er nicht. Bei allem Fortschritt der Wissenschaft bleibt der Mensch offen für Neid und Mißgunst, für Sympathie und Antipathie, für Haß und Liebe, für Ressentiments und Komplexe ebenso wie für Familien-, Heimat- und Naturgefühl. Politik ordnet das Zusammenleben dieser Menschen – nicht die Summation der Computer!

»Wenn hinten weit in der Türkei...«

Die Welt, in der wir leben, ist zu klein und zu gefährdet, als daß wir uns Inseln des Hasses, der Armut, des Hungers, der Unwissenheit leisten könnten. In unserer Entscheidung liegt, ob die moderne Welt zum letzten Grauen, dem atomaren Inferno, oder zu nie geahnter Blüte kommt. Nie war es erregender, nie verantwortungsvoller, ein Erdenbürger zu sein. Der Mensch unserer Zeit hat die Macht, unsere Welt zu zerstören. Wir werden entweder durch atomare Explosionen einander umbringen oder durch friedliche Nutzung dieser Möglichkeiten den Hunger wie die Not in unserer Welt besiegen und dann weltweit »Wohlstand für alle« haben. Beides ist möglich. Unsere Kenntnisse und die Bedingungen unserer Welt reichen aus, die ganze Menschheit mit gutem Lebensstandard friedlich zusammenleben zu lassen.
Es nützt keinem mehr, wenn der Nachbar krank ist. Nur mit dem Blick auf alle Nachbarn, auf die ganze Menschheitsfamilie, sollten wir die Lösung politischer Probleme suchen. Alles andere ist provinziell und unsachlich. Obwohl noch nicht alle so denken, ist die Zeit vorbei, in welcher wir unberührt und unbetroffen bleiben konnten, »wenn hinten weit in der Türkei die Völker aufeinander schlagen«.
Wir Europäer spüren, daß in Ostasien Krieg ist. Die Afrikaner empfinden, daß in Europa nicht nur die Ost-West-Spannung fortdauert, sondern sein freier Teil zusammenarbeitet. Die Amerikaner merken, daß sie eine europäische, eine afrikanische und eine asiatische Gegenküste haben und daß alle Ereignisse in allen Kontinenten sie unmittelbar berühren.
Führt ein Land Atomversuche durch, so trifft die Radioaktivität auch zahlreiche andere Länder. Entstünde irgendwo in der Welt ein »begrenzter« atomarer Krieg, so würden wir alle in Mitleidenschaft gezogen. Bricht in einem anderen Erdteil eine Seuche, 5000 km entfernt eine Epidemie aus, so geht uns das alle an – nicht nur, weil dort Menschen leiden, sondern auch, weil die Erreger wegen des Tempos unserer Verkehrsverbindungen und der Dichte unserer Kontakte uns bald erreichen können.
Nicht nur die Gefahren verbinden uns rund um den Erdball. Auch Ideen, Nachrichten, Bücher, Musik, Malerei überspringen durch die Informationsmittel unserer Zeit selbst Grenzen, die nach dem Willen der für sie Verantwortlichen unüberwindlich sein sollten. Schon haben vierhundert Millionen Menschen durch die von Erdsatelliten übertragenen Fernsehprogramme gleichzeitig an Ereignissen auf der Welt teilgenommen.

Wir leben in einer Welt, die zusammenwächst. Immer mehr Menschen aller Rassen und aller Kontinente werden sich dieser Einheit bewußt. Die Welt ist erkennbar endlich geworden.

Die Nachrichten-, Steuerungs- und Rechentechnik erleichtert das Erfassen der Zusammenhänge und zudem die Konsequenz in sachgerechten Entscheidungen. Sie stellt dem Menschen mehr Wissen zur Verfügung, als er zu verarbeiten vermag. In viel höherem Ausmaß als früher werden Tatsachen und Entwicklungen vorhersehbar. In geraumer Zeit wird es möglich sein, von Erdsatelliten, vom Mond gar, Teile der Erde zu kontrollieren und auf sie einzuwirken. Der Zeitpunkt naht, an dem Großwetterlagen von Menschen beeinflußt, wahrscheinlich sogar ausgelöst werden können. Wer dies zuerst vermag, wird Macht haben auch über Dürre oder Fruchtbarkeit, Hunger oder Sattsein.

In dieser rechenhaft wirkenden und weithin manipulierbar erscheinenden Welt leben wir unter der steten Möglichkeit atomarer Explosionen. Der Mensch war immer schon beeinflußbar; mit neuen Methoden ist er noch erheblich lenkbarer geworden. Trotzdem bleibt in ihm ein nicht rechenhafter und nicht berechenbarer Kern. In der menschlichen Natur gibt es einen nicht manipulierbaren Bereich. Bei allen Fortschritten in der Biologie, der Psychologie, der Pädagogik, der Mathematik, der Kybernetik und der Werbung bleibt ein Rest von Spontaneität, Unberechenbarkeit und rational nicht erklärbarem bleibt auch das nicht zu definierende Schöpferische im Menschen.

Warum liebt zum Beispiel diese Frau diesen Mann? Wer wollte leugnen, daß es im Verhältnis zwischen Eltern und Kindern, in bezug auf Natur und Heimat Unerklärbares gibt? Carl Friedrich von Weizsäcker schreibt mit Recht: »Wie einfach sind doch Atomreaktionen, verglichen mit den turbulenten Strömungen der Atmosphäre, und wie einfach ist die Atmosphäre, verglichen mit den Lebensumständen und Willensentscheidungen von Millionen Menschen, von denen Wirtschaft und Politik abhängen!«

Der Mensch und seine Gesinnung bleiben die wichtigste Frage für die Zukunft. Politik und Macht werden weiterhin unwägbare Momente enthalten. Die neue Technik stellt den Menschen, auch den Politiker, mit größeren Möglichkeiten für den Fortschritt wie für die Zerstörung vor eine größere Verantwortung. Die Abwehr der Vernichtung der Menschheit gehört nun zu den Pflichten der Politiker.

Der Mensch braucht den Frieden wie die Freiheit. Die Bedingung des Friedens ist die Geltung des Rechtes, seine Voraussetzung die Existenz einer Macht oder einer Situation der Mächtigen, welche durch das Recht Frieden und Freiheit garantieren.

Der Frieden wird nicht von selbst. Ihn zu gestalten, ist das erste Gebot.

Alle Fortschritte müssen allein friedlich genützt werden – das ist die weitaus vorrangige weltpolitische Zielsetzung. Wir müssen lernen, ohne Gewalt zusammenzuleben; die Armut des Nachbarn als Sache zu begreifen, die uns vital angeht; die Unwissenheit anderer zu empfinden als Pflicht zur Abhilfe; den Hunger des Nächsten anzusehen als Anklage gegen uns. Wir Deutschen sollten das besonders gut verstehen; denn Hunger gehört ebenso zur Erfahrung unserer Generation wie Hilfe durch andere.
Im Februar 1968 teilte das Kinderhilfswerk der Vereinten Nationen mit: die Hälfte aller Kinder auf der Erde lebt in Gebieten, in denen das Durchschnittseinkommen unter 400 Mark im Jahr liegt. Die Mehrheit der Kinder ist unterernährt, hat nur geringe Ausbildungschancen und muß noch vor dem zehnten Lebensjahr ganztägig arbeiten.
Trotz aller Bemühungen der wirtschaftlich entwickelten Länder wächst deren ökonomischer Abstand zu den Entwicklungsländern. Auch die Zahl der Hungernden und die der Analphabeten steigt. Unsere Welt ist weit davon entfernt, ihre brennenden Probleme zu lösen!
Auch hier sind nuancierte Analyse und Aussage geboten. Klischees helfen nirgends. Auch Futurologen können irren. Schon normalerweise ist die Globalaussage einer Statistik eine Herausforderung an die Genauigkeit des kritischen Geistes. Stets sind Zweifel an den »allwissenden« Voraussagen angebracht. Das gilt auch für die Daten internationaler Statistiken, mit denen hier die Politik arbeiten muß. Wer gibt schon gerne die Zahl der Analphabeten korrekt an?
Auch hinsichtlich der Entwicklungsländer tut man gut daran, sich ein nuanciertes Bild zu verschaffen. Nach den Erhebungen der Welternährungsorganisation der Vereinten Nationen (FAO-Index der Nahrungsmittelproduktion pro Kopf der Bevölkerung) ergibt sich von 1952/53 bis 1964/65 z. B. eine Zunahme in Israel (+ 81%), in Mexiko (+ 50%), in Malaysia (+ 38%), Venezuela (+ 28%); dagegen verzeichnen sinkende »Pro-Kopf-Anteile« Algerien (– 26%), Uruguay (– 23%), Marokko (– 15%), Peru (– 14%). Trotzdem bleibt das Bild beängstigend. Ein Drittel der Menschheit verfügt über vier Fünftel der Ernährungsgüter der Welt. 25 Millionen Menschen verhungern jährlich. Vorausberechnungen ergeben ein stetiges, steiles Anwachsen des Welt-Defizits an Nahrungsmitteln.
Die Bevölkerung der Welt dürfte sich nach abgewogenen Erhebungen und Schätzungen von Fachleuten der Vereinten Nationen bis zum Jahre 2000 nahezu verdoppeln. 1966 zählte die Weltbevölkerung 3,3 Milliarden Menschen. Im Jahre 2000 dürften 6,3 Milliarden Menschen unseren Planeten bewohnen. Der Anteil der Menschen, die in Industrieländern leben (1966: 700 Millionen, 2000: 1,1 Milliarden), wird von 21% auf 17% im Jahre 2000 absinken; der Anteil unserer Mitbürger in den Ländern,

die jetzt zu den Entwicklungsländern gezählt werden, wird nach diesen Schätzungen von 2,6 Milliarden (79%) auf 5,2 Milliarden (83%) ansteigen. Eine jährliche »Zuwachsrate« der Bevölkerung von mehr als 3% wird Brasilien, Peru, Thailand, Jordanien, Südrhodesien, Mexico, Venezuela, Israel, Libyen und Costa Rica vorausgesagt. Selbst wenn diese Voraussagen – z. B. wegen bewußter Politik der Familienplanung in aller Welt – sich nicht erfüllen sollten, bleibt die Entwicklung explosiv. Wir werden Arbeitsplätze, Nahrung, Wohnungen, Kirchen, Straßen für diese anwachsende Zahl der Mitmenschen brauchen. Wieviel Schulen werden wir pro Woche errichten müssen? Ende des Jahrhunderts dürfte die Menschheit in einem Jahrzehnt um eine Milliarde Mitbürger wachsen.

Die Welternährungsorganisation (FAO) hat in ihrem Bericht für 1967 festgestellt, daß in den letzten zehn Jahren die Weltnahrungsmittel-Produktion um ein Drittel gestiegen sei – allerdings nur um etwa 7%, bezogen auf den Kopf der Bevölkerung. Dieser Bericht klagt an, wenn er feststellt, die Export-Erlöse der Entwicklungsländer aus dem Verkauf landwirtschaftlicher Produkte seien von 1965 auf 1966 um 2% zurückgegangen. Und wir müssen uns immer vor Augen halten: Es wäre auf Grund der Fortschritte von Technik und Organisation möglich, alle Menschen satt zu machen.

Es ist höchst fraglich, ob die eindeutig erkennbare Priorität aller Entwicklungshilfen zugunsten der Industrie (weniger als 10% gehen der Landwirtschaft zu) sinnvoll ist. Industrialisierung und Förderung der Landwirtschaft – beides ist dringlich. Solange Menschen hungern oder gar verhungern, solange die landwirtschaftliche Produktion in Entwicklungsländern hinter dem Anwachsen der Bevölkerung zurückbleibt, müssen alle Anstrengungen unternommen werden, um die Zuwachsraten und die Produktivität der Agrarerzeugung in den Entwicklungsländern zu steigern und die vorhandene oder mögliche Erzeugung von Nahrungsgütern richtig für alle zu nutzen. Wir haben Länder mit überschüssiger landwirtschaftlicher Erzeugung und solche, die ihre Produktion drosseln.

Hier sollten nicht Import- oder Export-Interessen der Industrieländer im Vordergrund stehen. Wo Menschen darben, dürfen Sonderinteressen nicht den Ausschlag geben. Diese Probleme sind auf die Dauer nicht durch Geschenke aus Überschußländern, sondern durch Austausch und durch Steigerung der landwirtschaftlichen Produktivität in den Entwicklungsländern sinnvoll zu lösen. Es kommt hinzu, daß die Entwicklung von Saatgut, die Zucht von Vieh, die Erforschung des rechten Düngers und der geeigneten Pflanzenschutzmittel billiger und schneller zum Erfolg führen.

Auf diesem Felde des Kampfes gegen Hunger, Unwissenheit und Armut wird die Kernphysik Hervorragendes zu leisten haben. Das gilt vordringlich für die Lösung der Energieprobleme. Atomenergie kann ohne Rücksicht auf bisherige Voraussetzungen und Standortgesetze, die für andere Energiequellen gelten, zur Verfügung stehen.

Aber auch in anderen Bereichen wird die Nutzung der atomaren Forschung den Menschen in aller Welt nützlich sein können: So unterstützen die FAO und die Internationale Atomenergiekommission gemeinsam die Erzeugung von Impfstoffen, welche radioaktiv bestrahlt werden. Diese Impfstoffe dienen dem Kampf gegen parasitäre Krankheiten, zum Beispiel gegen Lungenwürmer bei Schafen und Rindern. Aber auch Stoffe zur Immunisierung von Mensch und Tier gegen Sumpffieber und Schlafkrankheit werden so entwickelt.

Multilaterale Institutionen und Methoden für Entwicklungshilfe möchte ich nicht ausschließen. Ich gebe aber der bilateralen Hilfe den Vorzug. Sie sollte frei sein von politischen Auflagen, aber auch von Pharisäertum: Sagen wir ehrlich, daß wir Freunden lieber helfen als Gegnern; daß wir Entwicklungshilfe nicht als Kaufpreis an Erpresser zu zahlen wünschen, die uns andernfalls mit der Verletzung unserer gesamtdeutschen Position drohen; daß wir in der Entwicklungshilfe auch Anregungen zu künftigen Handelsbeziehungen sehen.

Wer sich die Mühe macht, internationale Statistiken über die Entwicklungshilfe durchzusehen, wird nicht nur Spuren vormals kolonialer Beziehungen entdecken: Frankreich, Großbritannien, Belgien und Holland geben etwa neunzig Prozent ihrer Entwicklungshilfe an Länder, die früher ihre Kolonien waren.

Fachleute sagen uns, die Dramatik der europäischen-atlantischen Ost-West-Spannung der fünfziger Jahre werde sich zur Nord-Süd-Spannung der achtziger Jahre – bewirkt durch Hunger-, Armuts- und Bildungsgefälle – verhalten wie eine Straßenschlacht zu einem Weltbürgerkrieg. Diese Dramatik würde noch anwachsen, wenn immer mehr chemische Produkte und Kunststoffe den natürlichen Rohstoffen den Rang ablaufen.

Schon spielen diese Probleme hinein in die deutsche Innenpolitik; auch in anderen Ländern ist das der Fall: Der Krieg in Vietnam sei imperialistisch, wird gesagt. Die westliche Entwicklungshilfe löse nicht die Probleme, sondern verschärfe die Ausbeutung in einzelnen Ländern. Der Klassenkampf werde zum internationalen Phänomen. Alles das wird zum Anlaß genommen für Demonstrationen, Aufruhr, Umsturzforderungen im Inneren. Berliner Studenten rufen »Ho-Ho-Ho-Chi-Minh«, wenn sie gegen das demonstrieren, was sie »System« und Establishment nennen.

Mit Argumenten aus der internationalen Politik, wo sie »Klassenkampf« zu entdecken meinen, treten Radikale zum innenpolitischen Kampf an. In unserer Welt werden internationale Fakten zu Argumenten oder Scheinargumenten des innenpolitischen Kampfes und innenpolitische Ereignisse und Tendenzen zu außenpolitischen Gegebenheiten.
Im Oktober 1967 wurde in Berlin – zum Beispiel – ein Flugblatt verteilt, das »Vietnam-Informationen« überschrieben war. Die Unterzeile lautete »Entwicklungshilfe als Geschäft«. Der Text ist typisch:
»Seit ein paar Jahren macht man sich im Westen Sorgen um die unterentwickelten Länder. Unser gutes Gewissen bedauert den technisch ungebildeten Afrikaner, den hungernden Inder und den arbeitslosen Südamerikaner. Unser gutes Gewissen heißt: Entwicklungshilfe. Unser gutes Gewissen täuscht... Die armen Länder werden ärmer. Wie sieht unsere Entwicklungshilfe aus? Die Statistiken der UNO besagen zum Beispiel: Entwicklungshilfe und Kapitalexport der USA nach Lateinamerika beliefen sich von 1951 bis 1961 auf 5,5 Milliarden Dollar. Im gleichen Zeitraum flossen 9,5 Milliarden Dollar zurück in die USA. Die in den armen Ländern erzielten Profite werden nicht für den Aufbau einer eigenständigen Industrie in diesen Ländern selbst verwendet, denn diese haben ausschließlich Rohstoffe zu liefern, und zwar zu den von den Reichen festgesetzten Preisen. Ergebnis: die reichen Länder verdienen an der Armut der Armen. Diese Armut, hat man berechnet, wird sich bis 1970 verdreifachen. Auch innerhalb der Entwicklungsländer wird skrupellos Profit gemacht: Großgrundbesitzer, Diktatoren und fragwürdige Potentaten, die kristallene Badewannen und goldene Betten für wichtiger halten als das Wohl ihrer Völker, werden vom Westen besonders gern mit militärischer und wirtschaftlicher Hilfe an der Macht gehalten. Noch immer verfügt nur ein Prozent der indischen Bevölkerung über die Hälfte des gesamten Volkseigentums. Noch immer wird in Brasilien nur ein Zwanzigstel des fruchtbaren Bodens bebaut. Noch immer arbeiten die Länder der Dritten Welt mehr für unseren Wohlstand als für ihren. Wir brauchen nur die Profite einzustreichen. Auf gut deutsch heißt das: Ausbeutung. Niemand soll sich deshalb wundern, wenn die Dritte Welt den weißen Mann – in Gestalt des Nordamerikaners vor allem – verachtet und bekämpft. Die Nationale Befreiungsfront der Vietnamesen ist ein Vorbild für die anderen Länder. Der Kampf gegen die Nordamerikaner und deren Verbündete ist ein Kampf gegen Ausbeutung und Hunger, ein Kampf um eine eigene Geschichte. Selbst McNamara hat das, auf seine Weise, begriffen: ›Es geht in Vietnam um mehr als um die Frage, ob ein kleines Land dem Kommunismus anheimfällt... In diesem Falle müssen wir uns darauf gefaßt machen, es mit der gleichen Form der Aggression auch in anderen Teilen der Welt aufzunehmen, und zwar überall dort, wo eine Regierung

schwach und das Sozialgefüge nicht gefestigt ist.‹ Was in Washington Aggression heißt, heißt in Südvietnam, Angola oder Bolivien: Hunger: Selbst McNamara weiß, daß es ein neues Vietnam, daß es mehrere Vietnam geben wird. Es ist nur eine Frage der Zeit, wann die Massen der Dritten Welt sich der Ausbeutung bewußt werden und widersetzen, die wir an ihnen praktizieren.«

Einige Tatsachenbehauptungen dieses Flugblattes sind unrichtig: Die Rohstoffpreise sind nicht um 38%, sondern um 15% gesunken; die »Rückflüsse« aus Lateinamerika in die USA sind mit Sicherheit nicht Rückzahlungen aus Entwicklungshilfekrediten; in Brasilien sind 60% des Staatsgebietes Urwald, vom Rest wird 40%, also 16% (und nicht, wie behauptet, 5%) der Gesamtfläche landwirtschaftlich genutzt; die Handelsbilanz der Bundesrepublik mit den Entwicklungsländern ist seit 10 Jahren passiv, wir kaufen ihnen mehr ab, als wir nach dort exportieren.

Die Argumentation des Flugblattes ist halbwahre Polemik; sie ist wirksam und ernst zu nehmen. Auch aus solchen Gründen demonstrieren – nicht nur in Deutschland – junge Menschen.

Natürlich hat es in unserer Gesellschaft auch Klassenkampf gegeben. Und es ist nicht zu bestreiten, daß es heute in der Welt Ungerechtigkeiten und Ausbeutung und ein Gefälle zwischen armen und reichen, hungernden und satten Völkern gibt. Auch sind die gesellschaftlichen Wirklichkeiten in manchen Entwicklungsländern unsozial. Wir sollten das sehen und jene ernst nehmen, die das beim Namen nennen – sofern es nicht als Vorwand zu ganz anderen Zielen mißbraucht wird!

In fortgeschritten demokratischen Ländern, so in Deutschland, ist der Klassenkampf, soweit es ihn gab, durch Partnerschaft und eine Politik sozialer Sicherheit überwunden worden. (Bei einer internationalen Zusammenkunft behauptete ein US-Amerikaner, wir hätten in Deutschland »linkere« Positionen – Mitbestimmung, Rentenformel, Eigentumspolitik – realisiert, als Sozialisten sie in anderen Teilen der Welt forderten. Ein anwesender Italiener stimmte zu.) Der nichtrevolutionäre, friedliche Weg der sozialen Bewegung hat dahin geführt. Was hindert uns, weltweit ebenso zu verfahren? Sollten wir uns nicht bemühen, den Geist der Partnerschaft und eine dementsprechende Politik für die ganze Menschheit zu begründen? Weltpolitik ist nicht mehr bloße Pflege auswärtiger Beziehungen der Staaten. Weltpolitik beginnt gesellschaftspolitische Akzente zu bekommen. Ohne Gewalt kann auch hier leichter und schneller mehr Gerechtigkeit erreicht werden. Schießen macht keinen satt. Ich glaube, daß Partnerschaft auch für die Weltpolitik eine richtige Maxime ist. Von diesem Denkansatz her sollte der Kampf für den sozialen Aufstieg aller und gegen Hunger, Ausbeutung, Unwissenheit und Armut geführt werden.

Partnerschaft heißt auch hier, sich selbst, das eigene Volk, den eigenen Staat als Teil eines Ganzen begreifen; den anderen ernst nehmen; ihm helfen, ohne ihn zum Almosenempfänger zu erniedrigen; ihn gelten lassen so wie er ist; mit dem anderen zu gleichen Zielen auf der Basis der Gleichberechtigung zusammenwirken. Partnerschaft heißt Miteinander. Sie erträgt weder Ausbeutung noch Hegemonie einzelner. Partnerschaft in der Welt wächst am besten aus gemeinsamer Arbeit an Werken des Friedens.
Nicht nur die Drehbank, die wir Afrikanern schenken und an der diese zunächst von uns lernen, um dann andere zu lehren und industriell mit uns zusammenzuarbeiten, schafft einen Werkplatz des Friedens durch Kennenlernen und durch gemeinsame Arbeit.
Wir müssen also das Gemeinwohl neu begreifen, als nicht mehr nur das eigene Volk, nicht nur Europa, sondern die Menschheitsfamilie umfassend. Die soziale Frage wie die Bildungsfrage wachsen zu weltweiten Problemen heran und gebieten eine unerläßliche Solidarität.
Im anderen den Menschen sehen ist die Bedingung des Weltfriedens für heute und morgen. Über den Nuancen der Rasse, der Farbe, des Wohlstandes, der Bildung darf niemand vergessen: Wir alle sind Menschen, und von uns allen hängt die Zukunft der Welt ab.
Die anders denken und Klassenkampf zur Parole der Weltpolitik machen, spielen mit dem Feuer. Das ist im Atomzeitalter gefährlich für die ganze Menschheit. Der Weg der Gewalt nützt niemandem und gefährdet alle. Außerdem heißt Klassenkampf, die eine Vorherrschaft durch eine andere ersetzen.

Die Völker der Welt stehen am Wegkreuz. Sie können sich gegenseitig vernichten. Sie haben ebenso die Chance, eine Welt ohne Krieg menschlicher zu gestalten.
Die deutsche Kraft allein reicht nicht aus, den einzuschlagenden Weg zu bestimmen. Aber es ist von Gewicht, wenn wir unsere Kraft allein in die Waagschale des Friedens werfen. Dies wiegt doppelt, weil unsere jüngste Geschichte bekannt ist, wie die Tatsache, daß unsere Spaltung als Nation als eines der wesentlichen Gefahrenmomente und als eine Spannungsursache für die Welt angesehen werden muß.
Viele in der Welt werden nicht müde, uns unsere jüngere Geschichte vorzuhalten, und meinen, die Deutschen seien in diesem Jahrhundert bisher vor allem durch Werke des Krieges hervorgetreten. Gerade weil vieles daran falsch ist, muß unsere Aussage prinzipiell, dauerhaft und entschieden sein. Ich meine, daß wir unseren nationalen Ehrgeiz allein Werken des Friedens zuwenden sollten. Hierzu gehört Engagement durch Mitarbeit. Wir sollten uns zum Beispiel beteiligen an der Fruchtbarmachung

von Wüsten und Steppen, am Bau von Bewässerungsanlagen, der Entwicklung und der Produktion neuer Düngemittel und dem Bau von neuen Düngemittelwerken, der Meeresforschung. Wir sollten unsere Aufgabe darin sehen, Fragen, die alle Industrienationen betreffen, zusammen mit allen zu lösen und unsere Erfahrungen zur Verfügung zu stellen, zum Beispiel zu den Problemen saubere Luft und Reinhaltung des Wassers, zur Lösung von Strukturfragen und der Entwicklung von Bildungsplänen über unser Land hinaus. Wir sollten mitarbeiten bei der Erschließung der europäischen Notstandsgebiete. Wir sollten deutsche wissenschaftliche und technologische Leistungen allen zur Verfügung stellen, die sie benötigen. Unseren jungen Menschen sollten wir diese Aufgaben noch mehr als bisher nahebringen.
Wir sollten auf diese Weise bedeutsam werden für die Menschheit. Wenn wir das ganz deutlich machen, erfüllen wir die in uns gesetzten Erwartungen. So wird es auch nicht so bleiben, daß wir wirtschaftlich ein Riese und politisch ein Zwerg sind. Durch andauernde Absage an Großmannssucht und an Gewalt wird uns politischer Rang zuwachsen.
Militärische Engagements außerhalb der NATO sind nicht unsere Sache. Unsere Bundeswehr dient nur der Verteidigung im Bündnis. In der Zypernkrise und im Zusammenhang mit Vietnam wurden uns von Freunden Fragen gestellt, die in der Nähe militärpolitischen Engagements lagen. Wir haben sie grundsätzlich mit Nein beantwortet.
In einer weltgeschichtlichen Epoche der ungeheuerlichen Möglichkeiten der Technik, insbesondere der Kernenergie, der Chemie und der Biologie, in der auch die Weltmächte, ob sie es wahr haben wollen oder nicht, vor der physischen Gewalt, von der sie ihren Rang ableiten, nur noch erschauern können, vermag nur eine neue Politik uns selbst und der Völkerfamilie zu helfen. Aller Welt, uns Deutschen besonders, steht der Abschied von der herkömmlichen Machtpolitik wohl an. Mir fällt dieser Abschied nicht schwer. Ich sehe eine bessere, gegenwarts-wirksamere und zukunftsgerechtere Möglichkeit für uns Deutsche.
Die Anerkennung unserer wirtschaftlichen Leistung in der Welt; unsere Entwicklungshilfe – vor allem die durch Menschen; unsere kulturellen Aussagen; unser demokratischer Stil; unsere soziale Wirklichkeit; neue Ideen, geistige Leistung, nüchterne Arbeit, Zuverlässigkeit – aus all dem kann ein neues Prestige erwachsen.
Viele Menschen in der Welt wurden hellhörig, als wir unsere Position bezogen, »keinerlei Beeinträchtigung unserer zivilen, friedlichen, atomaren Entwicklung im Zusammenhang mit der Nonproliferation atomarer Waffen«. Wer das bemerkt hat, weiß, daß die Zukunftsvorstellungen, die uns bewegen, nicht nur in Europa begriffen werden.
Unser deutscher Beitrag könnte sogar bedeutsamer werden, wenn die

Kräfte, die jetzt die Spaltung beansprucht und verzehrt, freigesetzt würden, sobald das ganze Deutschland für Werke des Friedens arbeiten würde.

Abschreckung und Entspannung

Leider leben wir noch nicht in einer Welt der Solidarität und der Partnerschaft. Soziale Spannungen, lokale Kriege, Vormachtstreben, Spaltungen von Völkern gegen ihren Willen und herkömmliche Machtpolitik beschäftigen uns oftmals mehr als die Begründung einer neuen Politik. Von Abrüstung sind wir weit entfernt. Die atomaren Weltmächte sind stets alarm- und einsatzbereit. Sie sind nicht gewillt, irgend etwas von ihrer Kampfkraft preiszugeben – wie ihre Reaktion auf Vorschläge der militärischen Atom-Habenichtse im Zusammenhang mit dem Atomsperrvertrag beweist.

In einem Teil unseres Landes und unserer Hauptstadt steht die Rote Armee gegen unseren Willen. An der Mauer in Berlin wird geschossen. Entlang der Zonengrenze läuft ein von Kommunisten angelegter Todesstreifen. Hochgerüstete Machtblöcke stehen sich in Deutschland gegenüber.

In Vietnam tobt ein blutiger Krieg. Und Mao lehrt die Welt, alle Macht komme aus den Gewehrläufen, die höchste Form der Revolution sei die bewaffnete Machtergreifung und die Lösung der Probleme durch Krieg. Auch Moskau betrachtet »lokale« Kriege »unterhalb der Atomschwelle« (Gustav Wetter) als Mittel der Politik. Und die westliche Suez-Intervention ist nur wenige Jahre her.

Der Nichtkrieg, in dem wir Europäer gegenwärtig leben, beruht auf dem Gleichgewicht des Schreckens, auf der Möglichkeit der atomaren Weltmächte, einander zu vernichten. Abschreckung bedeutet – nach Robert McNamara – »den sicheren Selbstmord für den Aggressor, nicht nur für seine Streitkräfte, sondern auch für seine Gesellschaft als Ganzes.«

Es gibt neue Waffen, die ausreichen, ganze Völker auszurotten und Teile der Erde in Räume zu verwandeln, in denen Menschen nicht mehr leben können. Ein thermonuklearer Krieg würde auch schwere genetische Schädigungen für kommende Generationen zur Folge haben.

Wir leben unter diesem »Horizont des Schreckens« (McNamara). Nun wird immer »Atomzeitalter« sein, da der Mensch weiß, wie der Atomkern gespalten werden kann. Also werden auch unsere Enkel und deren Enkel unter der ständigen Möglichkeit einer atomaren Katastrophe leben.

Einige befürchten, die erkennbaren Fortschritte in der Biologie und in der Chemie werden dem Menschen noch schrecklichere Vernichtungswaffen in die Hand geben.

Wir müssen solche Katastrophen verhindern. Unmöglich werden wir sie wohl nicht mehr machen können, seit die Erkenntnis des Menschen so weit reicht.
Aber: In dieser Welt genügt es nicht, gegen den atomaren, biologischen und chemischen Krieg zu sein. Der Friede muß organisiert werden. Solange nicht unter Kontrolle abgerüstet wird, vermag uns nur das Gleichgewicht des Schreckens wenigstens den atomaren Nichtkrieg zu erhalten.
Robert McNamara – ein Mann, der weiß, wovon er spricht – hat festgestellt: »Es ist weiterhin der Grundpfeiler unserer Strategie, dadurch von einem absichtlichen nuklearen Angriff auf die Vereinigten Staaten oder ihre Verbündeten abzuschrecken, daß wir unsere höchst zuverlässige Fähigkeit erhalten, jeden einzelnen Aggressor oder jeder Gruppe von Aggressoren zu jeder Zeit während eines nuklearen Schlagabtausches – selbst nachdem wir einen ersten Überraschungsschlag absorbiert haben – ein unannehmbares Maß an Schaden zuzufügen.«
So ist die Lage: Keine der beiden atomaren Weltmächte (USA und Sowjetunion) und schon gar nicht die kleineren Nuklearmächte (Frankreich, Großbritannien und Rotchina) sind imstande, ohne eigenen Schaden durch einen atomaren Überraschungsschlag den anderen zu vernichten. Die Zurüstung beider Weltmächte ist so, daß jeder den anderen auch dann noch vernichten kann, wenn er dessen ersten Schlag hingenommen hat. Beide Seiten haben genügend Kenntnis von der atomaren Kapazität wie von der Entschlossenheit des anderen, diese Kapazität als Vergeltung für einen Angriff auch einzusetzen. Die Sowjetunion wie die USA wissen, daß keiner den anderen atomar angreifen kann, ohne durch Vergeltung selbst zerstört zu werden. (Weiß Rotchina das auch?)
Bisher ist es gelungen, so den Atomkrieg zu vermeiden. Wie lange diese Methode, den Nichtkrieg zu sichern, wirksam sein wird, ist ungewiß. Gewiß ist, daß heute viele Länder der Welt atomare Waffen herstellen könnten und daß die Technik morgen neue Bedingungen für die Strategie des Friedens schaffen wird. Gewiß ist, daß in diesem Bereich Wandlung die erste Bedingung bleibt. Die augenblickliche Stabilität täuscht. Sie ist kein Zustand von Dauer. Gewiß ist das Ungewisse der Zukunft.
Schon tauchen militärische und technische Zweifel am gegenwärtigen System der Abschreckung und den Bedingungen dieser atomaren Balance auf. Sachverständige bemerken: die Raketen-Abwehr-Gürtel gäben bald vielleicht doch eine »Prämie für den ersten Schlag«. Auch schwinde die »Unverwundbarkeit des Vergeltungspotentials« dahin. Die atomar bestückten Unterseeboote sollten künftig immer besser vom Gegner beobachtet werden können. Kurzum: Die Zeichen mehren sich, die uns mahnen, jede konkrete Abschreckungssituation als potentiell labil und

ungewiß zu betrachten und jedes Waffensystem bereits zum Zeitpunkt der militärischen Indienststellung als technisch unvollkommen und veraltet anzusehen.
Der Frieden wird zur bleibenden, politischen Aufgabe. Seine Bedingungen sind dynamisch, nicht statisch. Das wird sichtbar an den atomaren Vergeltungswaffen, die nun aus den gestern als unverwundbar geltenden Bunkern wieder herausgeholt werden, um von fahrbaren Lafetten aus, die stets den Standort wechseln, notfalls eingesetzt werden zu können.
Eine Frage besonderen Ranges, die in aller Welt mehr politische Gehirne quält als wohl allgemein angenommen wird, lautet: Was wird Rotchina tun, wenn es außer den Sprengköpfen auch die interkontinentalen Raketen besitzen wird? Was werden andere tun, sobald sie Klarheit über die Potenz wie über die Absicht Rotchinas haben? In den »Formeln zur Macht«, mit denen Professor Wilhelm Fucks Aufsehen erregte, findet sich die Prognose, daß die rotchinesische Machtkurve bereits etwa um das Jahr 1975 die sowjetische schneidet und daß etwa vom Jahre 1980 an sogar die USA auf Verbündete gegenüber China angewiesen sein werde.
Zur Überraschung vieler hat die Sowjetunion eine neue Waffe entwickelt: Sie nutzt Weltraumflugkörper, also Erdtrabanten, die mit atomaren Waffen ausgerüstet werden (FOBS). Diese Satelliten werden – wie Raumfahrzeuge – auf eine Umlaufbahn der Erde geschossen und können über dem Gebiet der USA zum gewollten Absturz gebracht werden. Diese Waffe umgehe – wie zu hören ist – das Radarsystem der USA und vermindere die Vorwarnzeit von fünfzehn auf drei Minuten. Ob diese Waffe nun den Weltraumvertrag von 1967 verletzt oder nicht: Die Ungewißheit der Abschreckung wegen der stetigen technischen Entwicklung ist ebenso erwiesen wie die Einbeziehung des Weltraums in die Strategie, in die Bedrohung und die Abschreckung.
Auch die Errichtung von Anti-Raketen um Moskau und an der Westküste der USA wirft Probleme auf. So müssen wir Europäer wohl fragen, ob auch wir solche Anti-Raketen brauchen und ob es überhaupt ein für unsere Bedürfnisse passendes System gibt; wie es um die Abwehr taktischer Flugkörper und mit einer für uns ausreichenden Vorwarnzeit bestellt ist. Das ganze Bündnisgebiet bedarf gleicher Sicherheit. Wenn die Entwicklung so weiter geht, wird eines Tages auch zu fragen sein, ob die atomare »Zweit-Schlag-Kapazität« der USA für uns Europäer als sinnvoller und glaubwürdiger Schutz vor atomarer Aggression noch ausreicht.
Auf diese Fragen, welche die fortschreitende Militärtechnik aufwirft, darf es nicht nur technische und nicht nur militärische Antworten geben. Es sind wesenhaft politische Fragen. Denn Soldaten und Bündnisse stehen im Dienst einer konkreten Politik, die den Frieden sichern will. Wir tun gut daran, rechtzeitig wachsam und offen für Neues zu sein!

Auch diese beiden Erkenntnisse wollten wir uns vergegenwärtigen: Erstens. Atomare Waffen schließen konventionelle Machtkämpfe und Kriege nicht aus. Noch zu der Zeit, in welcher die USA das Monopol atomarer Waffen hatten, hinderte dies die – damals auch ohne atomare Waffen bemerkenswert agile – Sowjetunion nicht, eine Berlin-Krise auszulösen und in Korea einen Krieg zu unterstützen. Heute dauert der Krieg in Südostasien an – trotz nuklearer Überlegenheit der USA.
Zweitens. Im internationalen Gespräch über solche Fragen wird häufig hervorgehoben: Noch nie habe so kostspielige und so zerstörungskräftige Bewaffnung in so krassem Mißverhältnis zum Zuwachs an politischem und diplomatischem Einfluß gestanden wie im gegenwärtigen atomaren »Patt«. Atomare Waffen hätten sich als ebenso machtvoll wie unzureichend erwiesen; sie seien politisch und diplomatisch zwar teure, aber nicht brauchbare Instrumente. Ihr politischer Wert werde nur durch die Frage deutlich: Was wäre, wenn einer von beiden diese Waffen nicht hätte?

Da wir Deutschen atomare Waffen weder besitzen noch erstreben, bleiben wir auf atomaren Schutz durch andere vital angewiesen. Hierzu gehört auch der Schutz vor Druck, Drohung und Erpressung durch eine militärische Atommacht. Ob eines Tages das vereinte Europa uns solchen Schutz wird geben können, bleibe dahingestellt. Wie die Dinge liegen, sind wir jetzt und für die absehbare Zukunft auf die atomare Sicherung durch die USA angewiesen.
Wir brauchen glaubhaften und dauernden Schutz. Wer sollte dies besser verstehen als die USA selbst? Ihr früherer Verteidigungsminister McNamara hat mit bemerkenswerter Offenheit für sein Land erklärt: »Die Vereinigten Staaten können und werden es niemals zulassen, daß sie in eine Situation geraten, in der ein anderes Land – oder eine Gruppe von Ländern – über eine solche Erstschlag-Kapazität verfügt, die sie wirksam gegen die Vereinigten Staaten einsetzen könnte. Gerieten wir gegenüber einer Nation oder Nationen in eine solche Situation, dann würde das nicht nur eine unerträgliche Bedrohung für unsere Sicherheit bedeuten, sondern es würde uns auch offensichtlich die Fähigkeit nehmen, von einer nuklearen Aggression gegen uns selbst wie auch gegen unsere Verbündeten abzuschrecken.«
Man wird es also gerade in den USA verstehen, wenn wir – auch für die Zukunft – sichtbaren, glaubhaften, stetigen Schutz gegen Bedrohung und Erpressung nicht nur erbitten, sondern als essentielle Basis des Bündnisses, des eigenen Beitrages wie unserer atomaren Enthaltsamkeit betrachten müssen. Am besten bleiben Sicherheitszusagen der USA glaubhaft unterstrichen durch ausreichende militärische Präsenz der USA in

Deutschland und in Europa. Diese Tatsache spricht die Wirksamkeit und Glaubhaftigkeit des Engagements und des Schutzes deutlicher aus als Worte es vermöchten.

Die USA und die anderen Bündnispartner erwarten als Voraussetzung ihrer Sicherheitsgarantie für Deutschland unser eigenes Engagement. Ohne eine ausreichende Zahl deutscher Soldaten funktioniert die Strategie der Abschreckung nicht.

Durch unsere Bundeswehr tragen wir zur Abschreckung im Bündnis bei. Durch diese Mitwirkung wird die Integration der westlichen Verteidigung möglich; sie bewirkt ein hohes Maß von Solidarität zwischen den USA und uns. Jeder, der uns angreift, greift damit die USA an, weil es unmöglich ist, auf deutsche Soldaten zu schießen, ohne zugleich Soldaten der USA zu treffen. Durch diese reale Lage sehe ich – allem anderen voran – unsere Sicherheit gewährleistet.

So bleiben wir am Verbleib der Truppen der USA auf deutschem Boden vital interessiert. Natürlich stehen die USA auch aus eigenem Interesse in Europa. Ähnliches gilt für die Truppen Frankreichs, Großbritanniens und anderer Länder.

Die Vereinigten Staaten sind atomar gerüstet und zum Schutz des freien Deutschland ebenso bereit wie durch Vertrag verpflichtet. Ihr Engagement wird nie weiter gehen als unser eigenes. Daß die USA zum Gegenschlag auf jeden Angriff gerüstet und dazu entschlossen sind, ist jedem potentiellen Gegner glaubhaft erkennbar. Auch unser Beitrag zu Bündnis und Abschreckung und eigener Sicherheit ist für uns wie für andere genauso viel wert, wie unsere defensive Kampfbereitschaft durch Rüstung und Entschlossenheit vorhanden und glaubhaft ist.

Allein und aus eigener Kraft könnten wir, wie die Dinge liegen, unsere Sicherheit nicht behaupten. Mit dem Blick über das Jahr 1969 hinaus – dem Jahr, in dem die Mitgliedschaft in der NATO zur Disposition der einzelnen Staaten steht – gebietet die Einsicht in unsere Sicherheitsprobleme, uns weiter am Bündnis zu beteiligen. Was immer andere tun, für uns gilt – schon wegen der Lage Berlins – weiterhin: Die Sicherung unserer Freiheit bleibt aus eigener Kraft nicht möglich. Nur zusammen mit Freunden, durch Bündnisse und ein hohes Maß an Gemeinsamkeit des Risikos, der Planung, der Ausrüstung, der Kommando-Strukturen wird es – auch morgen – gelingen, Sicherheit für uns zu gewährleisten.

Nüchtern gesehen, spielt auch diese Überlegung eine Rolle: Die Mitgliedschaft im Bündnis begründet bzw. verstärkt unsere Einflußmöglichkeiten auf die westliche Politik. Ohne sie wären wir tödlich isoliert.

Wir sind zwar bereit zur militärischen Arbeitsteilung unter den Partnern der NATO, nicht aber bereit zur Aufteilung des Risikos. Das Bündnis ist so wirksam wie das wechselseitige Vertrauen, die Nicht-Diskriminierung aller Partner und die gemeinsame Abschreckung. Unsere Sicherheit erfordert – unbeschadet der besonderen Rechte und Pflichten der USA – auch die Teilhabe am Entscheidungsprozeß über den Einsatz atomarer Waffen. Wir müssen und wollen z. B. wissen, welche Pläne für die Abwehr eines Angriffs bestehen und was das für deutsche Mitbürger und Städte diesseits wie jenseits der Zonengrenze bedeutet.

»Wer zahlt, schafft an« heißt ein deutsches Sprichwort. In der internationalen Politik sind wir davon so weit entfernt, daß man versucht ist, das Wort direkt umzudrehen. Die weltpolitischen Engagements jedes Bündnispartners wirken sich politisch auf alle Mitglieder aus, – ob es das britisch-französische Suezunternehmen war, ob es den Beitrag der USA zum Vietnam-Krieg oder die deutsche Berlin-Politik betrifft. Die Zusammenhänge reichen bis zu internationalen Währungsfragen. Und als deren Konsequenz wiederum gibt es weltpolitisch bedingte Einflüsse auf die nationalen Konjunktur-Verläufe und Wirtschaftspolitiken. Ist uns nicht aus solchen Gründen im Februar 1968 von Verbündeten nahegebracht worden, unsere deutsche Wirtschaftspolitik noch mehr auf Wachstum auszurichten?

Nachdem das Pfund abgewertet ist und die Stabilisierungspolitik für den Dollar begonnen hat, spüren wir Deutschen ökonomische Folgewirkungen internationaler Politik. Die Probleme des Währungsausgleichs für die Truppen Großbritanniens und der USA in Deutschland kommen hinzu und spielen in unserer außenwirtschaftlichen Bilanz ebenso eine Rolle wie in unserem Haushalt.

Ich klage nicht an. Wer Ja sagt zum Bündnis und die sich daraus ergebenden Rechte in Anspruch nimmt, muß auch Ja sagen zu den Pflichten und notwendigen Rücksichten.

Aber ich beklage dies: Warum sprechen wir nicht unter den Verbündeten, bevor einer Engagements eingeht, deren Auswirkungen hinterher alle betreffen? »Wer zahlt, schafft an«, kann auch heißen: »Wer nicht anschafft, zahlt nicht.«

Bündnis heißt Rücksicht aufeinander und Führung durch stete Diskussion mit allen, die da im selben Boot sitzen.

In der Bundeswehr gibt es manches Unbehagen. Es reicht von der Kritik an Waffen und Geräten bis zu Gesetzen und politisch-psychologischen Grundeinstellungen.

Zum erstenmal in der deutschen Geschichte haben wir zugleich Demokratie und Wehrpflicht. Das Leitbild vom »Staatsbürger in Uniform« sucht, dem zu entsprechen. Unsere Bundeswehr hat den Auftrag, notfalls erfolgreich zu kämpfen. Nur wenn sie dem entspricht, wird sie ihren

Zweck, zur glaubhaften Abschreckung beizutragen, erfüllen können! Nur wenn sie verteidigungsbereit ist, wird sie den Bündnispartnern, auf die wir angewiesen sind, wie dem potentiellen Gegner die Gewißheit geben, daß sie gewillt und imstande ist, »das Recht und die Freiheit des deutschen Volkes tapfer zu verteidigen«. So lautet der Eid. Das ist der Auftrag der Bundeswehr. Nur so ist sie militärisch und politisch von Wert. Mit Recht sagt General Heinrich Karst: »Eine Armee schreckt nur ab, wenn der potentielle Gegner davon überzeugt ist, daß sie Zähne hat und sich schlagen kann.«

Als wir – gegen zahlreiche Widerstände – die Bundeswehr schufen, wurde vielleicht der Fehler gemacht, daß wir statt »Ja«, »Ja, aber« zu ihr sagten. Sollte es so sein, wäre es an der Zeit, das zu ändern. Etwa vorhandenes Mißtrauen der Gesellschaft zur Truppe hebt alle politischen und psychologischen Vorteile der Wehrpflicht-Armee wieder auf. Wir sollten uneingeschränkt Ja sagen zur Bundeswehr.

Unsere Bundeswehr lebt in der Wirklichkeit einer offenen und freien Gesellschaft, die auf Werben, Diskutieren und Nebeneinander ausgerichtet ist. Diese Bedingungen lassen sich nicht auf die Bundeswehr übertragen. In jeder Armee der Welt wird befohlen und gehorcht. Anders geht es auch bei uns nicht. So müssen wir erkennen, daß unsere auf Freiheit und Gleichheit gegründete Gesellschaft zum Schutz dieser Güter eine Bundeswehr unterhalten muß, in der sachnotwendig durch Befehl und Gehorsam andere Maximen gelten. Das schafft natürlich Konflikte und Spannungen.

Es genügt nicht, auch nicht für die glaubhafte Abschreckung, daß wir uns »abfinden« mit der Existenz der Bundeswehr, oder sie nur »tolerieren«. Unsere Bundeswehr wie die Glaubhaftigkeit der Abschreckung verlangen mehr: Die Gesellschaft muß ihre Soldaten als den sichtbaren Ausdruck ihrer eigenen Entschlossenheit zur Verteidigung achten und werten. Und Primat der Politik gegenüber den Streitkräften heißt zuerst Primat der Verantwortung für Sicherheit durch eine kampfbereite Bundeswehr.

Politiker und Soldaten sollten in dieser Zeit nicht nur Clausewitz, sondern auch Mao lesen. Der Krieg in Vietnam zeigt, daß auch andere Kriegsbilder entstehen können als sie den bisherigen Vorstellungen entsprechen. Unsere Polizei hat bei den inneren Unruhen zu spät erkannt, daß sie es mit maoistischen Techniken zu tun hat. Politiker und Soldaten sollten sich nicht nur an potentiellen Kriegsbildern des globalen, atomaren Inferno schulen und auch nicht glauben, ihre eigene Kriegserfahrung umfasse schon das auch künftig Gültige. Sie sollten auch Situationen einrechnen, in denen die Kriegslehre Maos und anderer angewandt wird. Nur wenn wir auch das im Blick haben, werden unsere Vorkehrungen den Ausbruch auch solcher Art militärischer Verwicklung verhindern.

Um es ganz deutlich zu sagen: Bürgerkrieg und Partisanenkampfführung sind auch für Europa mögliche Gefahren. Radikale rufen »Schafft viele Vietnams!«

Wer ohne Illusionen die Bedingungen des Weltfriedens heute sieht und die Gefahren unvorstellbarer Katastrophen für den Fall eines atomaren Krieges richtig erkennt, muß begrüßen, daß die Weltmächte sich um Ansätze der Milderung der Gefahr bemühen. Solche Ansätze – und nicht mehr – sind die direkten Telefonverbindungen wie die Verträge über die friedliche Nutzung des Weltraumes und über den Versuchsstop für Atomwaffen. Das ist mehr als nichts, aber nicht genug. Auch wenn, was wohl alle Einrichtungen wünschen, die unterirdischen Atomversuche gleichfalls durch Vertrag unterbunden würden, wäre die Welt von einem gesicherten Frieden noch weit entfernt.

So schwierig und verdienstvoll es war und ist, wenigstens diese Ansätze zu schaffen und zu erhalten, – wir müssen doch feststellen: Das alles bleibt im Rand der Probleme stecken. Der Rüstungswettlauf geht weiter. In Vietnam herrscht Krieg. Der Kern, auf den es ankommt, heißt: schrittweise Abrüstung unter Kontrolle und friedliche Beseitigung der politischen Spannungsursachen. Davon ist die Welt weit entfernt.

Auch das Vorhaben, die Weitergabe atomarer Waffen durch die militärischen Atommächte an andere ebenso vertraglich zu verbieten wie die Annahme solcher Waffen, ist zwar ein richtiger, keineswegs aber der für die Sicherung des Friedens im Atomzeitalter entscheidende Schritt.

Die Zahl der militärischen Atommächte klein zu halten, ist im Interesse aller vernünftigen Menschen. Denn wir alle würden – zuminsdestens durch Radioaktivität – mitleiden, wenn übermorgen etwa junge Völker ihre Konflikte mit atomaren Waffen austrügen.

Wir Deutschen sind interessiert daran, daß möglichst viele Staaten der Welt so weit gehen, wie wir es getan haben: Wir haben unseren Partnern gegenüber vertraglich auf die Herstellung von Kernwaffen verzichtet und mehrfach verbindlich betont, solche Waffen auch nicht erwerben zu wollen. So konnte die Bundesregierung unter Ludwig Erhard in ihrer Friedensnote vom März 1966 mit gutem Grund weltweit vorschlagen, die anderen Staaten ohne nukleare Waffen möchten ebenfalls diesen Verzicht aussprechen und sich wie wir einer internationalen Kontrolle unterwerfen. Außerdem sollten die Nuklear-Mächte ihrerseits übereinkommen, keine Kernwaffen »in die nationale Kontrolle anderer Länder zu geben«. Diesmal liegt es wahrlich nicht an den Deutschen, wenn die Hoffnung der Völker auf Abrüstung noch fern von ihrer Erfüllung ist.

Im Interesse aller vernünftigen Menschen liegt aber auch, daß in der Weltpolitik kein Zwei-Klassen-System der Staaten etabliert wird: Die ei-

nen mit, die anderen ohne nukleare Waffen. So etwas wäre – wie die Geschichte lehrt – nicht von Dauer. Es trüge den Keim der Veränderung in sich. Auf solche Weise können zwar kurzfristig Machtstrukturen zementiert, nicht aber die Gleichberechtigung der Staaten und die so notwendige Partnerschaft der Völker als Basis einer dauerhaften Friedensordnung begründet werden. So ist zu fragen: Was tun die militärischen Atommächte, um der Abrüstung unter Kontrolle, der wirklichen Entspannung und einem geordneten Frieden näher zu kommen? Gut, sie wollen Atomwaffen nicht weitergeben. Das ist ein wichtiger Schritt. Aber was verabreden sie konkret über Kontrolle und Abbau ihrer Möglichkeiten, die Welt zu zerstören? Am 23. Januar 1968 schrieb auch die polnische Zeitung »Slowo Powszechne« zum neuesten Text eines Vertrages über Nonproliferation: »Dauerhaft und wirksam kann diese Sicherheit erst durch eine allgemeine Abrüstung sichergestellt werden, was sich natürich hauptsächlich auf die Großmächte bezieht...«
Ebenfalls im Interesse aller vernünftigen Menschen liegt die Forderung, niemanden von wissenschaftlichen Forschungen, vom technischen Fortschritt und wirtschaftlicher Ausnutzung beider fern zu halten. Die friedliche Verwendung der Atomkernenergie – zum Beispiel auch zur Förderung der Gewinnung von Erdgas – darf natürlich keinem Land der Welt vorenthalten werden. Andernfalls entstünden noch höhere Gegensätze zwischen den Staaten: Es gäbe die technisch – und damit wirtschaftlich, sozial, kulturell – Entwickelten und die anderen, die Behinderten, die – obzwar Mitglieder derselben Menschheitsfamilie – nicht einmal mehr als »arme Verwandte« zu Bezeichnenden.
Im Interesse aller Europäer liegt weiter, durch ein Nonproliferations-Abkommen nicht etwa am Fortschritt der europäischen Vereinigung gehindert zu werden, die wir dringend wollen und brauchen.
Weiter: Die Kontrolle über die Vertragstreue der Unterzeichner-Staaten sollte für alle gleich sein und Industriespionage ausschließen. Die Sicherheit der militärischen Nicht-Atommächte muß dauerhaft und glaubhaft gewährleistet sein.
Auch bleibt darauf hinzuweisen, daß die Entwicklung von Anti-Raketen-Systemen und nur defensiv zu verwendender atomarer Waffen technische Entwicklungen in Gang setzt, von denen man kein Land der Welt fernhalten sollte.
Hoffen wir, daß dieser weitere Schritt zur Verstärkung der Ansätze, die atomaren Gefahren zu mildern, vernünftig zustande kommt – und daß die entscheidenden Schritte folgen!

Die Politik der Bundesrepublik Deutschland steht von Anfang an unter dem zentralen Gesichtspunkt des Friedens. In verpflichtender Form haben wir auf offensive Gewalt als Mittel der Politik verzichtet. Das steht im Artikel 26 des Grundgesetzes. Wir haben diese prinzipielle Position auch international bekräftigt – so in der Schlußakte der Londoner Konferenz vom 3. Oktober 1964. Wir haben uns verpflichtet, unsere Politik gemäß den Grundsätzen der Vereinten Nationen zu gestalten. Und in der Friedensnote vom 26. März 1966 haben wir den Regierungen der Welt konkrete Vorstellungen zur Sicherung des Friedens in unserer Zeit übermittelt.

Wir sind nun bemüht, durch Austausch von Gewaltverzichtserklärungen auch mit den kommunistisch regierten Staaten Europas einen weiteren praktischen Schritt im Interesse einer dauerhaften Friedensordnung zu tun.

Am 17. Juni 1967 sprach Bundeskanzler Kiesinger aus, was alle Deutschen denken: »Wir wissen, daß keine Art von Gewalt, weder von innen noch außen, die deutsche Frage lösen kann. Gewalt als ultima ratio der Politik wird in einer Welt, in der von jedem Punkte des Planeten aus der ganze Friede gefährdet werden kann, ohnehin zu einem immer bedenklicheren Phänomen. Darum hat unser Angebot des Austausches von Gewaltverzichtserklärungen eine prinzipielle, die deutsche Frage zwar einschließende, aber sich nicht auf sie beschränkende Bedeutung. – Da wir also den Frieden wollen, erstreben wir auch die Lösung der deutschen Frage mit den Mitteln des Friedens. Uns wird vom Osten vorgeworfen, wir wollten uns den anderen Teil Deutschlands ›einverleiben‹. Wir wollen nichts dergleichen. Die Machthaber im anderen Teil Deutschlands verkünden unverblümt, daß sie als Voraussetzung einer etwaigen Wiedervereinigung die Angleichung der gesellschaftlichen und politischen Ordnung in der Bundesrepublik an ihr System fordern, gleichviel, ob die Menschen hier dies wünschen oder ablehnen. Wir aber sagen mit aller Deutlichkeit, daß wir unsere Landsleute drüben nicht bevormunden, sie zu nichts zwingen wollen, was nicht ihrem Wunsch und Willen entspricht. Nur solange sie selbst nicht frei entscheiden können, was sie wollen, sprechen wir für sie und werden nicht aufhören, für sie zu sprechen.«

Wir Deutschen sind vital interessiert an Entspannung und Abrüstung. Unser Platz ist auch insoweit weder unter den Zuschauern noch unter den Widerspenstigen. Wir suchen die weltpolitische Gelegenheit, die Lösung der deutschen Frage in Entspannungsbemühungen einzufädeln, und wissen zugleich, daß nicht jeder der ersten Schritte, die vom Nicht-Krieg weg und zum Frieden hin führen, schon mit dem vollen Gewicht der deutschen Frage beladen werden darf und kann.

Heute geht man überall im Westen davon aus, daß die Gefahr einer militärischen Aggression durch die Kommunisten hier in Europa nicht akut sei. Das ist weder zufällig so gekommen noch die Folge einer etwa geänderten Doktrin oder Anstrengung der Kommunisten. Diese stabilisierte militärpolitische Lage in Europa beruht auf der Verteidigungskraft unserer westlichen Allianz, zu der wir wesentlich beitragen. Militärische Abenteuer sind in diesem Raum zu riskant geworden.

Wenn nun – gestützt auf diese Lage – Gespräche zwischen den Europäern in West und Ost über die politischen Fragen und die Bedingungen einer europäischen Friedensordnung möglich geworden sind, so darf auch jetzt nicht vergessen werden, daß wir entscheidend zu den Voraussetzungen dieser Lage beitragen. Es kommt hinzu, daß die deutsche Frage im Kern aller Probleme liegt und ihre Lösung *drr* essentielle Schritt zur europäischen Friedensordnung wäre. An dieser Lösung werden zwar viele mitwirken. Im Blick auf diese Lösung werden auch andere ihr gewichtiges Wort sprechen. Verbindlich wird nichts ohne die Zustimmung der Deutschen selbst.

Diese Zusammenhänge sollte niemand übersehen. Und dieser Wechselbezogenheit wegen kann man festhalten: Nicht nur das Bündnis, nicht nur dessen militärische Effizienz bleiben entscheidende Voraussetzungen der Entspannung, sondern der Geist der Solidarität unter den Bündnispartnern, also auch deren Rücksicht aufeinander. Schwände diese, weil jeder auf eigene Faust statt der Entspannung seine Entspannung suchte, so wäre auch das Bündnis in Gefahr.

Für die deutsche Politik bleibt es vernünftig, gestützt auf die Sicherheit durch Abschreckung im Bündnis, Entspannungspolitik zu betreiben. Das Bündnis garantiert den Nicht-Krieg heute, die Entspannungspolitik kann – vielleicht – den Frieden morgen vorbereiten, ermöglichen, gewinnen.

Jede internationale Aktion, die ein Stück Rivalität abbaut und an ihre Stelle ein Stück Zusammenarbeit setzt, ist ein Schritt in Richtung auf den Frieden in unserer Zeit und für die kommenden Generationen.

Der Frieden der Welt ist eine zu ernste Sache, als daß er nationalem Prestigegefühl und Rivalitäts-Wettläufen überantwortet bleiben darf! Auch für Nationalismus von Großmächten sollte kein Platz mehr sein. Die Nicht-Großmächte sollten die Großen nicht hindern, sondern ermutigen, ihre Kooperation zu verstärken! Kultureller und wirtschaftlicher Austausch, Tourismus und Sport, Zusammenarbeit im Weltraum und im Wetterdienst, atomare und konventionelle Abrüstung, wechselseitige Kontrollen, Austausch von politischen, wissenschaftlichen und technischen Daten und Dokumenten, Begegnungen nicht nur der obersten Spitzen, sondern auch derer, »die die Arbeit tun«, – das sind einige Themen hierfür. Solche bilateralen Abreden und Vorhaben der Weltmächte sollten anderen Ländern, die interessiert sind und zum Problem etwas beitragen können, offen stehen.

Es liegt im Interesse des Weltfriedens, daß die USA und die Sowjetunion Gebiete finden, auf denen sie zusammenarbeiten. Sie sollten solche Bereiche gemeinsamen Handelns suchen und voll nutzen. Zu glaubhafter Abschreckung entschlossen, stehen sie einander hoch bewaffnet gegenüber. Wenn es daneben Bereiche gibt, in denen eben diese Weltmächte Seite an Seite stehen oder miteinander gehen, dann liegt hierin ein Wert für den Frieden. Das liegt auch im Interesse aller Nicht-Großmächte – vorausgesetzt, daß die Großmächte sich nicht zu Lasten Dritter verständigen.

Die Gleichzeitigkeit von Abschreckung und Kooperation ist besser als eine Lage, in der es nur Abschreckung und Konfrontation gäbe. Zu erstreben ist eine Lage, in der Abschreckung überflüssig wird und Kooperation sie ablöst.

Gerade wir sollten uns bemühen, aus der NATO mehr zu machen als ein militärisches Bündnis. Die wirtschaftliche und politische Zusammenarbeit in der atlantischen Gemeinschaft steht erst am Anfang, sie könnte noch viel intensiver werden.

Wir sollten erkennen: Die einigende Klammer der gemeinsamen Angst ist durch Gewöhnung und Abschreckung schwächer geworden. Wir brauchen eine neue Klammer: Die des konstruktiven, friedlichen, fortschrittlichen, gemeinsamen Handelns.

Die Völker der atlantischen Gemeinschaft stehen alle vor ähnlichen gesellschaftspolitischen Problemen: Vor Fragen der Bildung, der Ballung, des Verkehrs, des Städtebaues, der optimalen Sozial- und Wirtschaftsstruktur, des ökonomischen Wachstums; vor Fragen auch des verschmutzten Wassers, der unreinen Luft, des Lärms. Kurzum: Wir alle stehen nicht nur gemeinsam vor der Frage, wie wir unsere Freiheit miteinander sichern können, – sondern zugleich vor der Chance, durch Gemeinsamkeit der Forschung, durch Austausch von Erfahrungen, von Menschen und Ideen unsere Kräfte zusammenzufassen. Allein werden wir die großen Anforderungen, vor denen wir stehen, kaum meistern können.

Über die grundsätzliche Seite solcher Pläne haben Gespräche schon stattgefunden. Präsident Johnson hat öffentlich erklärt, wie sehr er und sein Land bereit seien, durch praktisches Zusammenwirken die atlantische Gemeinschaft immer mehr zu einer Großen Gemeinschaft zusammenwachsen zu lassen. Wenn dies geschieht, entwickeln wir Interesse auch bei Nicht-Mitgliedsländern. Ansatzpunkte entstehen, um Blöcke zu überwinden.

Wir sind in der atlantischen Gemeinschaft wie auch in Europa zu sehr beschäftigt mit Reparaturarbeiten. Wir sollten mehr Kraft dem Ausbau neuer Straßen in eine bessere, friedliche Zukunft zuwenden. Europa und

die atlantische Gemeinschaft brauchen neue Impulse. Wer eigentlich hindert uns, unsere Forschung weiter zu koordinieren, die Zusammenarbeit zu verdichten und einiges gemeinsam rationeller zu betreiben? Wer da nicht mitmachen will, mag sich getrost selbst schaden.
Andere Punkte für die Verdichtung der Zusammenarbeit sind: Handels- und Währungspolitik, Ausbildung der Jugend, Entwicklungshilfe, kulturelle Institutionen, Abstimmung der Grundzüge des Erziehungs- und Bildungswesens. Die Fragen des Handels, des kulturellen und sportlichen Austausches zwischen West und Ost rufen nach mehr Gemeinsamkeit; die gesellschaftspolitischen Probleme unserer Industriegesellschaften – Luft, Wasser, Lärm, Bildung, Ballung, Städtebau – können besser, leichter, schneller gelöst werden, wenn wir Erfahrungen austauschen, Forschungen gemeinsam betreiben und wenigstens die Dokumentation hierzu organisieren.
Niemand hindert uns, in diesen und anderen Bereichen die Gemeinsamkeit der westlichen Welt und den Austausch von Erfahrungen und Menschen zu verstärken. Auch da, wo Kommunisten regieren, gibt es die Probleme der Industriegesellschaft, gibt es z. B. Lärm, verunreinigte Luft und verschmutztes Wasser. Warum ergreifen wir nicht die Initiative und laden auch die Völker Ost- und Mitteleuropas ein zu gemeinsamer Forschung zu diesen friedlichen Zwecken?

Friedliche Atommacht

Eine deutsche Politik oder ein deutscher Politiker, die die Maxime erhöben, die Bundesrepublik Deutschland oder das wiedervereinigte Deutschland müßte – aus Gründen der Sicherheit, der Abschreckung, der Souveränität, des Prestiges, des industriellen Ranges, der Gleichberechtigung oder wie immer – eine militärische Atommacht werden, würde nicht nur dieses Ziel in der übersehbaren Zukunft nie erreichen, sondern Deutschland schweren und nachhaltigen Schaden zufügen, die Wiedervereinigung unseres Vaterlandes erschweren und eine europäische Friedensordnung verhindern.
Wir dürfen die Augen nicht davor verschließen, daß in der Welt noch auf lange Zeit unsere Vergangenheit bei vielen als bleibende Belastung empfunden wird. Daß dies zu Unrecht geschieht, wissen wir. Aber das genügt nicht. Ressentiments sind oft die härtesten Realitäten – auch unbegründete Ressentiments. Nicht nur in Moskau ist man bemüht, ein falsches Deutschland-Bild aufrecht und die Vergangenheit lebendig zu erhalten.
Die Projekte der MLF (Multi Lateral Force) oder der ANF (Allied NATO Force) – keine Bonner Erfindungen! – sind weniger aus politischen, mili-

tärischen, finanziellen und technischen Gründen gescheitert als wegen dieser Ressentiments. Die Ungeschicklichkeit einer deutschen Erklärung, diese Projekte notfalls allein mit den USA zu verwirklichen, tat ein übriges.

Als Frankreich 1965 die Europäische Wirtschafts-Gemeinschaft in eine Krise führte und niemand wußte, wie das enden werde, suchte mich ein bewährter Freund aus Holland auf. Dieser Freund Deutschlands und der europäischen Vereinigung kam, um mir zu sagen: Bei allem Ärger über Paris, bei allen Vorteilen der EWG für sein Land und für Europa, bei aller Notwendigkeit, den größeren europäischen Markt zu schaffen, müßten wir Deutschen uns doch klar darüber sein, daß eine – selbst nur wirtschaftliche – Gemeinschaft zu fünft, also ohne Frankreich, auch für ihn keine Alternative sei; so eng und so allein mit Deutschland verbunden, könnten und würden die Niederlande sich in nichts einlassen...

Es ist unsere Pflicht, Realitäten zu sehen, unsere Aufgabe, sie zu ändern. Uns ist nicht erlaubt, Realitäten durch Wünsche oder Ansprüche, wie berechtigt sie auch seien, zu ersetzen.

Wer – mit welcher Begründung immer – atomare Waffen für Deutschland fordert, beschwört die Gefahr herauf, unser Land zu isolieren und Allianzen gegen uns heimlich wieder zu begründen, die allein Hitlers Politik zusammenzuführen imstande war.

Mir ist keine bedeutende Macht der Welt bekannt, welche eine nationale atomare Rüstung der Deutschen gutheißen würde. Ich kenne aber einige für das Schicksal der Welt entscheidende Politiker in verschiedenen Hauptstädten, welche alle Anstrengungen unternehmen würden, Deutschland aus dem militärischen Atom-Club herauszuhalten.

Nicht genug damit: Zwar reicht unser Wissen aus, eigene Atomwaffen herzustellen, aber unsere technische und finanzielle Basis genügt nicht, dies in vernünftigen Zeitplänen tatsächlich und erfolgreich tun zu können. Der Weg von spaltbarem Material für zivile Nutzung zur atomaren Waffe ist auch für Deutschland teuer und komplizierter als viele anzunehmen scheinen. Aus solchem Material militärische Sprengkörper zu konstruieren, zu montieren und zielgerecht zu befördern, zu erproben ist schwerer und teurer, als manche meinen.

Unterstellt, wir wollten dies alles gleichwohl und es gelänge, das durchzuführen, so schüfen wir vielleicht, was Großbritannien und Frankreich jetzt haben. Und dann bliebe zu fragen: Wozu diese gewaltige Anstrengung?

Der Handlungsspielraum der kleinen Atommächte ist noch geringer geworden, seit die Atom-Giganten Anti-Raketen installieren. Die ökonomische Kraft dieser Mächte reicht weder aus, das auch zu tun, noch ihre Vergeltungs-Waffen entsprechend zu vervollkommnen und zu verstär-

ken. Im Rüstungswettlauf der Giganten können die europäischen Länder – jedes für sich – nicht mehr Schritt halten.
Ich gehe so weit zu fragen: Haben die Atommächte Großbritannien und Frankreich aus dem Besitz atomarer Waffen unter nationaler Verfügung entscheidende Vorteile für ihre Politik gewonnen? Was nützte Großbritannien seine militärische Atommacht in der Suezkrise? Was in der Wirtschaftskrise? Was in der Folgezeit?
Nicht genug damit: Hätten Frankreich und Großbritannien, so frage ich provokativ weiter, die Mittel, die sie für die atomare Rüstung ausgegeben haben, anders verwandt – wäre ihre Stellung in der Welt heute besser oder schlechter? Ich sehe nichts, was diesen europäischen Nachbarn an wichtigem und bleibendem politischen Gewinn durch die eigene Atomwaffe zugeflossen ist – ausgenommen die technologischen Vorteile für ihre Wissenschaft und Wirtschaft. Und das kann man anders und billiger erreichen!
Es gibt also – aus meiner Sicht – weder einen Weg noch einen Anlaß, für morgen eine andere atomare militärische Position zu beziehen, als sie Konrad Adenauer freiwillig einnahm. Er erklärte rechtsverbindlich für die Bundesrepublik Deutschland am 23. 10. 1954, »daß sich die Bundesrepublik verpflichtet, ... Atomwaffen, chemische und biologische Waffen in ihrem Gebiet nicht herzustellen... und daß die Bundesrepublik damit einverstanden ist, die Einhaltung dieser Verpflichtungen durch die zuständige Stelle der Organisation des Brüsseler Vetrages überwachen zu lassen.«
Diese Position schließt nicht aus, uns an atomaren Verteidigungsanstrengungen oder -Institutionen in Europa oder der atlantischen Gemeinschaft zu beteiligen, wenn dies nützlich ist.
Wir wollen aber unmißverständlich sagen, daß Deutschland eine zivile Atommacht zu sein und zu bleiben wünscht – ein Land, das die atomaren Probleme kennt und weiter erforscht, das die Ergebnisse technisch und wirtschaftlich nützt, das diese Fähigkeit in Werken des Friedens der Menschheit zuwendet.

Kommunismus und »Konvergenz«

Im Programm der kommunistischen Partei der Sowjetunion heißt es: »Nicht einmal mit Kernwaffen« werde dem »unaufhaltsamen Gang der geschichtlichen Entwicklung« zugunsten des Sozialismus Einhalt geboten werden können. Der Übergang zum Sozialismus gehe nur durch »Revolution«. Diese sozialistische Revolution hänge »nicht unbedingt mit einem Krieg zusammen«. Man müsse aber auch stets »die Möglichkeit des nichtfriedlichen Übergangs zum Sozialismus im Auge behalten«. Als Vorstufe zum »friedlichen« Übergang und zur Vorbereitung der »Revolution« seien z. B. »Volksfrontlösungen« hervorragend geeignet.

Trotz allen Streites zwischen der Sowjetunion und Rotchina, trotz aller eigenwilligen Tendenzen verschiedener kommunistischer Parteien muß man auch heute noch sagen: Die Kommunisten sind angetreten, die Welt zu verändern, einen neuen Menschen zu formen und eine bessere Ordnung zu schaffen. Der Inhalt dieser Ordnung ist in Büchern, Reden, Programmen niedergelegt, wird in Gesetzen und Erlassen normiert und durch die praktische Politik jedermann sichtbar erstrebt.

Die Kommunisten haben unbestreitbar Erfolge. Sie beherrschen und kontrollieren ein Drittel der Welt, jagen Raketen durchs Weltall, nutzen das Atom, fördern Entwicklungsländer, sind zu ernsten Rivalen der Freien Welt geworden.

In unseren Tagen wird aber zugleich sichtbar, daß die Kommunisten auch Rückschläge einstecken und sich Schwierigkeiten stellen müssen, auf die sie nicht vorbereitet waren. Der Hinweis auf Kuba genügt hier – neben dem auf das Verpuffen des Berlin-Ultimatums von 1958 – als Beispiel aus dem machtpolitischen Bereich. Diese Erfahrungen lehren, daß die Kommunisten oftmals nur so stark sind wie die Freie Welt sie werden läßt, daß Einigkeit, Stehvermögen und zu glaubhafter Abschreckung ausreichende Rüstung sie sehr wohl in ihren Grenzen zu halten vermögen.

Die Entwicklungsländer haben inzwischen gesehen, wie weit kommunistische Versprechen reichen, wenn es gilt, sie vom Wort in die Tat, von der Propaganda in Geld, Waren und Hilfskräfte umzusetzen. Etwa ein Drittel der Zusagen zahlen die kommunistischen Länder tatsächlich aus. Ohnehin beträgt der Anteil der kommunistisch regierten Länder an der Entwicklungshilfe nur 7,8%. (Zum Vergleich: Der Anteil der Bundesrepublik Deutschland ist mit 7,1% fast gleich groß.) Gleichwohl muß man in diesem globalen Bild den kommunistischen Vorteil, Schwerpunkte zu bilden, festhalten.

Schwerer ist es für die Kommunisten, mit dieser Tatsache fertig zu werden: Nach ihrer Ideologie geht der Westen an seinen Spannungen, Widersprüchen und zuwiderlaufenden Interessen zugrunde, während das kommunistische Weltlager mit alledem nichts zu tun habe. Die Wirklichkeit ist anders: Im Westen beginnt man, wenn auch oftmals nicht im ersten Ansturm, nationale Gegensätze zu mildern und zu überwinden. Wirtschaftliche und soziale Fortschritte sind sichtbar. Der Westen hat eine gemeinsame atlantische Verteidigung und in Europa die wachsende Kraft des Gemeinsamen Marktes. Er braucht keinen Vergleich zu scheuen und wird immer attraktiver für Neutrale, Entwicklungsländer, ja für manche Kommunisten selbst.

Im kommunistischen Lager kommt Comecon (RGW) nur äußerst mühsam voran, und die Differenzen erreichen den Bereich des »Heiligsten« der Kommunisten: ihre Ideologie. Im öffentlichen Streit Moskau/Peking wird das weltweit sichtbar. Entgegen der kommunistischen Ideologie gewinnt das Nationale auch unter Kommunisten wieder an Kraft. Die Pekinger Thesen und Politik fördern das; die nationale Renaissance wäre ohne die Pekinger Formel von der ökonomischen Autarkie jedes kommunistischen Landes ebensowenig denkbar wie ohne die machtpolitische Realität Rotchinas.
Dies sind für Kommunisten besonders harte Tatsachen, weil dies so gar nicht übereinstimmt mit ihrer Ideologie, mit dem Automatismus ihrer Geschichtsauffassung und dem – wie sie meinen – zwingenden Sieg des Kommunismus in der ganzen Welt.
So nimmt es nicht wunder, daß manches an dieser Ideologie selbst in Frage gestellt wird, und die kommunistischen Führer sich immer weniger scheuen, auch westliche Gehalte und Methoden auf ihren Wert zu prüfen, ja gelegentlich zu ihrer Nachahmung auffordern.
Die führende Schicht der Kommunisten beginnt, wenn nicht alle Zeichen trügen und zahlreiche Informationen unrichtig sind, ein neues Verhältnis zur Wirklichkeit der Welt und der Menschen zu gewinnen, ihre Möglichkeiten realistischer zu erwägen und die Grenzen zu erkennen, welche die menschliche Natur der kommunistischen Ideologie setzt.
Da wurde – zum Beispiel – in der sowjetisch-besetzten Zone unseres Vaterlandes vor dem Hintergrund unzureichender Ergebnisse kommunistischer Erziehung und Ausbildung wieder die Mitarbeit der zunächst so geschmähten »Nur«-Pädagogen geschätzt. Das »Prinzip der materiellen Interessiertheit« wurde als Basis der Leistungssteigerung verkündet. Die volkswirtschaftliche und psychologische Bedeutung des kleinen Gartens wurde nicht mehr als kleinbürgerlich abgewertet. Mehr noch: Die katastrophalen Folgen der kommunistischen Landwirtschaftspolitik – Kolchosen, Beseitigung der persönlichen Beziehung des Bauern zu Hof und Vieh – lassen Erwägungen und Maßnahmen sichtbar werden, die private landwirtschaftliche Erzeugung eher zu fördern als zu beseitigen. Nicht nur in Polen, auch in Ungarn und der Tschechoslowakei erkannte man, daß der Ertrag da besser ist, wo es noch eine persönliche Beziehung des Bauern zu seiner Arbeit und seinem Land gibt.
Aus der Diskussion der Kommunisten mit Künstlern wuchs die Erkenntnis, daß wenigstens in Fragen des Geschmacks ein befehlsfreier Raum bleiben müsse.
In der Wirtschaftspolitik gibt es Diskussionen und Maßnahmen gegen die akkumulierende Wirkung von Planfehlern, gegen unrealistische Pläne, falsche Erfolgsmeldungen nach oben und gegen mangelnde Bewegungs-

freiheit für die Leiter großer Betriebe gegenüber Bürokraten und Plandaten. Man entdeckt zunehmend, daß auch im Kommunismus Löhne und Preis und Kosten untereinander in Beziehung stehen; daß Produktivität, Rentabilität und Gewinn keine »kapitalistischen« Worte, sondern betriebswirtschaftliche Tatbestände sind; daß genaue Kostenrechnung, Schaffung von Kapital und ein realistischer Wechselkurs unerläßlich sind. Der Fachmann wird wieder gesucht. Der »Politruk« wird vielfach vom »Ingenieur« abgelöst. Man erkennt, daß ohne Steigerung der Arbeitsproduktivität nichts zu erreichen ist, daß Investitionen nicht nur plangerecht befohlen werden können, sondern daß dazu zunächst Kapital vorhanden und am Schluß Rentabilität gegeben sein muß.

Chruschtschow gab die Parole vom »Vorrang der Ökonomie« aus. Die von ihm geführte Fraktion des kommunistischen Weltlagers folgte ihm. Weil die wirtschaftliche Basis zu schwach ist, sagten kommunistische Führer offen, »Koexistenz« heißt jetzt »Atempause« und wirtschaftliche Konsolidierung.

Chruschtschow mußte nicht nur Tito seine Reverenz erweisen, sondern den jugoslawischen Weg des Kommunismus als möglich anerkennen. Tito hat – um nur das zu nennen – eine andere ökonomische Politik, eigenwillige Anschauungen von kommunistischer Gesellschaftspolitik und keine Scheu vor westlichem Kapital. Seit auch das die Billigung Moskaus fand, wirkt es stimulierend auf andere Kommunisten.

Westliche Musik, Literatur, Malerei, Filme, Moden finden Zustimmung auch im kommunistisch beherrschten Teil Europas und setzen sich auch dort durch.

Die Jugend hat großen Anteil an diesem Teil des Wandels im kommunistischen Erscheinungsbild. Das ist um so bemerkenswerter, als diese Jugend in einem kommunistischen Staat geboren und in einer sozialistischen Gesellschaft nach kommunistischen Prinzipien und Methoden erzogen wurde.

Hier wird sichtbar, worauf der Westen seine optimistische Prognose wie seine entsprechende Politik gegenüber dem Kommunismus gründen kann: Den Kommunisten gelingt es weder, den Kern der menschlichen Person, die auf Individualität und Freiheit angelegt ist, zu verändern, noch Kräfte wie die der Religion, der Nation und der Familie entscheidend zu zerstören.

Freilich ist hier Behutsamkeit am Platze: Auch wir haben damals – junge Menschen unter Hitler – andere Musik, Bücher, Filme, Lebensformen geliebt, als die Partei befahl. Trotz dieses Raumes persönlichen Geschmacks ging die Politik ihren Weg.

Ich fürchte, daß so mancher westliche Bericht über Wandlungen im Kommunismus diese Erfahrung übersieht. Auch wird dem Touristen die unterschiedliche Lage der neuen Oberschicht und des Volkes nicht deutlich, die zwischen Stadt und Land oft ebensowenig erkennbar, wie Art und Form der Unterdrückung. (Wir kennen auch das aus der Erfahrung der Olympiade 1936 in Berlin.)

Gewiß ist es ein Fortschritt, z. B. westliche Zeitungen und Bücher lesen zu dürfen. Aber Freiheit ist erst da, wo jeder Staatsbürger selbst sagen und schreiben darf, was er meint, wo er mitbestimmt, wer regiert und welche Politik gemacht wird. Die Prozesse gegen Intellektuelle zeigen, wie weit die kommunistischen Regime davon noch entfernt sind.

Diese Entwicklung macht deutlich, daß der Kommunismus an Grenzen stößt, die seiner Ideologie unüberwindbar entgegenstehen. Der Kern dieser immer sichtbarer werdenden Grenzen ist das Wesen der menschlichen Natur. Sie erweist sich als stärker denn Ideologien, Zwang und weltferne Bürokraten-Entscheidungen.

Wollen die Kommunisten diese Grenze überwinden, so müssen sie viele ihrer ideologisch gesetzten Ziele und Methoden aufgeben, müssen sie ihren Tribut zollen an die menschliche Natur. Zwang kann vieles über lange Zeit bewirken, er kann aber weder alles erreichen noch zu lange ausgeübt werden. Wollen die Kommunisten im weltweiten Ringen auch nur bestehen, in den Fragen Rüstung, Weltraum, Raketen, Lebensstandard, Entwicklungshilfe entscheidend mitreden, so müssen sie zwingend die Arbeitsproduktivität steigern. Das aber können sie nicht nur durch Organisation und Maschinen erreichen. Hierzu sind faire Behandlung der Menschen, ein gutes Betriebsklima und ein ausreichender Lohn unerläßlich.

Die kommunistischen Führer spüren dieses Dilemma. Noch ist ihre Entscheidung nicht gefallen. Aber sie wissen, daß sie nicht ausweichen können. Die Konservativen unter ihnen versuchen es noch einmal mit höheren Arbeitsnormen und stärkerer Kontrolle. Einsichtigere unter ihnen wissen schon, daß so die Probleme nur wachsen, daß das Zögern vor Grundsatzentscheidungen die Lage nur erschwert.

Wie immer wir die geschilderten Entwicklungen beurteilen und einordnen mögen, – wir sind nicht nur Zeugen des Fortschritts, sondern auch wachsender ideologischer, sozialer, ökonomischer und politischer Schwierigkeiten der Kommunisten. Was wir an Erregend-Neuem wahrnehmen, haben nicht die Kommunisten aus ihrem Weltbild und nach ihrem Programm so gewollt, sondern die Natur und die Haltung der Völker haben es ihnen abgetrotzt. Nicht die Kommunisten haben sich gewandelt, sondern reale und härtere Gegebenheiten haben sie zu partiellem Nachgeben gezwungen.

Das neue Parteiprogramm der KPdSU formuliert die »neue« Politik des differenzierten Kommunismus: Der Kommunismus, »einst nur Wunschtraum«, sei »zur größten Macht der Gegenwart« geworden – so heißt es gleich zu Beginn dieses Programms. Es geht weiter: »Über die Welt braust ein großes reinigendes Gewitter dahin, das den Frühling der Menschheit kündet... Ein Drittel der Menschheit baut unter dem Banner des wirtschaftlichen Kommunismus ein neues Leben auf... Der Sozialismus wird unausbleiblich überall den Kapitalismus ablösen... Die moderne Epoche, deren Hauptinhalt der Übergang vom Kapitalismus zum Sozialismus bildet, ist die Epoche des Kampfes der beiden entgegengesetzten Gesellschaftssysteme, die Epoche der sozialistischen und der nationalen Befreiungsrevolution... die Epoche des Triumphes des Sozialismus und Kommunismus im Weltmaßstab.« Der »Vorabend der sozialistischen Revolution« sei angebrochen. Das kapitalistische Weltsystem in seiner Gesamtheit sei »reif« für die Revolution des Proletariats. Nur durch diese Revolution und die »Diktatur des Proletariats« könnten die Völker zum Sozialismus gelangen. Hierfür habe die Sowjetunion vorbildlich »die Heerstraße zum Sozialismus gebahnt«. Eines Tages würden alle Völker diese Straße gehen.

Auch die »Volksdemokratie« sei eine »Form der Diktatur des Proletariats«, entwickelt auf »historischen und nationalen Besonderheiten der einzelnen Länder«.

Im gegenwärtigen Stadium werde die »ideologische Arbeit« immer »bedeutender«, der ideologische Kampf sei »ein überaus wichtiger Bestandteil des proletarischen Klassenkampfes«; gerade die »Koexistenz« erfordere, daß dieser Kampf leidenschaftlich geführt werde!

Für den Kommunismus ist »Koexistenz« (also) eine Form des Klassenkampfes, eine Etappe zur Weltrevolution, ist »Koexistenz« Krieg ohne Waffen; Kampf mit wirtschaftlichem Wettbewerb, ideologischer Aufweichung, Unterwanderung, Erpressung, Drohung – vor allem aber »Krieg der Gehirne«, psychologischer Krieg. »Frieden« ist für Kommunisten »Fortsetzung des Krieges mit anderen Mitteln«; Bemühungen um Weltrevolution ohne »Krieg«. Der Sieg ohne Krieg mit Waffen, der Sieg durch Ermüdung, Erweichung, Infiltration, durch Vernebelung, Verniedlichung, durch Umgehung der Waffen ist ihnen angenehmer. Winston Churchill wird das Wort zugesprochen: Kommunismus sei nicht nur eine Weltanschauung, sondern zugleich ein Feldzugsplan. Und nach Lenin ist Kommunismus Anleitung zum Handeln.

Jules Monnerot hat als Leitlinie des psychologischen Kampfes der Kommunisten aufgezeigt: »Ein geradezu unfehlbares Flair hatte Marx getrieben, die Grundsätze des psychologischen Krieges herauszuarbeiten: dem Gegner Bewußtsein einzuimpfen, wenn ihm Bewußtsein schadet; so zu verfahren, daß er an seinen Rechten zweifelt, und zu versuchen, in ihm

ein schlechtes Gewissen zu nähren, ihn mit seiner Lebensberechtigung und seinen eigenen Grundsätzen in Widerspruch zu bringen.«
Nach dem Programm der KPdSU stünden vor allem diese drei Momente dem kommunistischen Weltsieg höchst hinderlich entgegen:

1. »Die wichtigste politische und ideologische Waffe der internationalen Reaktion und der Überreste innerreaktionärer Kräfte im Kampf gegen die Einheit der sozialistischen Länder ist der Nationalismus.«
2. Der Anti-Kommunismus sei »die wichtigste ideologisch-politische Waffe des Imperialismus«. In diesem Zusammenhang (!) behandelt und verurteilt das Programm u. a. den »Wohlfahrtsstaat«, die »Eigentumsstreuung«, den »Volkskapitalismus« und das »Verschwinden der Klassengegensätze« im Westen.
3. »Eine ständig wachsende Bedeutung kommt im politischen und ideologischen Arsenal des Imperialismus dem Klerikalismus zu. Er beschränkt sich nicht mehr darauf, die Kirche und ihren weitverzweigten Apparat auszunutzen. Heutzutage verfügt er über eigene große politische Parteien, die in vielen kapitalistischen Ländern an der Macht sind. Indem er eigene Gewerkschaften, Jugend-, Frauen- und andere Organisationen anspricht, spaltet der Klerikalismus die Reihen der Arbeiterklassen.«

Nicht nur die Theorie der sowjetrussischen Grundansichten ist aggressiv. Die militärischen Zurüstungen der Sowjetunion sind von einer Art, daß das freie Europa – wie bereits erwähnt – ohne wirksame Hilfe der USA sich nicht zu verteidigen imstande wäre.
Hunderte von Abschußvorrichtungen für atomare Mittelstreckenraketen sind allein auf dem Boden der westlichen Sowjetunion installiert. Schiffe der sowjetischen Marine, mit Flugkörpern bewaffnet, sind ständig in operativ günstigen Positionen – nun auch im Mittelmeer. Mehr als achtzig kampfkräftige Divisionen der Landstreitkräfte sind einsatzbereit. Hochentwickelt ist der Stand der Luftlandetruppen. Mehr als siebentausend Flugzeuge stehen den Sowjets für militärische Zwecke einsatzbereit zur Verfügung.
Vergeblich warteten im November 1967 westliche Beobachter auf das Wort »Koexistenz« aus dem Munde der Sowjetführer anläßlich der großen Feierlichkeiten zum fünfzigsten Jubiläum der sowjetrussischen Oktoberrevolution. Das Wort fiel nicht. Statt dessen wurde gegen die »Konvergenz« polemisiert. Krieg wurde nicht verurteilt, weil er zu verabscheuen sei, sondern weil er unter den gegenwärtigen Bedingungen verhängnisvoll wäre.
Manche glauben nicht mehr, daß die Kommunisten die Weltrevolution wollen. Einige meinen, wenn solche ideologischen Phrasen gelegentlich

in Schriften und Festreden noch vorkämen, solle man das nicht ernster nehmen als es gemeint sei. Und gemeint sei eine weltanschauliche »Glaubensfloskel«, nicht aber eine wirkliche politische Absicht. Andere weisen darauf hin, daß die Sowjetunion unter Kosten, die sie erheblich belasten, eine gewaltige Militärmacht unterhält, die eher zum Angriff als zur Verteidigung ausgerüstet und geeignet sei. Schließlich beweisen einige die subversiven Aktivitäten der Kommunisten an vielen Plätzen der Welt und ziehen daraus ihre Folgerungen.
Der Behutsame wird aus alledem den Schluß ziehen, daß gefährliche Aktionen der Kommunisten nicht aus dem Kreis des Möglichen ausgeschlossen werden können. Und der Politiker wird hinzufügen: Da es keine sichere Erkenntnis über Motive und Absichten gibt, muß eine Situation erreicht werden, in der den Verantwortlichen in Moskau unmißverständlich klar ist und bleibt, daß – selbst wenn offensive Absichten vorliegen sollten – Aggression unterbleibt, schon weil sie die Vorkehrungen der anderen wegen nicht zum Ziel führen würde. Das Risiko, die Chancen und die Möglichkeiten, ein Ziel zu erreichen, wägt jeder Politiker. Weniger die politische Absicht als die Meinung, sie verwirklichen zu können, pflegt den letzten Ausschlag bei einer abgewogenen politischen Entscheidung zu geben.
Bleiben wir also bemüht, die Sowjets von der Aussichtslosigkeit, uns überrumpeln zu können, überzeugt zu halten. Das ist nicht nur der sicherere Weg, sondern auch eine Methode, den Kommunisten durch Gewöhnung an die Nicht-Weltrevolution diesen Zustand als das Bleibende ins Bewußtsein zu bringen.

Heute kann man – auch bei ernsthaft Bemühten – der Meinung begegnen, die Industriegesellschaft bewirke unausweichliche, automatische und zunehmende Affinitäten der politischen Systeme. Man spricht von der »Konvergenz« der politischen und sozialen Strukturen zwischen der kommunistischen und der Freien Welt, von Evolutionen auf beiden Seiten mit dem unwiderstehlichen Trend der Angleichung.
Während des Zweiten Weltkrieges dürften mancherlei Ähnlichkeiten bestanden haben zwischen Erscheinungsbildern in Rüstungsstätten in den USA und in Deutschland. »In wirtschaftlicher, technischer und kultureller Hinsicht hatte Essen zur Zeit des Nationalsozialismus große Ähnlichkeit mit Detroit«, so schreiben die sachverständigen amerikanischen Professoren Brzezinski und Huntington; sie fügen hinzu, daß gleichwohl diese Ähnlichkeit die Nationalsozialisten nicht daran gehindert hatte, Essen ein politisches System aufzuerlegen, das dem in Detroit bestehenden alles andere als ähnlich war! Ebenso würde es sich heute zwischen Swerdlowsk und Detroit verhalten.

Das Argument dieses Erfahrungshinweises ist so offenkundig, daß es für sich selbst und gegen die Konvergenztheorie spricht.

Beim Gegensatz zwischen Kommunismus und Freier Welt geht es nicht um die Überlegenheit und Geltungskraft zweier Ideologien, die beliebig zur Disposition stünden. Man kann – nach unserer bisherigen Erfahrung – den Kommunismus nicht einmal probieren, um ihn wieder abzulegen, wenn er versagte.

Der Kern der prinzipiellen Position des Westens entspringt der auf Freiheit angelegten, unantastbaren Würde der menschlichen Person. Dieser Kern ist unverzichtbar.

Wir dürfen auch nicht übersehen, daß die Kommunisten fest glauben, eines Tages werde die ganze Welt kommunistisch sein; schon unsere Enkel würden unter der Roten Fahne spielen. So verstehen Kommunisten die »Konvergenz«.

Die Kommunisten sehen im Antikommunismus eine Art »Gegen-Volksfront«. Sie glauben, diese Haltung verändern zu müssen, um weiter vordringen zu können. Deshalb fördern sie alles, was Antikommunismus als dumm und veraltet dartut, und suchen, durch Anti-Anti-Kommunismus Positionen der »Volksfront« aufzubauen. Das ist die Lage in Westeuropa.

Wir müssen uns auf den Kommunismus einstellen, der uns tatsächlich begegnet. Stalin ist tot. Wir müssen manches Klischee weglegen und uns den Realitäten stellen. Der moderne Kommunismus tritt in ansprechenderen Formen und geschickter als früher auf. Zugleich müssen wir feststellen, daß sich am Ziel der Kommunisten wie an der unfreiheitlichen Lage der kommunistisch beherrschten Menschen grundsätzlich nichts geändert hat.

Das Programm der Kommunistischen Partei der Sowjetunion ist weiterhin auf Weltrevolution gerichtet. Die Krise um Kuba ist fünf Jahre her. Um Berlin ist es immer wieder unruhig. Beobachter glauben, der Nahostkrieg wäre ohne die Haltung Moskaus schwerlich ausgebrochen, und den Vietnamkrieg würde es nicht geben, wenn Moskau dagegen sei.

Aber auch für die Kommunisten gelten die Gefahren und Gesetze des Atomzeitalters. Die Auseinandersetzung findet vorwiegend im nichtkriegerischen Bereich statt – vorausgesetzt, daß die militärischen Zurüstungen der Freien Welt zu glaubhafter militärischer Abschreckung ausreichen.

Der Westen kann sich durchsetzen, wenn er unter den Bedingungen der Abschreckung den geistigen und sozialen Kampf entschlossen und mit der Gewißheit, überlegen zu sein, führt; wenn er tatkräftiger ist und stärker an die Freiheit glaubt als die Kommunisten an ihre Heilslehre. Der bessere Lebensstandard allein gibt nicht den Ausschlag.

Vielleicht wird ein »modus vivendi« gefunden werden. Wie immer: Militärische Vorsorge und antikommunistische Haltung allein genügen auf die Dauer nicht. Das Anti kann immer nur ein Akzent und die Konsequenz des Pro sein. Nicht allein in der Negation und der Verteidigung des Überlieferten liegt unsere Chance! Von dem, was wir tun, was wir verteidigen, muß zugleich eine werbende Kraft ausgehen. Unsere soziale Wirklichkeit und die freie Entfaltungsmöglichkeit eines jeden bleiben die entscheidenden Positionen in diesem Ringen. Auch da, wo Kommunisten regieren, wollen die Völker eine bessere soziale Wirklichkeit und die Menschen individuelle Freiheit.

Der Wind bläst den Kommunisten ins Gesicht. Polizeistaatliche Methoden erweisen sich – überall in der Welt – täglich mehr als wider unsere Zeit. Der Kommunismus stößt an Grenzen, die aus ihm selbst kommen. Er wird weitere spüren.

Wir wären politisch blind, wenn wir nicht sähen, welche erregenden Erscheinungen, Entwicklungen und Phänomene in der Sowjetunion zu verzeichnen sind. Siegfried Müller-Markus hat das untersucht und dabei festgestellt, daß »ein halbes Jahrhundert Erziehung zum Kämpfer allenthalben den Bourgeois zur Welt gebracht hat«; daß »Ideologiemüdigkeit« um sich greife; daß ein Generationsproblem ebenso da sei wie die Existenz von Klassen, über die sogar öffentlich diskutiert werde; daß westliches Denken Einfluß gewinne; daß »Prinzipien der Rentabilität und der Gewinnbeteiligung« Rang erhielten; daß wirtschaftliche Mißstände durch die »Mentalität des utopisch dirigierenden Planes von oben und des verantwortungslosen Befehlsempfängers von unten« einträten.

Kein Mensch und kein Volk kann sich unter Zwang voll entfalten. Und selbst die, welche an die Ideologie glauben, erleben Ermüdung und Verschleiß.

Frieden und Festigkeit des Westens vorausgesetzt, wird der weltrevolutionäre Drang der Kommunisten nachlassen. Und so könnte ein Nebeneinander entstehen, das in der Entwicklung offen zum Miteinander ist.

Vom Völkerfaustrecht zur Völkerfriedensordnung

Die erste Stufe des Friedens heißt: Miteinander leben ohne Gewalt. Das Recht muß die gestaltende, bewahrende Kraft ausüben. Nicht das Faustrecht des Stärkeren darf bestimmen, sondern das Recht, vor dem alle gleich sind.

Zum Rechtsstaat gehört, daß keiner, dessen Recht verletzt wurde, zur Selbsthilfe greift, sondern jeder bei den Organen des Staates objektiv und in geregeltem Verfahren sein Recht sucht und Wiedergutmachung für

verletztes Recht findet. Zum Staat gehört, daß er die Mächtigen einordnet, die Schwachen schützt und den Normen des Rechtes Achtung und Geltung verschafft.
Der Übergang von der Barbarei zur Zivilisation, vom Faustrecht zum Rechtsstaat beginnt mit der Geltung des Rechtes für alle; hinter dem Recht muß eine objektive Macht stehen, die stark genug ist, die Herrschaft des Rechtes zu garantieren.
Für die Menschheitsfamilie verhält es sich nicht anders. Solange Völkerrecht in der Realität mehr durch Gewalt, Stärke und Waffensieg einzelner Staaten bestimmt wird als durch Übereinkunft aller, solange eine ausreichend machtvolle, objektive Instanz der Welt fehlt, die Faustrecht beseitigt und ahndet, die den Schwachen wie den Starken unter die Herrschaft des Rechtes zwingt, ebenso lange ist die Menschheit dem Zustand der Barbarei näher als dem der friedlichen Ordnung. Dies ist im Atomzeitalter eine unerträgliche, eine gefährliche Tatsache.
Alle Verantwortlichen sollten sich deshalb zum Ziel setzen, vom Völkerfaustrecht zur Völkerfriedensordnung zu kommen und die Herrschaft des Rechtes für die ganze Welt zu begründen. Das wird nur durch viele kleine, geduldige und beharrliche Schritte erreicht werden. Auch hier nützt es wenig, allein auf das Ziel zu starren und zu warten. Es schrittweise herbeizuführen, ist unsere Pflicht.
Wir Deutschen sind hier in einer sehr fortschrittlichen Position: Wir haben auf Gewalt als Mittel der Politik verzichtet. Dem Völkerrecht ist durch unsere Verfassung Vorrang eingeräumt. Unser freiwilliger und rechtlich verbindlich erklärter Verzicht auf atomare, biologische und chemische Waffen wird international kontrolliert. Unsere Truppen sind in die Gemeinschaft eines Verteidigungsbündnisses integriert. Der Erwerb von Waffen ist normiert und wird kontrolliert. Wir erklären, jedem internationalen Abrüstungsabkommen, das Kontrolle vorsieht, beizutreten. Eine nennenswerte Rüstungsindustrie haben wir nicht. Wir steigern den Unwillen unserer Landsleute, die unter Fremdherrschaft leiden, weder heimlich noch offen zum bewaffneten Aufstand. Die Berliner Mauer wird erduldet.
Wir gehören zu den industriell, sozial und intellektuell hochentwickelten Völkern der Welt. Es bleibt nicht ohne Wirkung auf andere, welche Lehren wir aus unserer Geschichte für uns wie für eine bessere Welt gezogen haben. Man wird uns Gehör schenken, wenn wir mit allen Konsequenzen unser Engagement Werken des Friedens zuwenden.

Europas Aufgabe

Europa ist der entwickeltste Kontinent der Erde. Mit dem Blick auf unsere Welt und die Lage der Menschheit sollten wir Europäer unseren Beitrag zum Fortschritt und zum Frieden für alle Menschen leisten. Wir Europäer können der Welt Erfahrung und Hilfe geben. Wir können noch mehr tun: Europa als ein befriedeter Kontinent, von dem Gelassenheit – weltpolitisch wirksam – ausgeht, wäre ein stabilisierender Faktor der Weltlage. Statt dessen heißt die europäische Realität: Spaltung und Spannung. In Afrika und in Asien, aber auch in Amerika, gibt es viel Ungewißheit über die Zukunft. Rassen- und Nationalitätenkämpfe, Revolutionen, ungelöste Sozial- und Bildungsprobleme, die explosive Kraft des Hungers, der Armut und des Analphabententums schaffen Unruhe und die Möglichkeit von Verwicklungen. Jede Unordnung irgenwo in der Welt aber betrifft uns alle. Um so dringender wird es, Elemente der Gelassenheit, der Ordnung und des Fortschritts in der Weltpolitik zu stärken. Europa könnte das tun.
Wir Europäer sollten durch gerechte Ordnung unserer Probleme, durch endgültigen Abschied von Gewalt als Mittel der Politik, durch das bleibende Entfernen aller Reste der Unwissenheit, der Armut und der sozialen Unsicherheit, durch friedliches Neben- und Miteinander von Völkern, Sprachen, politischen Methoden und staatlichen Ordnungen der Welt ein Beispiel geben.
Wir können beweisen, daß Frieden eine Sache der Menschenrechte ist. Diese europäische Idee glaubhaft vorzuleben und so die europäische Funktion in der Weltpolitik voll auszufüllen, ist die künftige Aufgabe Europas. Wenn wir Europäer so handelten – jenseits jeder Ausbeutung und Unterdrückung, jenseits jeder Form des Kolonialismus und des Rassismus, jenseits jeder Usurpation, Bevormundung und Arroganz – leisteten wir der Zukunft der Welt einen guten Dienst.
Diese Zielvorstellung stelle ich – allen gegenwärtigen Wirklichkeiten zum Trotz – an den Beginn, weil es erlaubt bleiben muß, auch ein entferntes Ziel zu sehen und gegen Widrigkeiten zu erstreben, wenn es objektiv vernünftig ist. Wer diese Aufgabe Europas bejaht, muß die Probleme des ganzen Europa bedenken und seine Gesamtordnung erstreben – ein Europa mit Paris und Moskau, mit London und Berlin, mit Rom, Madrid, Stockholm, mit Wien und Bern, mit Warschau und Bukarest, mit Gleichberechtigung der großen wie der kleinen Länder.

Ich stelle dieses Ziel auch deshalb an den Beginn, weil es erreichbar ist. Im Westen Europas ist Krieg der Staaten gegeneinander künftig undenkbar und unmöglich wegen des hohen Grades der Zusammenarbeit und Verflechtung. Wenn das in einem Bereich Europas Wirklichkeit werden konnte, der »in Wechsel von Hegemonie und Gleichgewicht jahrhundertelang Krieg auf Krieg gebar, weil die Hegemonien kurzlebig und Gleichgewichte labil waren« (Hallstein), dann ist es realistisch, eben dieses Ziel für das ganze Europa ins Auge zu fassen und mit kühner Beharrlichkeit Schritt um Schritt zu erstreben.

Auch die Aussöhnung zwischen Deutschland und Frankreich beweist, daß die geschichtliche Situation in Europa reif ist, lang andauernde Rivalitäten zu beenden durch Verständnis für einander und durch Zusammenarbeit. So ist der deutsch-französische Freundschaftsvertrag exemplarisch. Ob nun in jeder Frage und an jedem Tage der Geist dieses Vertrages schon die Wirklichkeit zwischen den beiden Regierungen bestimmt oder nicht, – beide Völker suchen mehr das Gemeinsame als das Trennende. Sie haben ein gutes Gespür dafür, daß ihr künftiges Schicksal in dieser gewandelten Welt höchstens graduell, nicht aber fundamental unterschiedlich sein wird.

Für alle Europäer gilt ähnliches. Ihre Erfahrungen, ihre Gegenwartsprobleme und ihre Zukunftssorgen machen sie mißtrauisch, wenn Politiker Rivalitäten in Europa als weiterhin historisch unabänderlich bezeichnen und Gräben aufreißen, wo die Völker Brücken wollen.

Europa ist reif, seine Aufgabe für die Welt zu übernehmen. In unserer Generation kann das Wirklichkeit werden – zum Nutzen aller.

Österreich und Skandinavien

Nächst Berlin vermittelt Wien Eindrücke in die politische Wirklichkeit und Durchblicke durch europäische Probleme, sofern man unter Europa das Ganze versteht. (Und wenn Deutsche heute nach Wien blicken, so geschieht dies europäisch, es ist aus guten Gründen kein heimlicher »großdeutscher« Wunsch mehr dabei.)

Nicht nur für Österreich, sondern für die Tendenz der künftigen europäischen Entwicklung ist es eine entscheidende Frage, ob und wie Österreich am Gemeinsamen Markt der Europäischen Wirtschaftsgemeinschaft teilhaben wird. In dieser Frage geht es um ein vitales Interesse Österreichs, aber auch um die Ausdeutung des Neutralitätsbegriffes für Europa und um den Vorrang der Festigung oder der Überwindung der Blöcke in Europa.

Die Entscheidung über das Verhältnis Österreichs zum Gemeinsamen

Markt ist von den anstehenden Problemen in Europa die Frage, welche bei gutem Willen ohne große Schwierigkeiten lösbar ist.
Sollte die Neutralität Österreichs der Mitarbeit in einer zur Stunde vorwiegend wirtschaftlichen Einrichtung europäischer Staaten entgegenstehen, so wäre diese Ausweitung des Begriffes der Neutralität ein bemerkenswerter Vorgang – auch für die, welche an Denkmodellen über Deutschland arbeiten, bei denen Neutralität oder Neutralisierung eine erhebliche Rolle spielen. Sollte die Neutralität Österreichs dagegen kein Hinderungsgrund sein, ein besonderes Verhältnis zwischen Österreich und der Europäischen Wirtschaftsgemeinschaft zu begründen oder gar für Österreich die Vollmitgliedschaft zu erwerben, so wäre der Charakter der europäischen Gemeinschaften wie ihre künftige Entwicklung beeinflußt, ein Präjudiz für andere geschaffen und Europa, ich meine das ganze Europa, von den starren Fronten und festen Blöcken etwas weggekommen.
Wie ist die Lage? Sie ist meines Erachtens beispielhaft. Es lohnt, sie so zu überzeichnen, daß das Wörtchen Wahrheit und allgemeiner Einsicht, die hier gewonnen werden können, klarer hervortreten. Ich halte viel von dem chinesischen Sprichwort, daß, wer das Meer erkunden wolle, den Wassertropfen studieren müsse.
Also: Österreich ist aus überzeugenden und zwingenden ökonomischen Gründen für eine Beteiligung am Gemeinsamen Markt; für ein besonderes, rechtlich geordnetes Verhältnis zur Europäischen Wirtschaftsgemeinschaft, das weder die Neutralität tatsächlich oder nach Meinung einer der die Neutralität garantierenden Mächte beeinträchtigt noch die Vollmitgliedschaft in der Europäischen Wirtschaftsgemeinschaft bedeutet. So läßt sich wohl das österreichische Vorbringen formulieren. Diese Position ist bereits kompliziert und aufschlußreich.
Wie reagieren nun die Staaten, auf die es in dieser Frage ankommt, auf diesen Antrag Österreichs?
Die Sowjetunion – Signatarmacht der österreichischen Neutralität – wünscht zur Stunde wohl keine Beteiligung Österreichs an der Europäischen Wirtschaftsgemeinschaft. Aber sie geniert sich, das ganz offen zu sagen. Also sagen die Moskauer den Wienern: Das Ganze sei Sache eigener österreichischer Entscheidung, und natürlich werde Österreich sich immer seiner Neutralität bewußt sein. Österreich müsse selbst wissen, ob eine Mitarbeit in der Europäischen Wirtschaftsgemeinschaft mit den freiwillig übernommenen und rechtlich normierten Neutralitätspflichten, also mit seinen vitalen Interessen, übereinstimme. Die Sowjetunion werde besonders darauf achten, ob eventuelle Abmachungen mit der Europäischen Wirtschaftsgemeinschaft Österreichs »treaty making power« berühre; ob Österreich überstimmt werden könne; ob EWG-Zölle etwa

automatisch für Österreich gelten würden; ob Österreich sich aus eigenem Entschluß z. B. Zollmaßnahmen der Europäischen Wirtschaftsgemeinschaft anpasse oder sich einer Zollunion anschließe; ob Österreichs Osthandel von den Brüsseler Institutionen unabhängig bleibe; ob Österreich – im Hinblick auf die Ziele der Gemeinschaft, die auch politisch seien – zu sehr in das andere europäische Lager gerate. Vor allem werde Österreich doch sicher alles tun, um nicht durch eine etwaige EWG-Beteiligung in den Sog Deutschlands zu kommen.
Da die Wiener diese sowjetrussische Position kennen und allein zur Stunde kaum ändern können, bitten sie folgerichtig die Bundesrepublik Deutschland, ein wichtiges Mitglied der Europäischen Wirtschaftsgemeinschaft, zwar das österreichische Ersuchen konstruktiv zu fördern aber doch – bitte schön! – nicht Wortführer des österreichischen Anliegens zu sein. Und wir haben ohnehin kein Interesse, das etwa zu tun.
Frankreich hat in dieser Frage die wirksamsten Möglichkeiten. Es ist zugleich Signatarmacht der Neutralität Österreichs und wichtiges Mitglied der europäischen Gemeinschaften. Also blickt man aus Wien, auch insoweit, besonders erwartungsvoll nach Paris. Dort ist man – natürlich – für den Antrag der Wiener. Aber – ebenso natürlich – gäbe es auch andere Probleme, so das Verhältnis Paris–Moskau; man müsse alles abwägen und zur rechten Zeit betreiben...
Italien, Österreichs Nachbar im Süden und wichtiges EWG-Mitglied, fühlt sich zu besonderem Tätigwerden wenig berufen, solange zwischen Rom und Wien die Südtirol-Frage steht.
Großbritannien – Signatarmacht der österreichischen Neutralität, mit Österreich in der EFTA verbunden, selbst um die Mitgliedschaft in der EWG bemüht – hat auch deshalb eigene Gesichtspunkte. Und natürlich muß auch London erlaubt sein, was Paris recht ist: An Moskau zu denken.
Bleiben die USA, die wichtigste Signatarmacht der Neutralität Österreichs. Sie sind für die Europäische Wirtschaftsgemeinschaft, für Österreichs Wünsche. Aber sie mögen nun nicht mehr die Europäer zur Einheit ermuntern und haben verständliche Affinitäten zur anderen atomaren Weltmacht: zur Sowjetunion.
Diese vergröberte Zeichnung eines für die Zukunft Europas und der Entspannung entscheidenden Problems macht deutlich, wie weit die Schatten Vietnams über Europa fallen. Wien wie Berlin spüren dies besonders. Ich stelle dies als Tatsache fest. Man sieht hierbei auch, daß und wie die Sowjetunion in Europa wirksam ist.
Man nimmt Rücksicht auf Moskau, – überall, auch in Europa. Und in Moskau meint man zur Stunde europäischen Status quo, wenn man jetzt von »Europäischer Friedensordnung« spricht. Das kann man von den

Moskauern hören, in Beschlüssen internationaler Tagungen der Kommunisten nachlesen und in der praktischen Politik erfahren. Gomulkas Antwort an de Gaulle bei dessen Besuch in Warschau beweist, daß auch Gomulka die Fixierung des Status quo meint, wenn er von Ordnung und Frieden in Europa spricht. Wir Deutschen konnten und können mancher Reaktion aus Ungarn, Bulgarien, Polen und der Tschechoslowakei auf unser Bemühen um diplomatische Beziehungen unschwer den gleichen Standpunkt entnehmen. Auch das Echo aus Ost-Berlin auf unsere Vorschläge zur innerdeutschen Entkrampfung muß wohl so gewertet werden, daß Einfrieren des »Status quo« die gegenwärtige kommunistische Parteilinie für Europa ist.

Die sowjet-russische Politik zur Frage Österreich und Europäische Wirtschaftsgemeinschaft zeigt, daß Moskau zur Stunde der europäischen Auflockerung weniger Interesse abgewinnt als der Sicherung des Status quo in Europa. Denn das neutrale Österreich würde mit einer rein wirtschaftlichen Mitarbeit in der EWG eine Brückenfunktion in Europa gewinnen und die künftige Politik der Brüsseler Gemeinschaften indirekt beeinflussen.

Die Moskauer wollen offenkundig zunächst ihre Hegemonie über Ost- und Mitteleuropa rechtlich fixiert wissen und erst dann »Auflockerung« betreiben – freilich allein im Westen, nicht im eigenen Bereich.

Es lohnt also, die Wiener Szene zu kennen und wach zu bleiben für etwa dort sichtbar werdende Nuancen und neue Tendenzen.

Ich wage die Prognose, daß Moskau die Chance, durch Öffnung des Gemeinsamen Marktes für Österreich neue europäische Tatsachen zu begründen, ergreifen würde, falls wir den anderen Teil Deutschlands als »DDR« und damit zugleich die europäische Teilung wie die Moskauer Hegemonie anerkennen.

So sind wir wieder bei Deutschland, auch bei Berlin, wenn wir vom künftigen Europa sprechen.

Gehen wir an unser Problem noch von einer anderen Seite heran: von Skandinavien aus. Der »Mann auf der Straße« ist in allen fünf skandinavischen Staaten gleich frei; er kann ohne Paß reisen; genießt die Freizügigkeit der Arbeitnehmer wie der Rentner und der Unternehmer; ist Nutznießer der wenig lautstarken, aber wirksamen Zusammenarbeit der skandinavischen Staaten, die vom Schulbuch bis zur Agenda der Vereinten Nationen und zu einheitlichem Auftreten in Weltwirtschaftsfragen reicht. Für die Menschen dort ist Skandinavien ein Stück Vereintes Europa.

Für die Staaten, die Regierungen, die Politiker, die dies bewirken, sieht das anders aus. Diese fünf Staaten haben nämlich höchst unterschiedliche außenpolitische Grundpositionen. Weder sind sie alle Mitglied desselben Bündnisses noch des Europarates. Und ihre Einstellung zur Europäischen Wirtschaftsgemeinschaft ist differenziert. Es wird ein buntes Bild sichtbar.

Aber die Menschen leben in Freiheit und sozialer Sicherheit, wie sie es wollen. Geschieht dies, so ist zu fragen, ob wohl die außenpolitischen Positionen von Neutralität bis NATO-Mitgliedschaft reichen? Oder geschieht dies, weil das eine Land so und das andere Land anders eine grundsätzliche Entscheidung getroffen hat?

Die ausgewogene Stabilität Skandinaviens beruht auf einem System von Wechselbezogenheiten und Rücksichten, das zu betrachten sich lohnt.

Da ist Finnland. Es hat noch 1940 im Kriege mit seinem großen Nachbarn, der Sowjetunion, gestanden. Heute ist Finnland neutral, hat einen Freundschafts- und Beistandspakt mit der Sowjetunion. Der Besucher gewinnt den Eindruck einer maßvoll unabhängigen, neutralen Position der finnischen Politik und eines heute von fundamentalem Mißtrauen freien Verhältnisses zwischen beiden Ländern. Wer hätte das 1945 gedacht? Hatte nicht die Mehrzahl westlicher Beobachter erwartet, Finnland werde zwar nicht das Schicksal Litauens, Lettlands und Estlands teilen, aber doch de facto eine Sowjetrepublik werden? Das ist nicht eingetreten. Mit viel Geduld haben die Finnen ihre Position bezogen und beibehalten, eine vernünftige Position der Rücksicht, die im Interesse Finnlands wie aller Europäer liegt.

Finnland ist ein freies Land. Die Demokratie ist lebendig. Man müsse frei in Anführungsstriche setzen, meinen einige? Nein. Die Kriterien eines freien Landes sind für mich die Menschenrechte. Und für die auswärtige Politik sind jedem Land objektive Grenzen gesetzt – auch den großen Mächten.

Schweden hat seit sehr langer Zeit eine neutrale Position aus eigenem Entschluß und aus eigener Kraft. Dänemark, Island und Norwegen sind Mitglieder der NATO. Die außenpolitischen Grundpositionen der einzelnen skandinavischen Länder sind also sehr unterschiedlich. Das hindert aber weder die Zusammenarbeit in allen Fragen, welche für die Menschen im Alltag wichtig sind, noch die Rücksicht des einen auf den anderen.

Finnlands Neutralität wäre sicher – zumindest im Ausmaß seiner Unabhängigkeit und inneren Freiheit – von anderer Art, wenn nicht Schweden, der andere Nachbar Finnlands, seit langem freiwillig und aus eigener Kraft neutral wäre. Und Schweden wiederum hat in Norwegen und Dänemark zwei Nachbarn, die Mitglieder der NATO und alte Freunde Großbritanniens sind.

Andererseits: Da Norwegen und Dänemark innerhalb der NATO zu den Behutsameren gehören, zu denen, welche die Fronten möglichst nie ver-

schärfen wollen, ist es für die Sowjetunion erträglicher, diese Lage im Norden Europas andauern zu lassen.
Es lohnt sich also, die skandinavische Situation zu erfassen. Sie ist nicht direkt auf Mitteleuropa übertragbar. Aber es gibt dort Erscheinungen und Denkansätze, bei deren Studium die eigenen Möglichkeiten deutlicher werden. In Skandinavien jedenfalls ist es möglich, eine Lage durch Balance und Rücksicht zu stabilisieren, in der die Haltung des einen Landes die des anderen ermöglicht und bedingt, um so für die Menschen – und darauf kommt es an – Freiheit zu erwirken.
Die skandinavische Stabilität hängt ihrerseits ab von der wirksamen Existenz der NATO insgesamt und von dem für Skandinavien unbehinderten Zugang zum Markt Mittel- und Westeuropas.
Weil also auch die Position Westeuropas und Deutschlands eine Mitursache der skandinavischen Lage ist, sollte man dort auch an Probleme anderer, z. B. an Österreich denken. Wenn Schweden mit seiner Neutralität ein konstruktives Verhältnis zur EWG will und vollzieht, wird das die Haltung der Sowjetunion zu ähnlichen Wünschen der Finnen wie der Österreicher beeinflussen.
Wer von ganz Europa spricht, wer eine europäische Friedensordnung will, der muß das heute Mögliche tun. Und das heißt: den Gemeinsamen Markt ausbauen; den Neutralen Wege öffnen und nach Osten offen und bereit zur Zusammenarbeit sein.

Zusammenarbeit statt Rivalität

Am 8. Mai 1945 kapitulierte Deutschland. Die Rote Armee der Sowjetunion stand im Herzen Europas wie die Armee der USA.
Die Vereinigten Staaten von Amerika wurden für den freien Teil Europas die mitbestimmende Macht. Ohne ihre Hilfe, ohne ihre fortdauernde Präsenz und ohne ihre glaubhafte Entschlossenheit zur Mit-Verteidigung des freien Europa wäre wohl heute ganz Europa im Einflußbereich Moskaus.
Konrad Adenauer erklärte am 7. März 1950: »Eine Union zwischen Frankreich und Deutschland würde einem schwerkranken Europa neues Leben und einen kraftvollen Auftrieb geben... Ich glaube, dies ist die einzige Möglichkeit, die Einheit Europas zu erreichen. Hiermit würde der Rivalitätsgedanke zwischen den beiden Ländern verschwinden.« Voraussetzung dieser Union sei, daß auch Großbritannien, Italien, Belgien, Luxemburg und den Niederlanden die Teilnahme offen stehe.
Am 9. Mai 1950 gab Robert Schuman – nach Vorarbeiten von Jean Monnet – für Frankreich eine historische Erklärung ab. Er schlug vor, »in den

Beziehungen zwischen den europäischen Nationen an die Stelle des Vormachtstrebens die Gestaltung ihrer Einheit zu setzen und auf diese Weise Frankreich und Deutschland zu versöhnen«. Diese Aussage enthält ein Ziel, ein Prinzip und eine Methode, die aus meiner Sicht gültig bleiben.
Erfolg und Mißerfolg der auf Vereinigung Europas gerichteten Politik sind bekannt.
Der angestiegene Lebensstandard im freien Teil Europas, der freie Austausch von Arbeitskräften, Meinungen und Waren, die milder gewordenen Höhen und Tiefen der nationalen Konjunkturverläufe, die wirtschaftliche Verflechtung über Staatsgrenzen hinweg – dies alles und vieles mehr ist auch Folge der Politik der europäischen Vereinigung.
Durch Mitarbeit des freien Teiles Deutschlands wuchs das freie Europa zusammen. Die Aussöhnung zwischen Deutschland und Frankreich gelang wie die mit den anderen Nachbarn in West, Nord und Süd.
Nach Osten ist dies nicht gelungen, obwohl es an Versuchen und gutem Willen nicht gefehlt hat und auch nicht fehlt.
Zum zwanzigsten Jahrestag des Ausbruchs des Zweiten Weltkrieges, am 1. September 1959, erklärte Bundeskanzler Adenauer: »Die Aufgabe aller Menschen, gleich welchen Glaubens, gleich welcher Farbe, gleich welcher politischen Auffassung, muß sein, den Zustand der Friedlosigkeit und der bewaffneten Angst zu beenden, den gesicherten Frieden in die von Angst erfüllte Welt zurückzuführen, damit sich alle Völker dem wahren inneren und äußeren Fortschritt widmen können.« Dann richtete er ein besonderes Wort an das polnische Volk, ein Wort, das es verdient, hier in Erinnerung gerufen zu werden: »Weit länger als ein Jahrhundert hat dieses sympathische Volk, ohne daß es irgendeine Schuld traf, unter den politischen und kriegerischen Auseinandersetzungen in Europa gelitten; dreimal wurde es zerrissen und geteilt, und vor zwanzig Jahren wurde es das Opfer dieses letzten Krieges, als Hitlerdeutschland und die Sowjetunion in das Land einfielen und es grausam zerstörten. Das heutige Deutschland ist ein anderes Deutschland als jenes unter Hitler. Darum sage ich aus innerer Überzeugung, daß dieses Deutschland, das neue Deutschand, einmal ein guter Nachbar Polens sein wird. Unser Bestreben wird es sein, Verständnis, Achtung und Sympathie zwischen dem heutigen Deutschland und dem polnischen Volk zu begründen, damit auf diesem Boden dereinst eine wahre Freundschaft erwachse.«
Adenauer blieb – anders als bei seiner Bemühung um Frankreich – ohne Antwort der angesprochenen polnischen Regierung, wenn auch nicht ohne Antwort aus vielen Gruppen des polnischen Volkes. Die propagandistische Anstrengung des offiziellen Polen auf Grund dieser Erklärung kann nicht als Antwort bezeichnet werden.
Nachdem das westliche Europa Gestalt gewinnt und wir dort Freund-

schaften begründen konnten, sollte es nun das Ziel aller Verantwortlichen sein, ähnliches im Osten zu erreichen. Hierbei darf nichts von dem wieder zerstört werden, was nach Westen an Zusammenarbeit und Vertrauen gewachsen ist.

Welche Methode lag der Politik der europäischen Vereinigung zugrunde? Es ist wichtig, das herauszuarbeiten und festzuhalten, schon, um zu prüfen, ob diese Ansätze weiterhin generell nützlich sind.
Der prinzipiellen These sind wir in der Erklärung Robert Schumans begegnet: »In den Beziehungen zwischen den europäischen Nationen an die Stelle des Vormachtstrebens die Gestaltung ihrer Einheit zu setzen.« Die sechs Länder begannen, indem sie zunächst ihre Kohle- und Stahlindustrie, dann alle Sektoren der Wirtschaft, einschließlich der zu friedlichen Zwecken verwendeten Atomenergie, in eine Gemeinschaft einbrachten. Man schuf europäisches Recht, Vorschriften, die für alle gleich sind; man setzte gemeinsame Institutionen ein, denen die Einzelstaaten Befugnisse übertrugen; so kam es zum ständigen Dialog zwischen den gemeinsamen europäischen Institutionen und den Mitgliedsländern wie auch zu Entscheidungen, welche für alle Beteiligten bindend sind.
Prinzip wie Methode, das Ziel zu erreichen, haben sich glänzend bewährt. Die Ausdehnung der europäischen Gemeinschaft auf andere Bereiche kann nach diesem Beispiel ebenso erfolgen wie die Erweiterung der Gemeinschaft um neue Mitglieder.
Wer an das ganze Europa denkt, wird kaum ein besseres Grundprinzip finden als das der gleichberechtigten Zusammenarbeit in gemeinsamen Institutionen mit für alle geltenden Normen. Hegemonie, Vorherrschaft, Vormachtstreben einerseits und europäische Vereinigung andererseits sind unvereinbar.
Wir Europäer enthalten uns den Rang, der uns zukommt, durch mangelnde Einigung selbst vor. Die Depression mancher Auswärtiger Ämter in Europa ist erklärlich. Für jedes Land allein sind die Möglichkeiten zu eng geworden. Wir müssen auf dem Wege zur Vereinigung Europas weitere Fortschritte machen. Prinzip und die Methode der EWG haben sich bewährt. Die Zusammenlegung der europäischen Exekutiven, die Beitritts- und Assoziierungsanträge vieler europäischer Staaten und die allgemeine Erkenntnis, daß nun die technologische Zusammenarbeit wesentlich energischer vorangetrieben werden müsse – alles dies zeigt, daß wir auf dem rechten Wege sind.
Wir sollten dieses Europa auf dem begonnenen Wege und, möglichst, mit der bewährten Methode vereinigen. Aber unsere Kraft sollte sich nicht in der Diskussion der Methden und immer neuer Projekte verbrauchen. Wir dürfen den Vorwurf des europäischen Pragmatismus nicht scheuen

– solange an die Stelle der Rivalität die Zusammenarbeit, an die der Hegemonie die Gestaltung der Einheit tritt.

Es kann – im ganzen Europa – durchaus verschiedene Grade der Integration, sich nicht deckende Kreise der Kooperation und unterschiedliche Formen des Miteinanders geben, wie auch abgestufte Zahlen der Mitgliedschaften einzelner Staaten in europäischen Gremien. Hier gibt Skandinavien ein Beispiel. Kurzum: Wir müssen mehr darauf achten, daß wir weitere Fakten der Gemeinsamkeit schaffen, als darauf, daß alle Überschriften systemgerecht stimmen. Vieles erst wachsen lassen, wie es will, und erst dann ordnen, ist zwar nicht die beste, aber auch eine brauchbare Methode.

Wenige Europäer glauben heute noch daran, aus der EWG müsse sich zwangsläufig eine politische Gemeinschaft mit europäischer Außen- und Verteidigungspolitik entwickeln. Ich stimme denen zu, die den Automatismus verneinen und deshalb einen neuen politischen Willensakt zugunsten der politischen Union der Europäer fordern. Am besten verfolgt man auch dieses Ziel mit der bewährten Methode der Montan-Union, der EWG und Euratom. Sollte das so nicht realisierbar sein, so könnte ich mir auch eine neue, politische Einrichtung denken. Dieser Weg würde zudem Neutralen den Zutritt zum Gemeinsamen Markt leichter machen.

Noch haben wir Europäer ein zu kurzes Stück von der gemeinsamen Wegstrecke zurückgelegt: Da nicht einmal das freie Europa seine Stimme artikuliert, spielt es weltpolitisch kaum eine Rolle. Das gilt erst recht für die einzelnen Staaten Europas. Spräche Europa, wenigstens sein freier Teil, mit einer Stimme, so wäre das anders – nach Westen wie nach Osten. In der »Kennedy-Runde« traten die sechs Mitglieder der EWG einheitlich auf. Die europäische Gemeinschaft sprach in diesen politischen Wirtschaftsfragen mit einer Stimme. Und das Ergebnis? Niemand bestreitet, daß es ein Erfolg war, für Europa und für die einzelnen europäischen Staaten.

Was ist aus Großbritanniens Einfluß »östlich von Suez« geworden? Was aus Frankreichs Bemühen um die Sowjetunion und Polen? Was aus unseren Ansätzen zur atlantischen Partnerschaft? Wie steht es mit dem Erfolg unserer Ostpolitik?

Allein hat kein Land Europas Erfolgschancen.

Das wird so bleiben, wenn der Prozeß der europäischen Vereinigung nicht zügig voranschreitet. Schon hat die europäische Kommission den Mitgliedstaaten ein alarmierendes Dokument zugeleitet: »Europa ist im Bereich der Forschung und Entwicklung insgesamt im Rückstand. Zahlreiche Anzeichen lassen darauf schließen, daß sich der Abstand vor allem gegenüber Amerika mit der Zeit vergrößert; heute kann er noch aufgeholt werden, droht jedoch, falls nicht rechtzeitig eine Lösung gefunden wird, zu einer dauernden Unterlegenheit zu führen.«

Obwohl Zahlenvergleiche problematisch sind, werfen sie doch ein Schlaglicht: Im Jahre 1962 waren in den USA 435 000, in Großbritannien, Frankreich, Holland, Belgien und der Bundesrepublik Deutschland zusammen nur 147 000 Menschen im Bereich der Forschung und Entwicklung tätig. Die hierfür aufgewendeten Mittel betrugen in den USA 17,5 und hier 4,36 Milliarden Dollar. Geht man von der Zahl der 200 größten Industrieunternehmen der Welt aus, so ergibt sich, daß davon 18 auf die Bundesrepublik Deutschland, nur 40 auf die EWG insgesamt und 118 auf die USA entfallen. Der Umsatz des größten deutschen Unternehmens entspricht dem Reingewinn von General Motors.

Wo bleiben wir Europäer, wenn das nicht anders wird? Wo sind wir in der Raumfahrt, wo in der Elektronik?

Wir müssen Europas freien Teil auf allen Gebieten enger zusammenschließen. Am 8. September 1966 hat die Bundestags-Fraktion der CDU/CSU diesen Beschluß gefaßt:

»Die politische Einigung der Staaten des Gemeinsamen Marktes mit offener Tür für den Beitritt anderer Staaten zu gleichen Bedingungen ist die Voraussetzung für die Lösung der großen Lebensfragen des europäischen Kontinents und eine Vorbedingung für seine politische, wissenschaftliche, technische und wirtschaftliche Stellung in der Welt der Zukunft. Es gibt auch keine bessere europäische Sicherheitspolitik als die konsequente Arbeit für die Einheit Europas.«

Das sich vereinigende freie Europa muß deutlich machen, daß es eine gemeinsame Grund-Orientierung seiner Außenpolitik hat. Sie kann, wie ich meine, nur so aussehen: Dieses Europa sucht die gleichberechtigte Zusammenarbeit mit den USA. Zur Stunde gibt es nur die Phrase von der atlantischen Partnerschaft. Das kann aber Realität werden, wenn wir Europäer es wollen. Wenn Europa mit einer Stimme spricht, wird das von den USA akzeptiert.

Wie in der »Kennedy-Runde« könnte die EWG schon auf einigen Gebieten dieses ebenbürtige Gespräch mit den USA suchen und organisieren: Über Fragen des internationalen Währungssystems, der Zahlungsbilanzen, der wechselseitigen Investitionen, des technologischen Austausches, der Entwicklungshilfe, der Zivilisationsprobleme Wasser, Luft und Lärm, des Erfahrungsaustausches im sozialen Bereich.

Das sich vereinigende Europa sollte sein besonderes Augenmerk Lateinamerika und Afrika widmen.

Das vereinte freie Europa sollte den neutralen Staaten Europas – Schweden, Schweiz, Österreich, Finnland – die ökonomische Mitarbeit unter Berücksichtigung der Neutralität ermöglichen und ganz prinzipiell offen

sein für alle Europäer. Es sollte Möglichkeiten der Zusammenarbeit auch mit den Ländern Ost- und Mitteleuropas suchen und finden.
In dem Ausmaß des sichtbaren Fortschritts des vereinigten freien Europas werden die Länder Ost- und Mitteleuropas noch mehr ihre Blicke dorthin richten. Nichts macht in diesen Ländern größeren Eindruck als die Aussöhnung zwischen Deutschland und Frankreich, der Grad der freiwilligen Vereinigung in Westeuropa und die dadurch jedermann sichtbar erzielten Vorteile für die Menschen der freien Länder. Auch mancher europäische Kommunist wünscht sich das Prinzip der Zusammenarbeit statt der Hegemonie mit gleichen Normen für jeden, kontrolliert und geleitet von gemeinsamen Institutionen.
USA, Sowjetunion und Rotchina – das sind die Giganten der Welt von heute und morgen. Europa wird ein abhängiger, zurückbleibender, politisch unbedeutender Bezirk sein, wenn es sich nicht einigt, nicht seine Finanzkraft, seine Forschung, seine Unternehmungen zumindest koordiniert.
Nicht aus Ungestüm, sondern aus Einsicht, nicht wegen des »Kalten Krieges« oder wegen ideologischer Theorien sollten wir uns für die Einigung Europas engagieren, sondern im Hinblick auf alle unsere Erfahrungen wie auf unsere Erkenntnisse für die Zukunft.
Walter Hallstein hat recht, wenn er sagt: »Als ohnmächtiger Zuschauer verfolgen die Europäer, wie gewaltige Mächte kontinentalen Umfangs der Versuchung ausgesetzt sind, Himmel und Erde untereinander aufzuteilen. Vom Mittelpunkt der Weltpolitik ist Europa in ihre Peripherie gerückt. Sein früheres Übergewicht wird zum wissenschaftlich-technologischen Untergewicht. Provinzialismus und die Mattigkeit der Sättigung dominieren.«
Wir sehen nicht ohne Besorgnis, wie andere Länder, die mit uns im Welthandel konkurrieren, sich nicht nur im grenzüberschreitenden Verkehr, sondern auch durch Förderung ihrer produktiven Wirtschaft und ihrer Wissenschaft um günstigere nationale Startbedingungen im Wettbewerb rund um die Welt bemühen.
Wir sehen auch, wie Mächte mit einer entwickelten Raumfahrt und mit starker nuklearer Position Ergebnisse der aus Steuermitteln betriebenen militärischen Forschung ihren Industrien zur Verfügung stellen. Unsere deutsche Patent- und Lizenzbilanz ist negativ.
Wir müssen auch diese Fragen international ins Gespräch bringen. Wir nützen weder Europa noch uns selbst, wenn wir irgendwo und irgendwie über unsere Probleme liebenswürdig hinwegschweigen. Auch auf diese Fragen muß die Antwort europäisch sein.
Freilich haben wir bei alledem unsere Interessen zu wahren. Nur Geben und Nehmen sowie wechselseitige Rücksicht sind hier am Platze. Wer die

eigene Kraft nicht als Voraussetzung der Zusammenarbeit sieht und zunächst fördert, schadet sich und den anderen!
Wir müssen die Scheu vor kontinentalen und atlantischen Dimensionen überwinden. Wir brauchen mehr Unternehmen europäischer Größenordnung, gemeinsame Forschung und vermehrte Kooperation.
Wie die Dinge liegen, wird der europäische Fortschritt nicht von einem genialen Einfall oder von einer einzigen geschichtlichen Stunde abhängen. Durch viele kleine Schritte, durch viele – auch begrenzte – Gemeinsamkeiten, durch vielfache Methoden, Kompromisse und wechselseitige Rücksichten werden wir weiterkommen.
Allzuviel Kraft haben die Europäer im Streit um Methoden und Vokabeln verbraucht. Nicht durch Reden und Schlagzeilen wird Europa, sondern durch konkrete Schritte, welche uns in den Realitäten weiter zusammenführen.
Das heute Mögliche jetzt zu tun ist besser, als auf ein glückliches Morgen zu warten.
Es liegt an den Europäern, welchen Rang sie in der Welt einnehmen. In dem Ausmaß, in dem wir Europäer uns zusammenfinden – in vielen Formen und vielfältigen Gemeinschaften – beziehen wir den Platz, der uns zukommt. Tun wir das nicht, so enthalten wir selbst uns Rang und Einfluß in der Welt von heute und erst recht in der von morgen vor.

Europäische Friedensordnung

Europa ist geteilt wie unser Land. Wir, die das Glück haben, in Freiheit zu leben, sind auch in der Pflicht der Europäer, die in Unfreiheit zu leben gezwungen sind; denn »die Teilung Europas ist das Ergebnis eines fünfzigjährigen Bürgerkrieges auf dem Kontinent« (Brzezinski).
Indem wir unsere Freiheit auch zur europäischen Vereinigung nutzen, dienen wir allen Europäern – und damit auch der Hoffnung unserer Landsleute auf mehr Freiheit wie auf die Einheit unseres Landes und Europas.
Europa muß in seinem freien Teil mehr werden als ein Damm. Es soll nicht eine aus Angst zusammengekrochene Gemeinschaft sein, sondern eine überlegene, vitale, selbstbewußte Gemeinschaft, die friedlich einwirkt auf seinen unfreien Teil und nützlich ist für die Welt.
Es ist unser Wunsch, »das Verhältnis zu unseren östlichen Nachbarn auf allen Gebieten des wirtschaftlichen, kulturellen und politischen Lebens zu verbessern und, wo immer dies nach den Umständen möglich ist, auch diplomatische Beziehungen aufzunehmen.« So erklärte es Bundeskanzler Kiesinger am 1. Februar 1967 vor dem Deutschen Bundestag. Wir wissen,

daß die Aufnahme diplomatischer Beziehungen »noch nicht die Lösung bestehender Probleme beinhaltet, sondern bestenfalls geeignet ist, sie zu erleichtern und zu ermöglichen« (Heinrich von Brentano). Ebensowenig haben wir übersehen oder vergessen, daß am 4. August 1964 die Moskauer »Prawda« berichtete, in einer Comecon-Sitzung sei den Mitgliedsländern empfohlen worden, »sich der Hilfe der kapitalistischen Staaten bei der Weiterentwicklung der nationalen Wirtschaft zu bedienen«.
Eine lebendige freiheitliche Ordnung braucht weder einen Dialog, noch ein Geschäft, noch Propaganda anderer zu scheuen. Der wirtschaftliche wie der kulturelle Austausch zwischen den freien und den kommunistischen Ländern Europas kann und muß weiter gepflegt und gefördert werden.
Vieles spricht dafür, daß die kommunistisch regierten Länder ihren europäischen Handel lieber im eigenen Namen als über eine kollektive Organisation wie Comecon treiben wollen. Das ist eine für Europa wichtige Tendenz.
Was uns betrifft, so sollten wir bereit sein, unseren Handel auch mit diesen Ländern schrittweise zu liberalisieren, aber gegen jedes Dumping hart durchgreifen. In den Kredit- und Geschäftsbedingungen sollten wir hinter keinem anderen Land zurückstehen, aber bereit bleiben, auch in diesem Bereich die Zusammenarbeit des Westens durch Abreden, die alle einhalten, zu fördern.
Die kommunistisch regierten Länder haben einen großen Bedarf, aber wenig Devisen. Der Handel ist bisher mit jedem einzelnen Land auszugleichen. Die westlichen Kredite haben sowohl aus unserer wie aus der Sicht dieser Länder optimale Grenzen. So bleibt zu überlegen, wie und durch welche europäische Institutionen auch dieser Waren- und Zahlungsverkehr vom strikten Bilateralismus befreit werden könnte. Gelingt dies nicht, so werden die Kreditlinien bald erreicht, und eine Drosselung der Ausfuhren wird dann unvermeidlich sein. Die EWG und alle Länder Westeuropas täten gut daran, diese Probleme miteinander zu studieren und den kommunistisch regierten Ländern einen Vorschlag zu machen.
Ziel eines geeinten Westens muß es sein, den Schnitt durch Europa zu heilen. Unsere Aufgabe ist es, eine Wiederversöhnung mit dem Osten zu erreichen.
Wie Berlin nicht an der Mauer, so endet Europa nicht an der Elbe.
Wir Deutschen sehen ein, daß ein geordnetes Verhältnis zwischen Polen und Deutschland ein wichtiger, wesentlicher, unersetzbarer Schritt für eine künftige europäische Ordnung ist.
Bisher sind die Regierungen noch nicht recht ins Gespräch gekommen. Auch die kirchlichen Bemühungen um Ausgleich und Verständigung, um Gebet und Gespräch fanden bei den Verantwortlichen in Polen öffentlich

eine brüske und negative Antwort. Im polnischen Volk sieht das anders aus.
Wir suchen dieses Gespräch trotz solcher Erfahrungen immer wieder neu. Beide brauchen es: Polen und Deutsche. Die europäische Friedensordnung verlangt es. Wir werden diesen Dialog – so wie die Dinge jetzt in Polen liegen – leichter finden, wenn wir zum einen in Moskau unsere Absichten erklären und zum anderen unser Nichtabfinden mit der deutschen und der europäischen Spaltung glaubhaft deutlich machen.
Unsere amtliche Politik bemüht sich, Beziehungen mit allen europäischen Staaten aufzunehmen, mit allen Nachbarn Gewaltverzichtserklärungen auszutauschen und Voraussetzungen für die Entspannung in Europa und die Kooperation aller Europäer zu schaffen. Nur so können die Bedingungen für eine europäische Friedensordnung heranreifen. Und nur durch einen aktiven deutschen Beitrag können wir der Tendenz entgegenwirken, die deutsche Frage auszuklammern und um unsere nationalen Probleme herum einen europäischen Ausgleich zu suchen!
Wir müssen die Bedingungen und Gegebenheiten in Europa verändern, damit die deutsche Frage leichter lösbar wird. Dazu benötigen wir, dazu braucht Europa dichtere Zusammenarbeit, gute bilaterale Beziehungen, vermehrten Wirtschaftsaustausch, kulturelle Begegnungen und auch gleichgewichtige Abrüstungsmaßnahmen.
Alles das wird wirken; zwar regieren Kommunisten in diesen Ländern, aber der Sowjetunion ist es nicht gelungen, »ein stabiles kommunistisches Reich in Osteuropa zu errichten« (Brzezinski). Andererseits ist die wirtschaftliche Verkettung dieser Länder mit der Sowjetunion sehr handfest.

Aus in Moskau vorherrschender Sicht stört die europäisch gedachte und angelegte deutsche Ostpolitik. Sie wird dort als »desintegrierend« empfunden und auch so bezeichnet. Unser Bemühen um diplomatische Beziehungen zu allen Ländern Ost- und Mitteleuropas, um menschliche Erleichterungen in der sowjetisch-besetzten Zone Deutschlands, um Verbesserungen im Verhältnis zu Moskau – alles dies sei geeignet, die Gewichte zu verändern, den Status quo in Bewegung zu bringen und sei eben deshalb im Grunde gegen Moskau gerichtet.
Nicht dieser Argumentation, sondern unserer deutschen Interessen wegen haben wir uns zu fragen, ob es wirklich richtig ist, alles zugleich zu versuchen: Besseres Klima mit der Sowjetunion, diplomatische Beziehungen mit den Ländern Ost- und Mitteleuropas, Dialog mit Pankow.
Hier ist es leicht, eine Theorie, aber schwer, eine Politik zu entwickeln. Die Theorie hätte, allem voran, Moskau als einen Platz Europas in den Mittelpunkt zu stellen.
Nun ist es aber so, daß sich unsere europäischen Nachbarn in allen Him-

melsrichtungen für die Deutschland als Ganzes angehenden Fragen leidenschaftlich interessieren. Unser Interesse, überall in der Welt vollgültig vertreten zu sein, um ein wahres Bild Deutschlands vermitteln und unsere Position als eine der größten Wirtschafts- und Handelsmächte der Welt fördern zu können, kann und darf nicht haltmachen vor europäischen Hauptstädten. Unsere politische Landkarte sollte prinzipiell frei sein von weißen Flecken. Wir können nicht über längere Zeit an wichtigen Plätzen Ulbricht allein das Feld überlassen.

So ist in der Praxis – anders als in der Theorie – eine saubere Trennungslinie – »erst Moskau, dann die anderen« – kaum zu ziehen.

Ähnlich verhält es sich mit Pankow: Nicht nur im Interesse des ganzen Deutschland und unserer Landsleute in der »DDR«, nicht nur wegen der Erosionsgefahr unserer gesamtdeutschen Positionen, auch im Hinblick auf die öffentliche Meinung der Welt müssen wir immer wieder die Pankower bedrängen. Eigentlich sollte man das in Moskau verstehen: Die Sowjets lassen uns doch deutlich wissen, daß sie als Preis für ein besseres Verhältnis zwischen Moskau und Bonn erwarten: Anerkennung der SBZ als »DDR« wie der Oder-Neiße-Linie, Verzicht auf Atomwaffen sowie Wiederzulassung der KPD in der Bundesrepublik Deutschland. Man weiß in Moskau, daß wir die SBZ nicht als »DDR« anerkennen können und werden. Aber ein Dialog mit den Verantwortlichen in der »DDR« z. B. über Fragen menschlicher Erleichterungen, ist doch wohl auch für Einsichtige in Moskau mehr als nichts.

Es wäre gut, sowohl unsere öffentlichen Erklärungen, die mit den hier behandelten Problemen zu tun haben, von Spitzen gegen die Sowjetunion frei zu halten, als auch in Moskau unsere Absichten und Vorhaben einschließlich der Motive zu erläutern. Wenn unser Wunsch, eine europäische Friedensordnung zu erreichen, wie unsere Aussage, Moskau sei ein Platz Europas, mehr meint als schöne Worte, müssen wir solche Gespräche mit der Sowjetunion suchen. Natürlich wollen wir dies nicht hinter dem Rücken unserer westlichen Freunde tun.

Immer noch wird die Frage gestellt, ob nicht etwa die Beteiligung der Bundesrepublik Deutschland an der Vereinigung der freien Völker die Lösung der deutschen Frage erschwere. Ich habe diese Frage, seit sie in Deutschland gestellt wurde, verneint. Indem wir uns europäisch engagieren und binden, unsere Teilung als Bestandteil der europäischen Spaltung begreifen, die europäische Solidarität stärken und unsere Sicherheit nur durch übernationale Vorkehrungen suchen, ermöglichen wir unseren sozialen und wirtschaftlichen Fortschritt und erleichtern anderen das Ja zur Einheit der Deutschen. Mein sozial-demokratischer Kollege Hans Apel hat unlängst diese Frage zutreffend so beantwortet: »Der nationale

Weg zur Wiedervereinigung ist – wenn überhaupt vorhanden – ein Irrweg, der mit jedem Schritt weiter von dem angestrebten Ziel wegführt, indem er den Widerstand aller europäischen Nachbarn auf den Plan rufen würde. Die Festigung des westeuropäischen Zusammenhangs ist dagegen nicht nur für das ökonomische Wohlergehen unseres Landes in der Zukunft wesentliche Voraussetzung; sie schafft auch das Mindestmaß an Solidarität unter den europäischen Völkern, das für Gespräche mit den Führern des sozialistischen Lagers über die Zukunft unseres Kontinents notwendig ist. Außerdem ist eine Zusammenfügung der beiden deutschen Teilstaaten nicht denkbar, solange nicht wesentliche politische und militärische Veränderungen eingetreten sind. Seit kurzer Zeit werden dazu die ersten tastenden Versuche unternommen. Sie gelten primär nicht der Wiederherstellung der staatlichen Einheit Deutschlands, sondern der Überwindung der europäischen Spaltung.«

Europa ist gespalten. Wir Deutschen spüren das besonders. Aus der Sicht der Welt ist Europa ein Gefahrenherd – ein Kontinent, der für politische Spannung Kräfte verzehrt, welche die Menschheit dringend für Werke des Friedens benötigt. Und doch ist Europa reif für eine Friedensordnung, welche an die Stelle der Rivalität die Zusammenarbeit und an die der Hegemonie die Gestaltung seiner Einheit setzt. Die Völker Europas wollen das. Die Jugend Europas empfindet mehr Gemeinsames als Trennendes.
Viele machen sich Gedanken, wie eine europäische Friedensordnung konkret aussehen könnte. Die Politik vieler europäischer Regierungen ist darauf gerichtet, das Klima und die Bedingungen für eine Friedensordnung schrittweise herbeizuführen. Die deutsche Politik trägt dazu bei. Verzicht aller Europäer auf Gewalt ist aus meiner Sicht der erste Schritt zu dieser europäischen Ordnung.
Bevor wir den Schlüssel zu dieser Friedensordnung – die deutsche Frage – behandeln, wollen wir zwei wichtige Beiträge zu diesen Problemen aus Paris und aus Washington betrachten.
Das Centre d'Etudes de Politique Étrangère in Paris ist zwar eine nichtamtliche, zugleich aber eine den französischen Ämtern nicht fern stehende Institution. Anfang 1968 hat das Centre eine Studie unter dem Titel »Sicherheitsmodelle für Europa« veröffentlicht. Dieses »Sandkastenspiel« zur Lösung europäischer Fragen geht aus von zwei Gedanken, welche auch General de Gaulle geäußert hat. Bei seiner Reise durch Polen sprach der französische Staatspräsident von »Mitteleuropa« und beim Besuch in Bonn von »Détente – Entente – Coopération«. Beide Aussagen sind die Leitlinien dieser Studie, die sonst wohl nicht viel mit den Absichten und Vorstellungen der amtlichen französischen Politik gemein hat. Was ist ihr wesentlicher Inhalt?

Eine Neuordnung Europas, die den Erfordernissen der Stabilität, des Gleichgewichts und der Sicherheit gerecht zu werden vermöge, sei nur auf lange Sicht denkbar. In dieser »Perspektive« seien drei »Modelle« denkbar:

Das erste Modell wird »Die Entspannung« genannt. Beim Modell der Entspannung dauere die gegenwärtige Situation fort, das heißt, die beiden Bündnissysteme in ihrem Integrationscharakter und der Stationierung der Streitkräfte bleiben bestehen. Die Studie untersucht die Vor- und Nachteile dieses »Modells«. Sie stellt fest, daß diese Lage »ganz unbestreitbar eine Reihe von Vorteilen hinsichtlich der Stabilität, des Gleichgewichts und der Sicherheit« böte. Nachdem das im einzelnen ausgeführt – und unter anderem gefordert ist, die NATO zu einem Instrument der Entspannungspolitik umzuwandeln – kommt der Satz: »In vielfacher Hinsicht entspricht dieses erste Modell eines recht geschmeidigen und pragmatischen atlantischen Gesamtrahmens den Anliegen und Bestrebungen der meisten Mitgliedsländer. Diese Staaten könnten sich um so eher einer derartigen Enwicklung anschließen, als sie von ihnen keine großen Opfer und keine kühnen Initiativen fordert und durchaus auf der Gesamtlinie der amerikanischen Politik liegt.«

Die Nachteile dieses »Modells« seien, daß so eine Annäherung der Völker in Ost- und Westeuropa nicht zu erreichen, die Anerkennung der »DDR« auf die Dauer impliziert und so das Berlinproblem unlösbar sei.

Beim zweiten »Modell« – genannt »Das Einvernehmen« – bleiben beide Bündnissysteme, NATO und Warschauer Pakt, bestehen, treffen aber Abmachungen miteinander über Art und Umfang der Streitkräfte, über Gewaltverzicht und über Kontrollen. »Nach der Schaffung von Kontroll- und Überprüfungsverfahren und der Einsetzung wirksamer Beobachtergruppen, die mit den integrierten Stäben bei der Erfüllung ihrer spezifischen Aufgaben zusammenarbeiten, bilden die Vertreter der beiden Paktsysteme eine Ständige Konferenz, welche die Oberaufsicht über die Durchführung der beschlossenen Maßnahmen übernimmt. Sitz dieser Konferenz könnte Berlin sein (mit wechselnden Sitzungen in West- und Ostberlin). Die Konferenz erstattet den jeweiligen Bündnisorganen regelmäßig Bericht. – Um wirksam zu sein und die unumgänglichen Garantien geben zu können, muß sich ein Rüstungskontrollsystem über das deutsche Gebiet hinaus auf die Nachbarstaaten erstrecken, das heißt also einerseits auf die Beneluxländer und andererseits auf Polen, die Tschechoslowakei und eventuell Ungarn, also auf den Raum, in dem sich ausländische Streitkräfte befinden. – Infolge der äußerst starken Verzahnung der amerikanischen und sowjetischen Verbände in der jeweiligen Bündnisstruktur wird man auf die Mitwirkung der beiden Weltmächte an den Rüstungskontrollmaßnahmen nicht verzichten können. Einschneidende organisatorische Veränderungen werden sich dann in beiden Paktsystemen (einschließlich der zweiseitigen Beistandspakte im Osten) als unumgänglich erweisen. Amerikanische und sowjetische Truppen könnten als Garantie für die Durchführung der Abrüstungsmaßnahmen in der Kontrollzone verbleiben.«

Für dieses Modell komme es ganz entscheidend auf die Entwicklung in Deutschland an: »Statt eine diplomatische Position nach der anderen aufzugeben, ohne auf dem Weg zur Wiedervereinigung voranzukommen, sollten die Verantwortlichen in der Bundesrepublik ihre neue Politik präzisieren: sie sollten die Verpflichtung übernehmen, bei einer Gesamtregelung (oder Friedenskonferenz) keine Forderungen mehr auf die Gebiete jenseits der Oder-Neiße-Linie zu stellen, wenn als Gegenleistung die Oststaaten sich verpflichten, der Wiedervereinigung der beiden Teile Deutschlands in einer Konföderation zuzustimmen. Die östlichen Länder und insbesondere Polen sollten sich nicht, wie sie dies noch in der Warschauer Erklärung getan haben, auf die Anerkennung sowohl des politischen wie des territorialen Status quo versteifen, sondern den Deutschen das Recht auf den Zusammenschluß zugestehen.«

Das dritte »Modell« – »Die Zusammenarbeit« überschrieben – sieht vor, daß die beiden Militärbündnisse sich auflösen und durch ein »paneuropäisches Sicherheitssystem« ersetzt werden. »Aufbauend auf dem Berliner Kontroll- und Überwachungsrat, würde dieses System die Mitglieder der mitteleuropäischen Rüstungskontrollzone umfassen. Es ist das erklärte Ziel dieses Sicherheitssystems, einen Rahmen für die deutsche Einheit abzugeben. Wenn man von dem Gedanken ausgeht, daß ohne Fortschritte in der deutschen Frage weder eine echte Entspannung noch eine Stabilisierung in Europa zu erreichen ist, so darf andererseits dieses neue Deutschland weder zu einem Vakuum werden, das fremde Kräfte anzieht, noch zu einem Machtzentrum, welches das europäische Gleichgewicht erschüttern müßte. Diese Imperative machen eine solide Struktur erforderlich, in die Deutschland eingebettet ist (ähnlich wie die beiden Teile Deutschlands heute in ihren Bündnissen gebunden sind). Die Nachbarn Deutschlands müssen echte Garantien in dieser Hinsicht erhalten, gleichzeitig gilt es aber, mehr als 20 Jahre nach Kriegsende, jede Diskriminierung Deutschlands zu vermeiden. Eine nur auf Deutschland bezogene Lösung ist deshalb nicht denkbar; in einem größeren Rahmen müssen alle Mitgliedsländer die gleichen Verpflichtungen übernehmen und die gleichen Rechte haben.«

Und wie soll dieses Deutschland aussehen? Die Studie sagt: »Es gilt aber klarzustellen, was hier unter »Wiedervereinigung« zu verstehen ist. Es kann natürlich nicht in Frage kommen, die beiden Hälften einfach miteinander zu verschmelzen (durch gesamtdeutsche Wahlen, aus denen eine Zentralregierung hervorgehen würde). Angesichts der sehr unterschiedlichen politischen, wirtschaftlichen und sozialen Entwicklung beider Regime und auch der – heute weniger als vor sechs Jahren zur Zeit des Baus der Berliner Mauer begründet erscheinenden – Befürchtung, die »DDR« könnte von der größeren und reicheren Bundesrepublik »geschluckt« werden, ist es notwendig, einen Oberbau für die beiden Teilstaaten zu schaffen, die voneinander unterschieden werden müssen. Wir kennen das historische Beispiel des Deutschen Bundes, der auf dem Wiener Kongreß 1815 geschaffen wurde, 50 Jahre lang die innere Stabilität und das europäische Gleichgewicht gewährleistet hat und erst durch die Machtpolitik Bismarcks zerbrochen wurde. Dank eines abgewogenen Kräfteverhältnisses und des Einvernehmens der damaligen »Supermächte« (Österreich und Preußen) gewährleistete dieser Bund das Nebeneinander sehr ungleicher Staaten. – Ein neuer Deutscher Bund mag deshalb die beste und erfolgversprechendste Lösung sein. Eine vorbereitende Konferenz der vier Mächte und der anderen direkt interessierten Staaten könnte die völkerrechtlichen und außenpolitischen Grundlagen schaffen; gleichzeitig hätten die Behörden von Bonn und Ostberlin über die praktische Durchführung dieses Planes zu verhandeln.«

Offenkundig sind diese drei »Modelle« nicht alternativ gemeint, sondern als Stufen eines Planes.
Es ist erfreulich, daß man sich in Paris Gedanken über eine europäische Lösung der deutschen Frage macht. Auch treten diese Vorschläge den in der internationalen Politik vorhandenen Tendenzen entgegen, eine europäische Ordnung über unsere Köpfe hinweg zustandezubringen. Ich begrüße auch, daß völlig klar gesehen wird: Eine europäische Ordnung ist ohne Lösung der deutschen Frage nicht möglich.
Gleichwohl halte ich diesen Plan für abwegig. Die Vorschläge sehen keine Wiedervereinigung vor, sondern eine Konföderation unter Kontrolle. Sie vervielfachen die Teilung Europas, sprengen die EWG, stellen den deutsch-französischen Vertrag in Frage und leben nicht aus dem Geist der Verträge, die wir mit unseren Verbündeten haben. Artikel 7 Absatz 2 des Vertrages über die Beziehungen zwischen der Bundesrepublik und den drei Mächten vom 26. Mai 1952 bestimmt als »gemeinsames Ziel«: »Ein wiedervereintes Deutschland, das eine freiheitlich-demokratische Verfassung, ähnlich wie die Bundesrepublik, besitzt und das in die europäische Gemeinschaft integriert ist.«
Die Vorschläge sind diskriminierend und europäisch zu eng. Was soll mit Skandinavien, mit Österreich, mit der Schweiz werden? Glaubt man, daß die Holländer und Belgier so etwas mitmachen? Die Neutralisierung allein Mitteleuropas löst die europäischen Probleme nicht. In dieser schma-

len europäischen Pufferzone aus zur Zweitklassigkeit Degradierten wäre Spannung nicht nur von außen, sondern auch von innen virulent: Durch die institutionalisierte Rivalität zweier deutscher Staaten mit fundamental verschiedenen Gesellschaftsordnungen und durch prinzipiell unterschiedliche politische Ordnungen der Mitgliedsländer. Professor Theodor Eschenburg hat in seiner Schrift »Die deutsche Frage« (1959) meines Erachtens völlig zu Recht festgehalten:

»Eine Koexistenz gegensätzlicher Verfassungs- und Gesellschaftsordnungen in einem Staat ist nicht möglich. Die meisten bundesstaatlichen Verfassungen schreiben ihren Gliedstaaten für deren Verfassungen die Einhaltung bestimmter Prinzipien vor. Ebenso sind den zentralen Organen im föderalistischen Staat gesetzgeberische Maßnahmen von gesellschaftspolitischer Bedeutung vorbehalten. Der von kommunistischer, aber sogar auch von nichtkommunistischer Seite gemachte Hinweis, daß auch im Bismarckschen Bundesstaat Monarchien und Republiken (Stadtstaaten) nebeneinander friedlich existiert hätten, ohne auch nur im geringsten die Staatseinheit gestört zu haben, ist an sich richtig, aber als Vergleich unbrauchbar. Die Gesellschaftsstrukturen der deutschen Bundesstaaten im Kaiserreich waren einander sehr ähnlich und die Verfassungen sowohl der Monarchien als auch der republikanischen Stadtstaaten so konstruiert, daß sie diese Gesellschaftsstrukturen weitgehend konservierten. – Auch das andere Argument ist falsch, daß man nämlich zur Zeit des Augsburger Religionsfriedens ein Zusammenleben von Protestanten und Katholiken sich nicht hätte vorstellen können, und doch hätten später Angehörige beider Konfessionen in vielen Staaten zusammengelebt, ohne daß dadurch die Staatseinheit wesentlich gelitten hätte. Eine getrennte Religionsausübung innerhalb eines Staates ist möglich, unmöglich ist aber, daß die Willensbildung, der Wirtschaftsprozeß, ja die gesamte Regelung des privaten und öffentlichen Lebens nach diametral entgegengesetzten Verfahren und Prinzipien, die einander ausschließen, erfolgen. Allein die Gerichtsurteile in der DDR und der Bundesrepublik zeigen, daß ein Nebeneinander nicht möglich ist.«

Auch steht zu befürchten, daß solche Überlegungen zum Abzug der US-Truppen aus Europa führen könnten, während die Rote Armee vor der Türe stehen bleibt.

Nein: Das ganze Europa muß zusammenwachsen, Frankreich und Großbritannien und Deutschland und Italien und Holland und Polen und alle europäischen Länder müssen gleichberechtigt europäisch zusammenwirken.

Professor Zbigniew Brzezinski berät immer wieder das Washingtoner State Department. Er hat sich im Januar 1968 – kurz nach seinem Ausscheiden aus dem Planungsstab des Außenministeriums der USA – in der Zeitschrift »Foreign Affairs« zur künftigen europäischen Entwicklung geäußert. Darin entwickelt er weniger ein »Modell« als Erwartungen bis in die achtziger Jahre unseres Jahrhunderts.

Brzezinski erwartet, daß die Aufweichung der Fronten des »Kalten Krieges« in Europa andauert und erhofft ein Auseinanderrücken der beiden Machtblöcke. Er verwirft sowohl die sowjetischen wie die französischen Vorstellungen einer europäischen Friedensordnung. Die sowjetischen seien unannehmbar, weil sie ohne Konzessionen an den Westen und auf Legitimierung des Status quo gerichtet seien. Am Pariser Konzept des »europäischen Europa« bemängelt er die Tendenz, die USA aus Europa zu verdrängen, und befürchtet, daß Europa so der Sowjetunion gegenüber zu schwach sei. Was an »Atlantischer Gemeinschaft« schon vorhanden sei, entspräche nicht mehr den künftigen Aufgaben; nicht nur die interne westliche Zusammenarbeit, sondern auch die Ost-West-Annäherung sei wichtig.

Brzezinski erwartet stärkere wirtschaftliche Zusammenarbeit der osteuropäischen Länder mit dem Westen. Die westeuropäische Integration werde vom Osten wohl positiv beurteilt werden, weil so Westdeutschland leichter »in Schach« gehalten werden könne. Die Rolle Ostdeutschlands werde auch für die Osteuropäer weniger wichtig. Vielleicht könnte nach geraumer Zeit eine gesamteuropäische »Wirtschaftsversammlung« tätig werden, die sich später zu einer »politischen Versammlung« entwickeln könne.

Das Sicherheitssystem werde vermutlich auf vier Säulen ruhen: Auf den USA und der Sowjetunion als den »Teilnehmern am Rande« sowie auf West- und Osteuropa als den beiden Hälften des »Inneren Kerns«. Eine europäische Sicherheitskommission könnte entstehen, die Truppen könnten auf beiden Seiten verringert werden. Die NATO müsse die westliche Komponente eines gesamteuropäischen Sicherheitssystems werden.

In dieser Zeit könnten in Deutschland die gesamtdeutschen Kontakte ausgeweitet und gesamtdeutsche Kommissionen gebildet werden.

Diese Perspektiven des einflußreichen amerikanischen Professors sind aus meiner Sicht realistischer als die Vorschläge des Pariser Centre. Freilich übersehen auch sie den dynamischen Prozeß in allen Völkern Europas, die schneller eine dauerhafte und gerechte Ordnung wünschen. Alle Pläne, alle Vorschläge sind wirklichkeitsfremd, die nicht genügend in Rechnung stellen, daß es im deutschen Volk gärt. Es kann nicht davon ausgegangen werden, dieses Volk würde noch lange geduldig bleiben, obwohl weder seine Einheit noch das Vereinigte Europa zustande kommen und immer noch Motive der Unversöhnlichkeit wegen einer endgültig gewesenen Vergangenheit zu in die Zukunft projizierten Dauerdiskriminierungen führen.

So kommen wir zu den Gesichtspunkten, die wir selbst zur deutschen Frage und ihrer Lösung beizutragen haben. Alles bisher Gesagte – unsere prinzipielle Einlassung, die innenpolitischen Voraussetzungen, der Blick auf die Welt und die europäischen Bezüge – muß dabei berücksichtigt werden.

Ich glaube nicht an den dritten Weltkrieg in Europa, falls die freien Länder mit den USA militärisch verbunden bleiben. Das politische Denken in Europa wird wohl immer weniger vom Gesichtspunkt militärischer Sicherheit als von dem künftiger Zusammenarbeit beeinflußt sein. Schon jetzt ist – im großen und ganzen – die Entspannung zwischen den europäischen Völkern weiter vorangeschritten als die zwischen den Weltmächten. Die Europäer sind dabei, ein Gefühl für ihre Zusammengehörigkeit zu entwickeln. Bei aller Rivalität zu den USA überlegt man in Moskau wohl kaum, ob es wirklich förderlich wäre, die USA ganz aus Europa zu verdrängen.

Viel hängt für Europas Zukunft und damit für den Frieden der Welt von den Deutschen ab. Wird es uns gelingen, unsere Politik in die Tendenzen einzuordnen, welche in Europa zugunsten der Entspannung und des Miteinander entstehen, ohne dabei den Status quo zu akzeptieren? Wird es uns gelingen, die deutsche Frage im Interesse Europas und der Sicherheit der Welt zu lösen?

Ausgangslage

Bei Besuchen im Ausland wird man als deutscher Politiker immer häufiger gefragt, welches denn unsere wirklich unaufgebbaren Positionen und welches unsere Zielvorstellung in den deutschen Dingen seien. Wohin die Reise unserer Ostpolitik gehen solle, fragen ausländische Besucher uns hier. Ob wir ein neutralisiertes Gesamtdeutschland ansteuern? Ob ein »geregeltes Nebeneinander beider deutscher Staaten« unser Ziel sei? Ob wir in der NATO zu bleiben gedächten? Ob unsere Deutschlandpolitik auch europäische Bezüge habe und welcher Art sie seien? Ob man Freunde nur zur negativen Seite des Ganzen – zum Beispiel zur Verhinderung der Spalterflagge der »DDR« bei internationalen Sportfesten – brauche oder ob diese auch unsere konstruktiven Perspektiven mit zu erörtern hätten? Befreundete Politiker fragen, bevor sie nach Moskau reisen, was sie dort über unsere langfristigen Ziele erklären könnten.
Wir werden auch gefragt, welches Europa wir meinten und welcher Platz in unserem Konzept einer europäischen Friedensordnung den USA in Europa zukäme. Ob wir die militärische Anwesenheit der USA in Berlin und im übrigen Bundesgebiet weiterhin wünschten und ob im Falle eines Konfliktes der Konsens der Bevölkerung ebenso hinter den deutschen wie hinter den alliierten Truppen stehe?
Hinter dieser letzten Frage steht bei US-Amerikanern oft Staunen darüber, daß bei uns viele wohl vergessen hätten, wer den Krieg in Vietnam begann, wer der Aggressor ist und wer immer wieder – vergeblich – Frieden anbot.
Wir selbst fragen uns, ob es zweckmäßig ist, zugleich in Moskau und Warschau und Pankow initiativ zu werden. Und einige fragen gar, worüber wir eigentlich mit Moskau zu sprechen bereit seien? Wenn der Schlüssel der deutschen Frage in Moskau läge, wie viele doch sagten, dann sei diese Fragestellung doppelt berechtigt und doppelt wichtig.
Unterstellt, wir kämen mit den Moskauern ins Gespräch und bekämen auf unseren Wunsch nach freien Wahlen in ganz Deutschland zur Antwort die Gegenfrage nach der weltpolitischen Position, dem militärischen Status, dem europäischen Bezug und der inneren Ordnung dieses einheitlichen und freien Deutschland, das so durch Wahlen wiederentstünde: Was wäre die Antwort?
Nur wenn Klarheit über diese Zielvorstellung besteht, werden die Fragen der Methoden, der Bezeichnungen und der konkreten Schritte leichter zu

beantworten sein. So könnte auch besser der Gefahr widerstanden werden, den Streit über Methoden mit dem über die Sache zu verwechseln.

Wer meint, die deutsche Frage sei leicht zu lösen, ist kein Realist. Wer aber wegen dieser Schwierigkeiten aufgibt, wer resigniert, ist kein deutscher Patriot. Und ich meine, daß jeder gute Europäer die Lösung dieser Frage, also das Ende der Spannung in Mitteleuropa, anstreben muß.
In Deutschland stehen sich die beiden Weltmächte atomar gerüstet direkt gegenüber. In Berlin wird das an der Mauer jedermann, der es nicht ohnehin weiß, auch noch sichtbar gemacht. An keinem Platz der Welt stehen sich die Sowjetunion und die USA so nahe, so direkt, jederzeit gefährlich konfrontiert gegenüber. Das freie Deutschland wünscht die Einheit des Landes durch Selbstbestimmung. Die Verantwortlichen im kommunistisch regierten Teil Deutschlands wünschen die Einheit des Landes unter ihrem Vorzeichen. Würde dieser Status quo rechtlich anerkannt, so schwände nichts von der Spannung. Rivalität würde legalisiert.
Im freien Deutschland haben sich die Bürger aufgrund demokratischer Selbstbestimmung eine Verfassung, das Grundgesetz, gegeben. Darin heißt es: »Im Bewußtsein seiner Verantwortung vor Gott und den Menschen, von dem Willen beseelt, seine nationale und staatliche Einheit zu wahren und als gleichberechtigtes Glied in einem vereinten Europa dem Frieden der Welt zu dienen, hat das deutsche Volk, um dem staatlichen Leben für eine Übergangszeit eine neue Ordnung zu geben, kraft seiner verfassungsgebenden Gewalt dieses Grundgesetz der Bundesrepublik Deutschland beschlossen. Es hat auch für jene Deutschen gehandelt, denen mitzuwirken versagt war. Das gesamte deutsche Volk bleibt aufgefordert, in freier Selbstbestimmung die Einheit und Freiheit Deutschlands zu vollenden.«
Der Regierungschef dieses freien Deutschland hat in Reden und Briefen die Verantwortlichen im anderen Teil zum Dialog aufgefordert. So schrieb Bundeskanzler Kiesinger am 13. Juni 1967 an den Vorsitzenden des Ostberliner Ministerrates Willi Stoph: »Solange grundlegende Meinungsverschiedenheiten eine gerechte Lösung der deutschen Frage verhindern, muß im Interesse des Friedens unseres Volkes und der Entspannung in Europa nach innerdeutschen Regelungen gesucht werden, welche die menschlichen, wirtschaftlichen und geistigen Beziehungen zwischen den Deutschen in Ost und West soweit wie möglich fördern... Das Leben im geteilten Deutschland muß erträglicher werden. Es ist die Pflicht aller Verantwortlichen, nach besten Kräften dazu beizutragen. – Das Wohl unseres Volkes gebietet, die Spannungen in Deutschland nicht zu vermehren, sondern zu mindern. Mit unserer Rechtsauffassung, an der wir uneingeschränkt festhalten, beabsichtigen wir alles andere als die Bevor-

mundung der Menschen im anderen Teil Deutschlands. Nur solange es diesen Menschen versagt bleibt, ihren Willen über das Schicksal unserer Nation zweifelsfrei zu bekunden, obliegt es der frei gewählten Bundesregierung, auch für sie zu sprechen. – Auch Sie bejahen die Verantwortung, unserem Volk den Frieden zu erhalten. Zu den zahlreichen Schritten, die die Bundesregierung zur Sicherung dieses Friedens unternommen hat, gehört unser feierlicher Verzicht auf Gewalt zur Durchsetzung politischer Ziele. Er gilt allgemein und duldet keine Ausnahme. Deshalb muß die Bundesregierung mit allem Nachdruck darauf bestehen, daß auch im anderen Teil Deutschlands auf die Anwendung von Gewalt verzichtet wird. – Sie fordern mich auf, von den »Realitäten« auszugehen. Die Realität, die Sie und ich anerkennen müssen, ist der Wille der Deutschen, *ein* Volk zu sein. Ich schlage deshalb vor, daß von Ihnen und von mir zu bestimmende Beauftragte ohne politische Vorbedingung Gespräche über solche praktischen Fragen des Zusammenlebens der Deutschen aufnehmen, wie sie in meiner Erklärung vom 12. April enthalten sind.«

Im kommunistisch beherrschten Teil Deutschlands wird gerade mit großem Propagandaaufwand, aber ohne eine tatsächlich freie Abstimmung der Bevölkerung, eine neue Verfassung durchgesetzt. Sie sieht den Übergang zum Sozialismus in der »DDR« vor und erhebt die Forderung nach Einheit Deutschlands unter dem Kommunismus. In Artikel 8 Abs. 2 des Entwurfes heißt es: »Die Deutsche Demokratische Republik und ihre Bürger erstreben darüber hinaus die Überwindung der vom Imperialismus der deutschen Nation aufgezwungenen Spaltung Deutschlands, die schrittweise Annäherung der beiden deutschen Staaten bis zu ihrer Vereinigung auf der Grundlage der Demokratie und des Sozialismus.«

In seiner Rede zur Begründung dieses Entwurfes erklärte Walter Ulbricht: »Die nationale Frage in Deutschland ist eine Klassenfrage. Sie ist eine Frage von Sozialismus, Demokratie und Frieden oder Monopolkapitalismus und imperialistischer Expansion, das heißt Krieg. Wir verstehen gut, daß die Vereinigung der beiden deutschen Staaten ein langer Prozeß ist. Er erfordert vor allem die Bewältigung der nazistischen Vergangenheit und der imperialistischen Gegenwart in Westdeutschland, einschließlich der Pariser Spalterverträge.«

Noch deutlicher wurde Ulbricht im Verlauf der Kampagne zur Durchsetzung dieser Verfassung. Er schrieb einen Brief an die Grundorganisation der SED. Darin betont er, daß in Deutschland ein »zugespitzter Klassenkampf« im Gange sei. Schon seit 1917 gehe es »im Klassenkampf zwischen Sozialismus und Kapitalismus auf deutschem Boden um die Frage: wer – wen?« Heute vertrete die »DDR« die wahren Interessen der Nation. Es gäbe nur einen Weg zur Regelung der deutschen Frage: »Das ist die Herrschaft des Volkes unter Führung der Arbeiterklasse.«

So stehen sich mitten in Deutschland nicht nur die Weltmächte, sondern auch zwei der wichtigsten politischen Grundanschauungen unserer Zeit gegenüber. Und mit deutscher Zunge wird beides artikuliert.
Diese Lage ist gefährlich und eine der wesentlichen Spannungsursachen, unter denen Europa und die Welt leiden.
Manche in der Welt scheinen zu meinen, es sei gut, Deutschland auf diese Weise fortdauernd geschwächt zu wissen. Sie übersehen die Gefahr und die Ausstrahlung dieses Problems.
Die faire Lösung der deutschen Frage wäre die durch Entscheidung des deutschen Volkes über seine politische Zukunft in geheimer Wahl. Machtpolitische Interessen und ideologische Ziele haben das bisher verhindert. Also muß unsere Deutschlandpolitik den Blick zunächst darauf richten.

Ziele der Sowjetunion

Moskau verfolgt sein eigenes Ziel in Deutschland und in Europa. Im Stalintelegramm an Wilhelm Pieck vom Oktober 1949 – einer Art »Gründungsurkunde« der »DDR« – wird das Ziel klar bezeichnet: »Die Gründung der Deutschen Demokratischen friedlichen Republik ist ein Wendepunkt in der Geschichte Europas. Wenn Sie so den Grundstein für ein einheitliches, demokratisches und friedliebenes Deutschland legen, vollbringen Sie gleichzeitig ein großes Werk für ganz Europa, indem Sie einen dauerhaften Frieden gewährleisten. Es lebe und gedeihe das einheitliche, unabhängige, demokratische, friedliebende Deutschland.«
Chruschtschow nannte im Juli 1959 die Demarkationslinie zwischen dem freien Teil Deutchlands und der »DDR« die »Westgrenze des sozialistischen Lagers« und die »Linie, die die Welt des Sozialismus von der des Kapitalismus trennt«.
Im Jahre 1964 schlossen Moskau und Ostberlin einen Pakt, nach dem für die Dauer von 20 Jahren eine enge militärische und wirtschaftliche Zusammenarbeit vereinbart und eine Garantie der Grenzen gegeben wurde. Der Vertrag bindet die »DDR« eng an Moskau. Er soll nur aufgekündigt werden können im Falle der Schaffung eines einheitlichen, demokratischen und friedliebenden Staates oder des Abschlusses eines deutschen Friedensvertrages.
Auch die Verträge der »DDR« mit Polen, mit der Tschechoslowakei und mit Ungarn unterstreichen den Willen der Verantwortlichen in Ost- und Mitteleuropa, die »DDR« als kommunistischen Staat auf deutschem Boden zu erhalten.
Am 24. April 1967 verabschiedeten die Kommunistischen Parteien Euro-

pas auf ihrer Konferenz in Karlsbad eine »Erklärung für den Frieden und die Sicherheit in Europa«. Dieses Dokument sollte jeder kennen, der sich über Deutschland und Europa Gedanken macht. Hier die wichtigste Passage:

»Die kommunistischen und Arbeiterparteien Europas unterbreiten der öffentlichen Meinung und allen interessierten politischen und gesellschaftlichen Kräften ein Aktionsprogramm für die Schaffung eines Systems der kollektiven Sicherheit zur Erörterung, dem die Grundsätze der friedlichen Koexistenz von Staaten unterschiedlicher Gesellschaftsordnung zugrunde liegen. Dies setzt vor allem voraus, daß von allen europäischen Ländern die reale Lage respektiert wird, wie sie sich nach dem Kriege entwickelt hat. Das bedeutet: die Anerkennung der Unantastbarkeit der bestehenden Grenzen in Europa und insbesondere der Grenze an Oder und Neiße sowie der Grenze zwischen den beiden deutschen Staaten; die Anerkennung der Existenz zweier souveräner und gleichberechtigter Staaten: der Deutschen Demokratischen Republik und der westdeutschen Bundesrepublik, was von der Bundesrepublik den Verzicht auf Alleinvertretungsmaßnahmen erfordert; die Verhinderung des Zutritts der Bundesrepublik zu Kernwaffen in jeglicher Form, darunter in der sogenannten europäischen multilateralen oder atlantischen Form; Anerkennung, daß das Münchner Diktat vom Augenblick seines Abschlusses an ungültig ist. – Vor der europäischen Arbeiterbewegung und allen friedliebenden und demokratischen Kräften erhebt sich die Aufgabe, nach der Entfaltung friedlicher Beziehungen und der Zusammenarbeit zwischen allen europäischen Staaten auf der Grundlage der Prinzipien der Souveränität und Gleichberechtigung zu streben. Zu diesem Zweck ist es erforderlich, für eine Reihe von Zielen zu kämpfen, die in der neuen Lage erreichbar sind. Insbesondere: der Abschluß eines Vertrages zwischen allen Staaten Europas über den Verzicht auf die Anwendung oder Androhung von Gewalt in den gegenwärtigen Beziehungen sowie auf Einmischung in die inneren Angelegenheiten, eines Vertrages, der im Einklang mit den Grundsätzen der UN-Charta die Lösung aller strittigen Probleme ausschließlich mit friedlichen Mitteln gewährleisten würde; die Normalisierung der Beziehungen zwischen allen Staaten und der DDR, wie auch zwischen den beiden deutschen Staaten und zwischen der besonderen politischen Einheit Westberlins und der DDR; die konsequente Verteidigung und Entwicklung der Demokratie in der Bundesrepublik, die zu fordern den Völkern die Erfahrungen der Geschichte und die entsprechenden internationalen Abkommen nach dem II. Weltkrieg das Recht geben. Dies bedingt die allseitige Unterstützung des Kampfes der fortschrittlichen Kräfte in der Bundesrepublik, für das Verbot neonazistischer Organisationen und jeglicher revanchistischer Propaganda, für den Ver-

zicht auf die Notstandsgesetze, für die Gewährleistung freier Betätigung, für die demokratischen und friedliebenden Kräfte und für die Legalisierung der KPD; den Abschluß eines Vertrages über die Nichtweiterverbreitung von Kernwaffen als weittragenden Schritt auf dem Wege der Beendigung des Wettrüstens.«
Im weiteren Text wird gefordert, die »fremden Militärstützpunkte« zu liquidieren; die fremden Truppen aus dem »Gebiet europäischer Staaten« abzuziehen sowie »ein Europa ohne militärische Blöcke zu schaffen«.
Dieses Dokument spielt nicht nur für die Kommunisten eine große Rolle. Es ist auch für uns wichtig. Ohne viele Umschweife wird gesagt, was die Kommunisten wollen: Zuerst den Status quo rechtlich fixieren und dann im freien Teil Europas kommunistische Fortschritte machen.
Da wird ein Vertrag gefordert, welcher den Verzicht auf die Androhung oder Anwendung von Gewalt in Europa zum Inhalt hat. Wir sollten dazu bereit bleiben, obwohl jedermann weiß, daß keines der freien europäischen Länder gegenüber irgendeinem Land Europas Gewalt anwendet oder androht. An den Staatsgrenzen zwischen Frankreich und Belgien gibt es weder Wachttürme noch besondere Kontrollen. Wie ist das zwischen Ländern in Ost- und Mitteleuropa? Vor allem wird Gewalt nicht nur angedroht, sondern sogar angewendet an der Mauer in Berlin, jenem schrecklichen Monument stetiger Gewaltanwendung, und entlang der Linie, die Deutsche von Deutschen mit Gewalt, durch Schüsse, Hunde, Scheinwerfer, Minenfelder, Stacheldrähte und »Todesstreifen« trennt.
Weiter wird der »Verzicht auf Einmischung in die inneren Angelegenheiten« gefordert. Auch hier stimmt es nicht: Dieser Grundsatz soll zwar gelten für die »DDR«, nicht aber für die Bundesrepublik Deutschand. Wie hieß es doch in dem Dokument? »Die konsequente Verteidigung und Entwicklung der Demokratie in der Bundesrepublik bedingt die allseitige Unterstützung des Kampfes der fortschrittlichen Kräfte in der Bundesrepublik für das Verbot neonazistischer Organisationen und jeglicher revanchistischer Propaganda, für den Verzicht auf die Notstandsgesetze, ... für die Legalisierung der KPD; den Abschluß eines Vertrages über die Nichtweiterverbreitung von Kernwaffen ...«
Uns gegenüber also soll Nichteinmischung in die inneren Angelegenheiten nicht gelten. Wir selbst aber sollen uns verpflichten, nicht einmal das Unrecht an unseren Landsleuten in der »DDR« noch rügen oder durch Abreden mildern zu dürfen.
Gingen wir auf diese Vorstellungen ein, so hörte der Kampf um Deutschland wie der um Europa nicht etwa auf. Wir würden nur noch mehr zum Objekt kommunistischer Einmischung. Die Anerkennung dieses Status quo gäbe den Kommunisten die Legalitätsbegründung für Spaltung, sowjetrussische Hegemonie und Unrecht. Sie setzte die kommunistischen

Abwehrkräfte frei zugunsten stärkerer politischer Offensiven gegen das freie Deutschland und das freie Europa.
Wer dieses Karlsbader Dokument ernst nimmt, wie es ihm zukommt, kann nicht umhin festzustellen, daß die Kommunisten noch aggressiv sind. Es ist Wunschdenken, ihnen auch ideologische Koexistenz zu unterstellen und denen zu glauben, die behaupten, sie »beten« nur ihre »revolutionäre Litanei« und »kneten« ihren Marxismus »zur scholastischen Rechtfertigungsliturgie«. Sie sind Kommunisten – gehemmt nur durch die Bedingungen des Atomzeitalters, durch die Wachheit der Demokraten und durch Spannungen im eigenen Lager.
Trotzdem sollte man den Versuch machen, die Bedeutung der Karlsbader Formeln in bilateralen Gesprächen zu erkunden. Punkt für Punkt sollten wir sie erörtern und suchen, ob es Chancen zum »do ut des« und Möglichkeiten gibt, Rivalitäten Stück für Stück abzubauen durch Abreden, welche Elemente europäischer Gleichberechtigung und Zusammenarbeit als Bausteine einer europäischen Friedensordnung abgeben könnten! Und was nicht auf Anhieb gelingt, sollte man später erneut versuchen!

Manche meinen, der Westen habe versäumt, günstige Gelegenheiten beim Schopf zu ergreifen, um das Problem der Teilung Deutschlands aus der Welt zu schaffen. Andere geben sich der Illusion hin, in Ostberlin warte man lediglich auf geeignete Kompromißvorschläge, um endlich wieder »alle Deutschen an einen Tisch« zu bekommen. Alles dies ist kurzsichtig. Die Vorschläge des Westens sind Legion, deren Verwirklichung nur ein wenig guten Willen vorausgesetzt hätte. Sie wurden alle von der Sowjetunion negiert oder verworfen.
Moskau ist nicht einmal solchen Plänen nähergetreten, die im Westen umstritten waren, weil sie die Einheit in einer gefährdeten Freiheit um den Preis einer sowjetischen Vormachtstellung in Europa zu errichten suchten. Die Sowjets wollten immer ganz sicher gehen. Das zeigt ihre Einstellung zur deutschen Frage seit 1945. Sie wußten von Anfang an, was sie wollten.
Sie begünstigten in ihrer Besatzungszone die KPD in jeder Hinsicht und zerschlugen die SPD, indem sie ihre Vereinigung mit den Kommunisten zur »Sozialistischen Einheitspartei« (SED) erzwangen. Gegner der sowjetischen Politik fanden sich schon 1945/46 in jenen Konzentrationslagern wieder, aus denen wenige Monate zuvor die Überlebenden des nationalsozialistischen Terrors befreit worden waren. Dort saßen sie, die häufig aktive Gegner des Hitler-Regimes gewesen waren, mit internierten Nationalsozialisten zusammen, ein Vorgang, der die vom Osten kommende »Befreiung« von der Hitler-Diktatur schon damals in den Verdacht sowjetischer Machtausdehnung brachte.

Die entschädigungslose Enteignung allen Grundbesitzes über 100 ha und von 45 v.H. der gesamten Industriekapazität noch im Jahre 1945 machte die Entschlossenheit deutlich, mit der die Sowjets darangingen, ihre Besatzungszone von Anfang an nach ideologischen Maximen umzuwandeln. Die bürgerlichen Parteien wurden eingeschüchtert und zur Blockpolitik gezwungen. Widerstrebende Politiker, wie die CDU-Vorsitzenden Hermes, Schreiber, Kaiser und Lemmer, wurden von der Besatzungsmacht abgesetzt.
Die Kommunal- und Landtagswahlen 1946 waren, was den Akt der Stimmabgabe betrifft, noch relativ frei. Obwohl die Sowjets die SED in jeder Hinsicht bevorzugten, den bürgerlichen Parteien die Papierzuteilung rigoros beschnitten, sie in zahlreichen Orten nicht zur Wahl zuließen, ihnen jede Polemik gegen die SED verboten und nicht wenige aktive Mitglieder dieser Parteien ins Gefängnis warfen, war das Ergebnis dieser Wahlen für die SED höchst unbefriedigend. Das annähernd wahre Verhältnis unter den Parteien zeigte sich bei den Wahlen im Herbst 1946: Die SED wurde hinter der SPD und der CDU nur drittstärkste Partei. In West-Berlin ist die Partei Walter Ulbrichts noch heute zugelassen und erhielt bei den letzten Wahlen im Jahre 1967 rund 2 v.H. der Stimmen. Diese Zahlen verdeutlichen, daß die Sowjets sich über den Willen der Deutschen von Anfang an nicht im unklaren sein konnten. Ihre Politik gegenüber Deutschland muß um so mehr als der Versuch gesehen werden, ideologisch bedingte machtpolitische Ziele zu verwirklichen.
Im Potsdamer Abkommen hat sich die Sowjetunion zur Einheit Deutschlands, zu einem mit einer gesamtdeutschen Regierung abzuschließenden Friedensvertrag verpflichtet. Schon bald nach Kriegsende wurde der Gegensatz zwischen den vier Alliierten offenbar. Die Sowjets merkten ziemlich rasch, daß jeder Versuch, durch die Viermächtekontrolle über ganz Deutschland ihren Einfluß über die militärische Demarkationslinie und ihre Besatzungszone hinaus auszudehnen, am Willen der Westmächte scheiterte. Im Juli 1947 lehnten sie für ihren Bereich den Marshallplan ab, errichteten für ihre Zwecke eine eigene deutsche Wirtschaftsverwaltung, gaben dann den Anspruch auf Teilnahme an der Kontrolle des Ruhrgebietes auf und verließen 1948 den Alliierten Kontrollrat: Sie richteten sich auf die Spaltung Deutschlands und die Sowjetisierung und Eingliederung ihrer Besatzungszone in ihren Machtbereich ein. Die Blockade Berlins 1948/49 war der große Versuch, die Linie der Einflußsphäre gegenüber dem Westen einstweilen zu bereinigen. Berlin hielt infolge der entschlossenen Hilfe der Alliierten und der tapferen Gesinnung der Berliner stand; der Versuch mißlang, die deutsche Hauptstadt durch Hunger, Angst und Abschnürung dem sowjetischen Machtbereich in Deutschland einzuverleiben.

Es wäre ein großer Irrtum zu glauben, Moskau habe mit der Gründung der »DDR« im Jahre 1949 die Westgrenze seiner Hemisphäre abschließend festlegen wollen. Stalin sah sich angesichts der wachsenden westlichen Einigkeit, zu welcher der Umsturz in Prag nicht wenig beigetragen hatte, gezwungen, das Ziel einer vollkommenen Beherrschung ganz Europas durch Kontrolle über ganz Deutschland einstweilen zurückzustekken und durch eine Phase der Konsolidierung des Erreichten eine bessere Ausgangsbasis für künftige Vorstöße zu schaffen.
Wie recht er hatte, die sowjetischen Positionen in Mitteldeutschland als keineswegs gesichert anzusehen, bewiesen die 50er Jahre. Die Errichtung der »Diktatur des Proletariats« in Gestalt des SED-Zwangsregimes, das Programm des »Aufbaus des Sozialismus« von 1952 stieß auf den beharrlichen Widerstand der 17 Millionen Deutschen in der sowjetischen Besatzungszone.
Jahr für Jahr flohen Hunderttausende in den freien Teil Deutschlands. »Abstimmung mit den Füßen« ist das genannt worden. Kurz nach dem Tode Stalins kam es zum Volksaufstand vom 17. Juni 1953. Nur mit Hilfe sowjetischer Besatzungstruppen konnte er niedergeschlagen werden. Die Parole dieses Aufstandes wehrloser Menschen gegen Entrechtung und Unterdrückung lautete: Freie Wahlen.
Hatte aber, so meinen viele bei Diskussionen in unserem Lande, nicht Moskau selbst in jenem inzwischen geradezu legendären Angebot Stalins vom März 1952 freie Wahlen angeboten? Noch heute dient diese Sowjetnote manchem als Argument zum Beweis dafür, daß Moskau keineswegs die Absicherung seiner mitteleuropäischen Position an der Elbe im Sinne gehabt habe, sondern vielmehr die Wiedervereinigung Deutschlands einzuräumen bereit gewesen sei.
Was steht in dieser Note, deren Text jedermann zugänglich ist? In der den Westmächten übermittelten Note und dem Entwurf für einen Friedensvertrag mit Deutschland vom 10. März 1952 heißt es:
»Politische Leitsätze: 1. Deutschland wird als einheitlicher Staat wiederhergestellt. Damit wird der Spaltung Deutschlands ein Ende gemacht, und das geeinte Deutschland gewinnt die Möglichkeit, sich als unabhängiger, demokratischer, friedliebender Staat zu entwickeln.
2. Sämtliche Streitkräfte der Besatzungsmächte müssen spätestens ein Jahr nach Inkrafttreten des Friedensvertrages aus Deutschland abgezogen werden. Gleichzeitig werden sämtliche ausländischen Militärstützpunkte auf dem Territorium Deutschlands liquidiert.
3. Dem deutschen Volk müssen die demokratischen Rechte gewährleistet sein, damit alle unter deutscher Rechtsprechung stehenden Personen ohne Unterschied der Rasse, des Geschlechts, der Sprache oder der Religion die Menschenrechte und die Grundfreiheiten genießen, einschließ-

lich der Redefreiheit, der Pressefreiheit, des Rechts der freien Religionsausübung, der Freiheit der politischen Überzeugung und der Versammlungsfreiheit.

4. In Deutschland muß den demokratischen Parteien und Organisationen freie Betätigung gewährleistet sein, sie müssen das Recht haben, über ihre inneren Angelegenheiten frei zu entscheiden, Tagungen und Versammlungen abzuhalten, Presse- und Publikationsfreiheit zu genießen.

5. Auf dem Territorium Deutschlands dürfen Organisationen, die der Demokratie und der Sache der Erhaltung des Friedens feindlich sind, nicht bestehen.«

In allen sowjetischen Noten dieser Zeit und in allen Kommentaren wurde erklärt, daß Gesamtdeutschland ein »einheitlicher, friedliebender, demokratischer Staat« sein müsse. Mit diesem Begriff bezeichnet Moskau eine Volksdemokratie nach kommunistischem Muster. Die Moskauer nennen die deutsche Politik revanchistisch. Nach Ziffer 5 dieser Note wären mithin Parteien, welche z. B. unsere gegenwärtige Ostpolitik unterstützen, zu verbieten. Diese Note bot ein Gesamtdeutschland unter kommunistischen Vorzeichen an. So urteilten auch damals die Verantwortlichen in Regierung und Opposition wie die Alliierten.

Wie war die politische Landschaft zur Zeit dieser Note? Gab es Tatsachen oder Tendenzen und Vorgänge, die etwa als ernster Hintergrund für den Willen der Moskauer, die deutsche Einheit zuzulassen, gesehen und gewürdigt werden konnten?

Der Zeitpunkt der Notenübergabe war von den Sowjets bewußt gewählt worden. Die Unterzeichnung der Verträge über eine europäische Verteidigungsgemeinschaft und die Ratifizierungsdebatte im Bundestag und in der französischen Nationalversammlung standen bevor. Man geht wohl nicht fehl in der Annahme, daß die Note vom 10. März die Aufgabe hatte, die europäische Integration in letzter Stunde zu verzögern. Im übrigen steht das Wort »freie Wahlen« an keiner Stelle in dem Text der Note oder des Friedensvertragsentwurfs. Die Parteien des Bundestages haben aber damals freie Wahlen als ersten Schritt zur Wiedervereinigung gefordert.

Abgesehen von der damaligen internationalen Situation – man befand sich auf dem Höhepunkt des Kalten Krieges, und die Bundesrepublik Deutschland war noch nicht souverän – ließ die Entwicklung in der sowjetischen Besatzungszone das sowjetische Angebot als äußerst fragwürdig erscheinen. 1950/51 hatte die SED, unterstützt von Moskau, die Parole »Deutsche an einen Tisch« propagiert, sogar freie Wahlen angeboten. Als dann Anfang 1952 eine UNO-Kommission nach Deutschland kam, um in beiden Teilen Deutschlands zu prüfen, ob denn auch die Voraussetzungen für freie Wahlen gegeben wären, verweigerte Ostberlin die Einreise. Kaum war dann die Stalin-Note heraus, riegelte Ostberlin Ende Mai

1952 die Zonengrenze zwischen den beiden Teilen Deutschlands und um Westberlin ab: Damals wurde der erste Stacheldraht durch Deutschland gezogen. Hundert Wachttürme, unübersehbare Mahnzeichen am Todesstreifen, der sich, umgepflügt und geeggt, von der Ostsee bis Hof durch unser Land zog. Mehr als 8000 Menschen wurden aus den grenznahen Orten auf der östlichen Seite der Demarkationslinie zwangsweise evakuiert; über 3000 gelang die Flucht in den Westen. Und dies mitten hinein in die Diskussion um die Stalin-Note! Wer mochte da noch an ein ehrliches Angebot glauben?

Die Zweifler erhielten ihre Bestätigung, als im Juli die II. Parteikonferenz der SED das Programm »Aufbau des Sozialismus« beschloß. Der Notenaustausch zwischen den Alliierten über die Stalin-Note vom März war noch im Gange. Da verkünden Moskau und die SED ein langfristiges Programm fortschreitender Sowjetisierung der »DDR« und ihre Umwandlung in eine Volksdemokratie. Dazu gehört auch die Errichtung landwirtschaftlicher Kolchosen. Ausdrücklich ruft Ulbricht eine Verschärfung des Klassenkampfes aus. Nicht zuletzt aber ging das SED-Regime zu offener Militarisierung über. Zwar bestanden schon seit 1948 militärische Einheiten unter dem Decknamen »Kasernierte Volkspolizei«, die bereits 1951 24 mit Artillerie und Panzern verstärkte Regimenter in Stärke von 65000 Mann umfaßten und seit Januar 1952 zu 6 motorisierten Divisionen zusammengestellt worden waren. Im Juli 1952 erklärte Ulbricht nun: »Die Schaffung nationaler Streitkräfte wird der Volksbewegung in Westdeutschland einen stärkeren Rückhalt und Mut in ihrem Kampf für den Sturz der Bonner Vasallenregierung geben.« Schon Ende 1952 war die »Nationale Volksarmee« über 100000 Mann stark – in der Bundesrepublik gab es noch keine Soldaten.

Wäre die Stalin-Note vom März 1952 ein ernstgemeintes, also im Interesse Moskaus liegendes Angebot gewesen, die deutsche Frage einvernehmlich mit den Westmächten, gemäß den eingegangenen Potsdamer Verpflichtungen und orientiert am Willen des deutschen Volkes zu lösen – hätte Moskau dann ausgerechnet zu diesem Zeitpunkt seiner Satrapie so unzweideutig das Signum dauernder Sowjetisierung aufgedrückt? Hätte man sich im Kreml allen Ernstes entschlossen, den Preis der Wiedervereinigung Deutschlands zu zahlen, um die Integration der Bundesrepublik in die westliche Gemeinschaft zu verhindern, so hätte man ganz andere Seiten aufgezogen. Daß die Sowjets auch anders konnten, das beweist ihr Verhalten gegenüber Österreich; ich komme darauf noch zurück.

Ich habe die Vorgänge des Jahres 1952 etwas ausführlicher geschildert, weil hier die Problematik der deutschen Situation, die Zielsetzung und Methode der Sowjets und die Schwierigkeiten unserer Deutschlandpolitik

besonders deutlich wurden. Gebannt starren wir auf angebotene Texte und wissen nicht zu unterscheiden, was Leitmotiv und was irritierende Paraphrase ist. Man mag über die Sowjets denken wie man will, aber ich habe es immer für töricht angesehen, ihre Politik auf kleinkarierte Art zu beurteilen. Sie wissen, was sie wollen, und betreiben eine konsequente Politik, ein Umstand, der für uns nicht nur unangenehm ist, denn er gestattet uns, Vorsorge zu treffen und unsere Politik darauf einzurichten.
Welche Schlüsse lassen sich ziehen? Die Sowjets haben nie Deutschlandpolitik betrieben, sie hatten und haben immer Europa im Auge. Ihre Position in Berlin ist eine europäische Position, und sie läßt sich – wenn überhaupt – allein unter europäischem Aspekt modifizieren. Sowjetische Angebote sind stets auf ihren europäischen Hintergrund abzuklopfen. Sie ergehen auch dann, wenn Moskau sich nicht die geringste Chance ausrechnet, daß man im Westen darauf eingeht. Schon die Auseinandersetzung im Westen über sowjetische Vorschläge ist im Sinne sowjetischer Politik bereits ein Erfolg. Die Polarisierung der gegnerischen Kräfte, genauer ihre Paralysierung, ist die durchgängig zu beobachtende Methode.
Bis heute hat Moskau keinen Vorschlag gemacht, dem die erkennbare Bereitschaft zugrunde läge, ernsthaft einen europäischen Ausgleich zu erzielen. Nach wie vor sieht der Kreml seinen Vorteil ausschließlich in der sowjetischen Hegemonie. Wir werden auch künftig mit sowjetischen Aktivitäten rechnen müssen, welche auf die Schwächung einzelner Bündnispartner, auf ihre Verlockung, Denunzierung oder Diskreditierung gerichtet sind. Vielleicht ist der Tag nicht fern, da ein neues Angebot an Deutschland ergeht. Bisher hat Moskau noch nie versäumt, Deutschland die scheinbare Chance seiner Einheit anzubieten, wenn Termine der westlichen Integration anstanden. 1969 stehen die NATO-Mitgliedschaft zur Diskussion und die Bundestagswahlen vor der Türe...

Interessen der Sowjetunion

Wenn wir Wiedervereinigung in Freiheit wollen, müssen wir nicht nur deren Voraussetzung – die Freiheit der Bundesrepublik Deutschland sichern, sondern auch dem sowjetischen Interesse an der Spaltung Deutschlands nachspüren. Es hilft nichts: Wir haben es mit einer atomaren Weltmacht erster Klasse zu tun. Also müssen wir sorgfältig zu erkennen suchen, welche Interessen der Sowjetunion eine kluge westliche Politik zugunsten der Freiheit aller Deutschen ins Spiel bringen kann.
Wir dürfen uns nicht über die Tatsache täuschen, daß die Sowjetunion auch heute noch der Meinung ist, die »DDR« sei für sie ökonomisch unersetzlich und militärisch ein unverzichtbares »Vorwärtsglacis« (Kurt

Birrenbach). In Moskau glaubt man, durch die »DDR« das eher westlich orientierte Polen besser im östlichen Verbande halten zu können. Auch befürchtet man, freie Wahlen zur Wiedervereinigung Deutschlands würden die anderen »Volksdemokratien« von innen aufsprengen. Man wünscht, durch die »DDR« beweisen zu können, daß Kommunismus auch für die Industriegesellschaft Europas »paßt«.
Die »DDR« stellt ein Industriepotential, das – nach dem Stand von 1965 – etwa dem der Tschechoslowakei und dem Polens entspricht und mit diesen beiden Ländern in der Liste der Industriepotentiale der Welt auf den Plätzen acht bis zehn rangiert. In der Welthandelsliste steht die »DDR« hinter der Tschechoslowakei und vor Dänemark und Polen an fünfzehnter Stelle. Ihre besondere Bedeutung für die Sowjetunion beruht auf der fast fünfzigprozentigen Orientierung ihres Außenhandels auf die Sowjetunion, auf der besonderen Qualität ihrer Lieferungen für die Sowjets und auf dem hohen Grad der Abstimmung der Wirtschaftspläne der »DDR« auf die Moskauer Notwendigkeiten. 1967 bezog die »DDR« 88% ihres Erdöls, 86% aller Walzwerkerzeugnisse, 1,2 Mio. t Getreide, 15000 t Wolle, 82000 t Baumwolle und 7 Mio. t Kohle und Koks aus der Sowjetunion. Dafür lieferte die »DDR« hochentwickelte Industriegüter. Die Preisverhältnisse werden von Moskau bestimmt. In Ost-Berlin wird hierüber geklagt.
Gegenwärtig wickelt die »DDR« etwa 45% ihres Außenhandels mit der Sowjetunion und weitere 30% mit den anderen kommunistisch regierten Staaten ab.
Nach übereinstimmender Meinung von Wirtschaftsexperten könnte das mitteldeutsche Potential weitaus produktiver sein, wenn es nicht durch die sowjetischen Auflagen von der weltwirtschaftlichen Entwicklung isoliert wäre. 1939 war der mitteldeutsche Wirtschaftsbereich höher industrialisiert als die übrigen Reichsgebiete. Heute wird dort – trotz der erzielten Fortschritte und von der zeitweiligen Rezession in der Bundesrepublik Deutschland kaum beeinflußt – der Abstand in der wirtschaftlichen Leistungsfähigkeit zum Bundesgebiet immer größer. Nach Auffassung von Experten könnte eine weltwirtschaftlich orientierte deutsche Gesamtwirtschaft für die Sowjetunion interessanter sein als die Lieferungen der Zone unter Zwang.
Von 1938 bis 1964 waren die wirtschaftlichen Wachstumsgeschwindigkeiten höchst unterschiedlich: »DDR« + 68%, CSSR + 84%, Griechenland + 97%, Italien + 132%, Frankreich + 135%, Niederlande + 152%, Bundesrepublik Deutschland + 220%.

Neben den wirtschaftlichen und militärischen Interessen dürften die politisch-ideologischen Interessen für die Sowjetunion ausschlaggebend sein.

Sie betrachtet die von ihr besetzte Zone Deutschlands, der sie den Namen »Deutsche Demokratische Republik« gab, als großes Experiment.
Walter Ulbricht hat in einem Aufsatz, den er im Februar 1966 in der SED-Zeitschrift »Einheit« geschrieben hat, diese Funktion des ideologischen Experiments betont. Noch nie hat nämlich der Kommunismus in einem hochindustrialisierten Land die Macht erlangt. Die Kommunisten glauben, ihre Ideologie und ihr System würden weltweit attraktiver, wenn es gelänge – um in ihrer Terminologie zu reden –, »den Sozialismus unter den Bedingungen der technischen Revolution aufzubauen«. Die deutsche Sowjetzone soll zum Musterbeispiel dafür werden, daß Kommunisten in der Lage sind, hochindustrialisierte Gesellschaften mit Erfolg zu regieren.
Wenn der Fehlschlag dieses Experiments nur allzu deutlich ist, so liegt das an der unbeirrt freiheitlichen Gesinnung unserer Landsleute, die nein sagen zu diesem Experiment und deshalb eingemauert wurden.
Die »DDR« hat also zugleich eine defensive und eine wichtige offensive Funktion nicht nur für Deutschland und Europa, sondern auch in der weltweiten Planung der Sowjets. Gleichwohl ist ihr Status von der Sowjetunion nicht völlig sanktioniert. Auch der im Juni 1964 abgeschlossene Pakt zwischen Moskau und Pankow war nur ein Ersatz für den lange angekündigten separaten Friedensvertrag.
Die Sowjetunion hat sich rechtlich nicht so weit verpflichtet, daß sie nicht mehr zurück könnte und eine andere Politik, welche zur Einheit Deutschlands führe, Vertragsbruch wäre.

Der Weg zur Wiederherstellung der Einheit Deutschlands wird schwer bleiben. Moskaus Ziele stehen gegen die unseren. Und noch begreift die Sowjetunion ihre Interessen so, daß sie meint, schon deshalb die deutsche und damit die europäische Spaltung aufrechterhalten zu müssen.
Nun ist weiter zu fragen: Wie ist die Lage drüben? Ist das Ulbricht-Regime in der »DDR« ein Aktivposten für Moskau, weil es erfolgreich war? Oder ist es, falls es etwas mehr kostet als einbringt und im Volk nicht Fuß gefaßt hat, ein Klotz am Bein der Moskauer Europapolitik?

Zur Lage in der »DDR«

Ulbricht hat die Mauer aktiviert als Instrument für seine Anerkennungspolitik. Aber auch er muß hier und da Rücksicht nehmen auf den Willen der Bevölkerung. In der »DDR« ist es wie hier: Die Frage nach der Einheit verstummt nicht.
Wir übersehen die andauernden, in letzter Zeit sogar verstärkten Bemü-

hungen der SED nicht, das Bewußtsein der Menschen im Sinne des Kommunismus zu verändern. Das bezieht sich auf alle Bereiche der Gesellschaft, auf die Jugend, die Berufsorganisationen, die Streitkräfte, die leitenden Wirtschaftsfunktionäre und die Künstler. Dabei geht es der SED vor allem um ein gesondertes Staatsbewußtsein, dessen Grundelemente der »Klassengegensatz der beiden deutschen Staaten«, der Haß gegenüber Westdeutschland und »die Liebe zur Sowjetunion« sind.
Das Regime spekuliert auf die Abhängigkeit der eingemauerten Bevölkerung. Tatsächlich sind die Menschen nicht nur durch die Mauer dem Regime ausgeliefert – ihre Abhängigkeit realisiert sich geradezu in statistisch faßbaren Daten: 1952 waren 55% aller Erwerbstätigen in der regimeeigenen Wirtschaft beschäftigt, 23% waren selbständig und 22% in der Privatwirtschaft tätig. Seit 1961 arbeiten 87% aller Erwerbstätigen im »staatlichen Sektor«. Selbständig sind nur noch 5%. Der Rest arbeitet in halbstaatlichen Betrieben. Damit sind fast 95% der Erwerbstätigen vom Regime abhängig und 87% in seinem direkten Dienst.

Wer die jahrzehntelange Propagandakampagne der SED beobachtet, mag geneigt sein, es für nahezu unmöglich zu halten, daß sich unsere Landsleute dieser unaufhörlichen »Berieselung« zu entziehen vermöchten. Wer so denkt, irrt. Die Resistenz gegenüber der Indoktrination ist stark; sie sperrt sich aus einer antikommunistischen, vielfach religiös fundierten Grundhaltung, aus der bitteren Erfahrung mit einer deutschen Diktatur, aus der Ablehnung gegenüber einem Regime, das als Vollzugsorgan einer fremden Macht empfunden wird und aus dem Bewußtsein von der Einheit der deutschen Nation.
Die Menschen in der »DDR« sehen freilich nicht in allem, was wir in der Bundesrepublik Deutschland tun, ihr Vorbild. Sie haben ein Gefühl, gemeinsam Schweres ertragen und durch Tüchtigkeit das Beste daraus gemacht zu haben. Den Machthabern haben sie einen größeren Bewegungsbereich abgezwungen. Sie haben ein Bewußtsein besonderer Verbundenheit zunächst untereinander und erst dann mit uns. Sie sehen keinen Ausweg aus ihrer Lage und auch nicht, wie wir sie fundamental zu ändern vermöchten. Uns ziemt weder der oberlehrerhaft erhobene Zeigefinger noch das Getue des reichen Onkels.
Im Januar 1966 schrieb Ulbricht in seinem offenen Brief an den kritisierten Regisseur Maetzig: Alle gegenwärtige Verwirrung gehe auf Unklarheiten in der nationalen Frage zurück. Ulbricht weiß also genau – das zeigen seine Worte –, wie die mitteldeutsche Bevölkerung bis in die Reihen der SED hinein denkt.
Der Anspruch des Ulbricht-Regimes auf Anerkennung als zweiter deutscher Staat, die Teilung unseres Landes in zwei feindlich gegenüberste-

hende Staaten, die Trennung unseres Volkes durch das Ulbricht-Regime – das wird auch jenseits der Mauer nach wie vor abgelehnt.
Wäre es anders, könnte Ulbricht die Mauer in beiden Richtungen durchlässig machen, die Freizügigkeit wenigstens für Reisen, für Zeitungen, für Redner gewähren. Er fürchtete die innerdeutsche Dynamik, als er die Vorschläge zum Redneraustausch ablehnte und unser Angebot, konkrete Verhandlungen über ein humanitäres Programm aufzunehmen, ausschlug.
Ulbricht versucht, der Diskussion über die nationale Frage immer wieder zu entgehen. Es ist bezeichnend, daß derselbe Ulbricht, der im parteiinternen Material zur Vorbereitung des VII. Parteitages das Reden von Wiedervereinigung als Unterstützung des Klassengegners bezeichnete, auf dem Parteitag selbst im April 1967 beteuerte, die Arbeiterschaft werde nie und nimmer von der deutschen Einheit lassen. Offenbar hatte ihn die Diskussion des parteiinternen Papiers in den Organisationen an der »Basis der Partei«, in den Betrieben und Kommunen eines Besseren belehrt. So hatte Ulbricht die Diskussion über die nationale Frage zu manipulieren versucht: »Jetzt von Vereinigung zu reden, heißt die historische Klassenauseinandersetzung durch mystischen Nationalismus ersetzen und das Geschäft der Imperialisten besorgen.« Vor der Öffentlichkeit des Parteitages hat er nicht gewagt, so zu argumentieren.
Der nationale Gedanke ist in der »DDR« lebendig geblieben – gegen den Willen der Verantwortlichen. Unsere Landsleute drüben sind nicht müde geworden, die Frage nach der Einheit der Nation zu stellen.

Anerkennung?

Die Politik der Großen Koalition hat der Diskussion um Deutschland innerhalb und außerhalb unseres Landes neuen Auftrieb gegeben. Diese Diskussionslage zeigt allerdings auch, welchen Maßstab die deutsche Gesellschaft anlegt, welchen Ansprüchen wir gerecht werden müssen, wenn unser politisches Handeln auf der Höhe der innerdeutschen wie der internationalen Diskussion bleiben will.
Die Erwähnung der Einheit der deutschen Nation im Brief des Vorsitzenden des Ministerrates der »DDR« vom 18. 9. 1967 an Bundeskanzler Kiesinger zeigt, daß die politische Diskussion in Deutschland das Grundmotiv der nationalen Einheit nicht verloren hat. Die SED sieht sich genötigt, entgegen ihrem ausdrücklichen Willen, die Frage der nationalen Einheit doch nicht totzuschweigen.
Man darf allerdings nicht übersehen, daß die SED zwar gezwungen worden ist, ihr Vokabular auf die innerdeutsche Diskussionslage hin abzu-

stimmen, daß sie jedoch keineswegs von ihrem Deutschlandprogramm abgelassen hat. Die Grundsätze dieses Programms, das langfristig angelegt ist, ergeben sich aus dem parteiinternen Material zur Vorbereitung des VII. Parteitages der SED vom Januar 1967.

Dort hieß es, die deutsche Frage sei seit der sowjetrussischen Oktober-Revolution Bestandteil der Auseinandersetzung Sozialismus–Imperialismus. Die Deutschlandpolitik der SED ist also – jenseits aller Ereignisse der letzten 25 Jahre, jenseits auch aller diplomatischen Bemühungen der fünfziger Jahre – noch immer ideologisch angelegt. Seit über 20 Jahren bestehe, so sagt die SED, der Klassenkampf zwischen beiden deutschen Staaten. Deren Vereinigung sei nur im Sozialismus möglich.

Auch nach einer »Normalisierung« der Beziehungen zwischen zwei deutschen Staaten würden die innerdeutschen Spannungen nicht nachlassen, weil die Widersprüche zwischen diesen nach dem Willen der SED antagonistischen Charakter haben und nur durch eine Veränderung der gesellschaftlichen Verhältnisse der Bundesrepublik aufgehoben werden könnten. Das ergibt sich aus dem Wortlaut des Briefes des Vorsitzenden des Ministerrates in Ostberlin, Willi Stoph, vom 18. 9. 1967 und dem ihm beigefügten Vertragsentwurf.

Die Anerkennung der SBZ als »DDR« durch das freie Deutschland würde die Spannung nicht vermindern. Im Gegenteil: Die SED würde sich in ihrem »historischen Auftrag« bestätigt sehen und – so ermutigt – alle Kraft der gesellschaftlichen Veränderung im freien Deutschland zuwenden. Walter Ulbricht hat auf dem VII. Parteitag der SED erklärt, daß er mit heißem Herzen »eine Einheit der deutschen Nation unter Führung der Arbeiterklasse« erstrebe. Ebenso steht es in dem zu Eingang dieses Kapitels zitierten Artikel des neuen Verfassungsentwurfes für die »DDR«.

Die rechtlichen Argumente gegen die förmliche Anerkennung der »DDR« sind so oft betont, die historischen so offenkundig, daß hier auf eine breite Darstellung verzichtet werden kann. Auch sind das Grundgesetz ebenso wie der Deutschlandvertrag hierzu bereits zitiert.

Natürlich ist die »DDR« existent. Die Frage ist, ob wir das legitimieren können und sollen. »Anerkennen« heißt förmlich die deutsche Spaltung legalisieren; heißt unsere Landsleute ihrem Schicksal überlassen, sie sitzen lassen und über unseren gemeinsamen Anspruch auf Selbstbestimmung hinweggehen; heißt auch Unfreiheit als möglichen Weg deutscher Politik bestätigen. »Würden wir die »DDR« anerkennen, dann wäre das nicht nur die Legitimierung der staatlichen Zweiteilung Deutschlands, sondern es wäre eine sanktionierte Erklärung vor dem ganzen deutschen Volk und vor der Weltöffentlichkeit, daß auch andere Prinzipien als die der freiheitlichen Demokratie für den Weg Deutschlands in dieser Zeit

Gültigkeit besitzen. Es würde also proklamiert, daß es für unser Volk eine legitimierte Alternative zur freiheitlichen Demokratie gibt, die somit unter Umständen auch als Grundlage eines gesamtdeutschen Staates dienen kann.« (Hans Buchheim)

Ich möchte die Frage nach der Anerkennung auch anders stellen. Wer für die Anerkennung votiert, will doch wohl etwas Besseres für das ganze Deutschland erreichen. Also ist zu fragen:
Erstens: Wo läge der Vorteil der Anerkennung für die Berliner?
Die rechtliche Anerkennung der sowjetisch besetzten Zone Deutschlands als »Deutsche Demokratische Republik« würde Berlin neuen Schwierigkeiten aussetzen. Die Position unserer Alliierten würde in nicht wieder gut zu machender Weise beeinträchtigt. Von der fortdauernden Präsenz der Alliierten in Berlin und von ihrer rechtlich ungeschmälerten Position hängen – wie die Dinge liegen – Freiheit und Lebensfähigkeit des freien Teiles der deutschen Hauptstadt ab.
Dieter Schröder, Referent in der Forschungsstelle für Völkerrecht und ausländisches öffentliches Recht der Universität Hamburg, hat für die Arbeitsgemeinschaft sozialdemokratischer Juristen Berlin die Frage untersucht, welche rechtlichen Konsequenzen eine Anerkennung der »DDR« für Berlin heute hätte. Hier seine wesentlichen Ergebnisse:
Solange Berlin besetzt ist, haben die Besatzungsmächte das Recht auf freien Zugang in das Besatzungsgebiet. Die Zugangsrechte sind also Teil des Rechtes auf Besatzung. ... Zunächst ist die Frage zu klären, wer denn überhaupt die Staatlichkeit der mitteldeutschen Ordnung anerkennt. Gefordert wird immer wieder die Anerkennung durch die BRD. Sie ist ein souveräner Staat und kann daher nach Belieben die eigene Staatlichkeit eines Gebietes anerkennen, von dem sie bis heute behauptet, daß es zu dem von ihr provisorisch besorgten Deutschen Reich gehört. Eine solche Anerkennung der »DDR« wäre eine erste außenpolitische Maßnahme der BRD gegenüber dem bisher innenpolitisch betrachteten Teil Deutschlands, und als außenpolitische Maßnahme hinge ihre Wirkung für Berlin, dessen Besetzung durch einen einseitigen Akt der BRD nicht aufgehoben werden kann, von der Zustimmung der Besatzungsmächte ab. Stimmten die Alliierten zu, würde die Bundesrepublik nicht nur die »DDR« als Staat anerkennen, sondern sie würde auch anerkennen, daß das vom Deutschen Reich abgespaltene Gebiet in seinen faktischen Grenzen, also einschließlich Ost-Berlins, ein zweiter deutscher Staat ist. Damit würde ganz Berlin nicht mehr Teil der BRD sein, und die völlige Einverleibung Ost-Berlins in die mitteldeutsche Ordnung würde rechtens werden. Es ergibt sich also als erstes, daß eine Anerkennung, die sich mit Zustimmung der Alliierten auch auf Berlin erstreckt, eine rechtliche Teilung der Stadt zur Folge hat.

...Die erste Folge einer mit Zustimmung der Alliierten erfolgten Anerkennung der »DDR« seitens der BRD wäre, wie schon erörtert, die Rechtmäßigkeit der Einverleibung Ost-Berlins in die »DDR«. Die BRD und damit auch der Senat von Berlin würden ihren Machtbereich auf West-Berlin beschränken. West-Berlin wäre eine Exklave der BRD, umschlossen vom Gebiet der »DDR«. ... so ergibt sich, daß mit der Anerkennung der »DDR« durch die BRD eine Anerkennung der Souveränität der BRD über West-Berlin einhergehen muß. Nur dann entsteht für die »DDR« die Pflicht, den Verkehr von und nach West-Berlin nicht weiter zu kontrollieren, als es für ihre eigene Sicherheit erforderlich ist. Zur Erfüllung dieser Pflicht würde man vielleicht Verträge abschließen, die genauere Vereinbarungen über die Verkehrswege und die Arten der Kontrollen enthalten. Das Problem, das sich aber bei noch so gründlichen Verträgen ergibt, dürfte nach der bisherigen Erfahrung die Auslegung des Begriffs der »für die Wahrung der internen Sicherheit und Ordnung notwendigen Kontrolle« sein. Angesichts der kommunistischen Darstellungen von der Bösartigkeit der westdeutschen Politik ist es mehr als wahrscheinlich, daß diese Auslegung Anlaß zu unübersehbaren Streitigkeiten und Verkehrsbehinderungen sein würde, und daß damit die heutige Rechtslage des Berlin-Verkehrs keineswegs verbessert würde. Wenn man berücksichtigt, daß heute durch die unmittelbare Verwicklung der alliierten Besatzungsmächte als Inhaber der heutigen Zugangsrechte ein Streit um das Ausmaß der Kontrolle den Keim eines Weltkonfliktes in sich trägt und daher alle Seiten sich größte Zurückhaltung auferlegen müssen, während bei dem angenommenen Modell nur die BRD unmittelbar betroffen wäre und daher die Gefahr eines zwar örtlichen, aber desto schärferen Konfliktes bestehen würde, ergibt sich, daß die Anwendung des internationalen Exklavenrechts eine erhebliche Verschlechterung der tatsächlichen Lage West-Berlins überhaupt mit sich bringen würde. Diese Verschlechterung der verkehrsrechtlichen Lage macht aber auch die Verschlechterung der allgemeinen Sicherheit West-Berlins deutlich. Der Abzug der alliierten Besatzungsmächte und die Übernahme des Schutzes West-Berlins durch die BRD senkt die weltpolitische Risikoschwelle und erhöht die Gefahr eines lokal begrenzten konventionellen Krieges um Berlin. – ... heute werden über 40 Prozent der Gelder, die Berlin (West) für öffentliche Ausgaben aufwendet, von der Bundesrepublik zur Verfügung gestellt. Wenn die Stadt auf sich selbst gestellt würde, müßten die öffentlichen Ausgaben mit Sicherheit wachsen. Selbst wenn man berücksichtigt, daß die Abführung der Bundessteuern entfiele, scheint eine Steuererhöhung um zehn Prozent eine mehr als realistische Schätzung zu sein. Die Westberliner Wirtschaft, die zu einem erheblichen Teil vom Export hochwertiger Investitionsgüter lebt, würde unter dieser Steuerlast auf längere Sicht ihre Konkurrenzfähigkeit verlieren, zumal sie auf den nahen osteuropäischen Märkten mit manipulierten Mitbewerbern aus sozialistischen Staaten rechnen muß, während sie auf den westeuropäischen Märkten mit erheblichen Transportbelastungen zu rechnen hat. Da die Stadt aber gerade auf ihren »Export« angewiesen ist, um lebenswichtige Güter von außen wieder einführen zu können, zeigt sich in diesem Zusammenhang bereits eine außerordentliche kritische Lage. ... Bisher ist Berlin (West) an der EWG beteiligt, und zwar als Teil der Bundesrepublik. Als Freie Stadt müßte es sich um eine eigene Mitgliedschaft bewerben. Dabei wäre jedoch zu bedenken, daß, wie im Zusammenhang mit der Verbindung Österreichs zur EWG immer wieder hervorgehoben worden ist, die EWG sich als betont »westliche« Institution versteht, die Verbindung der »Freien Stadt Westberlin« zur EWG also einen Affront gegen die »DDR« darstellen würde.

Dieter Schröder stellt abschließend fest: »...so muß man der heutigen Rechtslage Berlins auf jeden Fall den Vorzug geben. Vom Standpunkt Berlins aus hat eine Anerkennung des mitteldeutschen Gemeinwesens als Staat seitens der Bundesrepublik also nur Sinn, wenn sie sofort zur Wiedervereinigung Deutschlands führt. Das klingt jedoch nicht nur paradox, sondern ist auch sehr unwahrscheinlich.«

Für die Berliner brächte die Anerkennung also keinen Vorteil.

Zweitens ist zu fragen: Wo läge der Vorteil der Anerkennung für alle Deutschen?

Wir würden durch die Anerkennung jeden Anspruch verlieren, für das Schicksal unseres ganzen Vaterlandes zu wirken; jeder Versuch, etwas für die Menschen im anderen Teil Deutschlands zu tun, wäre Einmischung in die inneren Angelegenheiten eines anderen Staates. Die Anerkennung würde die Spaltung rechtlich endgültig machen. Wir würden uns damit auch über den Anspruch unserer Landsleute auf Selbstbestimmung hinwegsetzen.

Drittens: Wo läge der Vorteil der Anerkennung für die Entspannung in Europa?

Anerkennung würde einen Status quo fixieren, den die Deutschen nicht wollen, den wir als Unrecht empfinden. Anerkennung würde verhärten, nicht entspannen, würde – wie die Dinge liegen – Rivalität und Fehde zweier Systeme auf deutschem Boden legalisieren. Ohne gerechte Ordnung, welche die Völker als solche empfinden und die eben deshalb dauerhaft ist, kommen wir der europäischen Friedensordnung keinen Schritt näher.

Europäische Friedensordnung schaffen heißt: Nicht Gräben betonieren, sondern zuschütten; nicht Spannungen legalisieren, sondern abbauen; nicht Völker teilen oder gegeneinander stellen, sondern zusammen und

zum Miteinander führen. Europäische Friedensordnung heißt zunächst: Miteinander leben ohne Gewalt. Anerkennung würde Gewalt anerkennen, würde nicht zum Miteinander hin, sondern davon wegführen. Anerkennung bedeutet auch Hinnahme des Anspruches der SED, die Spannung in Deutschland als »Klassenkampf« zu institutionalisieren. Das wäre aus meiner Sicht ein negatives Modell für Europa. Denn die deutsche Sowjetzone soll doch Musterbeispiel dafür werden, daß Kommunisten in der Lage sind, hochindustrialisierte Gesellschaften zur Zufriedenheit der Menschen zu regieren.
Wenn man die Aufgabenstellung der »DDR« so sieht, dann wird auch der grundsätzliche Unterschied zwischen der sowjetisch besetzten Zone Deutschlands und den osteuropäischen Staaten deutlich. Diese Staaten haben ihrer ganzen Natur nach keine Offensivfunktion in der sowjetischen Strategie gegenüber Mittel- und Westeuropa. Die Sowjetzone ist nicht nur, wie mancher meinen mag, der äußerst vorgeschobene Defensivposten des sowjetischen Machtbereichs, sondern auf längere Sicht die auf Europa gerichtete Speerspitze der Sowjets. Solange wir Herr unserer Entschlüsse sind, sollten wir uns weigern, diese Position der Sowjets in Mitteleuropa auch noch zu sanktionieren. Herbert Wehner hat recht: »Die ›DDR‹ anerkennen würde bedeuten, sich mit dem Strick um den Hals zu unterwerfen.«
Sollte der Tag kommen, wo sich die Menschen drüben in Freiheit für einen eigenen Staat entscheiden, sollten Menschenrechte auch dort gelten, so wäre eine andere Lage entstanden.

Mit Ulbricht oder seinem Nachfolger wird man sicher eines Tages Absprachen erreichen können, die das Leben der Menschen erleichtern. Über die Abschaffung des Systems und die Vergänglichkeit der »DDR« wird man mit ihm kaum eine Vereinbarung erzielen können.
So ergibt sich, daß die wichtigsten politischen Fragen der deutschen Spaltung weltpolitisch, daß sie nicht mit Ost-Berlin, sondern mit Washington, Paris, London und Moskau zu erörtern sind.

Was ist zu tun?

Kommunismus kann man nicht »ein bißchen« haben; man kann ihn nicht probieren, um ihn wegzuwerfen, wenn er nicht gefiel. Die letzten Krisen um Kuba und Berlin sind nicht lange her.
Auf die Dauer genügt die Herrschaft über Mauer und Räume nicht. Auf die Menschen kommt es an.
Wir wären nicht Politiker, sondern Bürokraten der Geschichte, nicht

Handelnde, sondern Behandelte, wenn wir uns ergeben darauf einrichteten, etwa bis zum Jahre 2000 eben in Europa und in Deutschland und in Berlin Spannung, Spaltung, Blöcke, Wettrüsten zu behalten. Solche Ergebenheit ist uns als Deutschen nicht erlaubt. Sie wäre auch tödlich für die Verantwortlichen, weil das Volk, die Jugend voran, sich das mit Recht nicht gefallen ließe.
Die Zeit arbeitet nicht für die Kommunisten. John F. Kennedy hat in seiner Rede vor den Berliner Studenten diese Feststellung unterstrichen: »Tatsächlich erfordert die Natur der modernen technisierten Gesellschaft menschliche Initiative und Verschiedenheit freien menschlichen Geistes. Die Geschichte selbst steht dem marxistischen Dogma entgegen und geht nicht mit ihm. Auch sind derartige Systeme nicht in der Lage, mit den Anforderungen der modernen Marktwirtschaft und den verschiedenen Kräften modernen Konsums in einer hochentwickelten Gesellschaft fertig zu werden. Kurz gesagt, diese dogmatischen Polizeistaaten sind ein Anachronismus, ebenso wie die Teilung Deutschlands und Europas dem Strom der Geschichte entgegengesetzt sind. Das neue Europa des Westens – ein dynamisches, vielfältiges und demokratisches Europa – muß auf die Völker im Osten eine stetig wachsende Anziehungskraft ausüben.«
Was können wir tun?
Ich kenne kein Patentrezept zur Lösung der deutschen Frage und habe auch keines anzubieten. Was ich zur Diskussion stellen möchte, sind Denkansätze, mögliche Bewegungsrichtungen für die deutsche Politik und – vielleicht – Beiträge zur Erkenntnis der Lage, der Interessen und der Fragestellungen.
Wir müssen aktiv bleiben in den deutschen Dingen. Und das nicht nur, weil sonst die in jüngster Zeit gewonnene Initiative wieder auf die »DDR« übergeht; nicht nur, weil die Erosion unserer gesamtdeutschen Positionen voranschreitet; und auch nicht nur, weil sonst die unerläßliche Unterstützung der öffentlichen Meinung der Welt ausbleibt; sondern vor allem, weil sonst die Tendenz sich durchsetzen wird, an uns vorbei und um uns herum weltpolitische und europäische Entspannung zu betreiben, und so am Schluß Entwürfe einer europäischen Friedensordnung Gewicht gewönnen, die unsere vitalen Interessen ausklammern.

Erstens: Unsere Wirklichkeit muß für uns werben.
Unsere demokratischen Einrichtungen, unser politischer Stil, unser Umgang miteinander, unsere humanitäre Gesinnung, unser Glaube an die Überlegenheit der Freiheit – alles dies muß vorbildlich, sichtbar und überzeugend sein. Unsere Sozialordnung muß beispielhaft, unsere Wirtschaftskraft überlegen bleiben. Dieses Zeugnis für die bessere Sache ist unverzichtbar.

Die Positionen, die ich in den ersten Kapiteln einnahm, wurden bezogen auch auf dieses erste Erfordernis gesamtdeutscher Politik.
Zweitens: die deutsche Politik muß ihren Beitrag dazu leisten, daß die Risse im Westen verschwinden.

Sie muß und kann zumindest die Hauptmächte des Westens über die deutsche Frage zusammenführen. Nur ein einiger Westen, der redlich das Ziel der Selbstbestimmung aller Deutschen ansteuert und ebendies auch nicht vergißt, wenn es um Entspannung geht, wird dieses Ziel erreichen. Durch Warten allein wird auch hier nichts Konstruktives bewirkt.
Wir können und wir müssen eine einheitliche Deutschlandpolitik des Westens wiederherstellen. Sie darf sich nicht in verbalen Beteuerungen, nicht im Wahren formaler Positionen, nicht in der Addition der Negationen erschöpfen. Also haben wir den ersten Schritt zu tun, indem wir unseren Freunden klipp und klar sagen, welches unsere Perspektive für die Zukunft Deutschlands ist, wofür wir ihre Unterstützung erbitten.
Ohne Rückhalt im Westen ist jede deutsche Politik, welche die Einheit in Freiheit wiederherstellen will, von vornherein aussichtslos. Wir brauchen Freunde.
Wir müssen nach Kräften beitragen zur guten Lösung der Probleme in der Welt und in Europa – wie in den voraufgegangenen Kapiteln erörtert. Deutsche Politik ist nicht zerlegbar in gesonderte Abteilungen Ost und West. Das eine bedingt, befördert, behindert das andere. Wie es provinziell wäre, die deutsche Frage anders als mit dem Blick auf die weltpolitischen Bedingungen für ihre Lösung anzugehen, so wäre es unklug, die weltpolitischen und europäischen Fragen als Deutscher anders als unter dem leitenden Gesichtspunkt der deutschen Frage zu betrachten.

Drittens: Die deutsche Politik muß der Sowjetunion klarzumachen suchen, daß die deutsche Spaltung nicht in ihrem Interesse liegt. Moskau muß wissen, daß wir zum Gespräch immer bereit, aber verpflichtet bleiben, den Weg für die Einheit aller Deutschen in Freiheit zu suchen. Wir sehen in der Sowjetunion eine für uns wichtige Weltmacht und anerkennen ihre großen wirtschaftlichen und technischen Leistungen. Auch durch feindliche Propaganda sollten wir uns nicht in die Startlöcher des »kalten Krieges« zurückdrängen lassen. Wir sind und bleiben bereit zur dauerhaften und friedlichen Ordnung in Europa, zu einem Frieden der gegenseitigen Achtung und im wechselseitigen Interesse.
Es bleibt wahr, was in der Berliner Erklärung der USA, Frankreichs, Großbritanniens und der Bundesrepublik Deutschland von 1957 steht: »Die unnatürliche Teilung Deutschlands und seiner Hauptstadt Berlin ist eine ständige Quelle internationaler Spannung. Solange Deutschland ge-

teilt ist, kann es keinen Friedensvertrag mit Deutschland und keine Stabilität in Europa geben. Die Wiedervereinigung Deutschlands in Freiheit ist nicht nur eine elementare Forderung der Gerechtigkeit für das deutsche Volk; sie ist darüber hinaus die einzige gesunde Grundlage für eine dauerhafte Friedensordnung in Europa. Nur eine frei gewählte gesamtdeutsche Regierung kann im Namen eines wiedervereinigten Deutschlands Verpflichtungen übernehmen, die anderen Ländern Vertrauen einflößen und die vom deutschen Volk selbst als gerecht und für die Zukunft bindend angesehen werden. Die Wiederherstellung der nationalen Einheit Deutschlands entsprechend dem frei zum Ausdruck gebrachten Willen des deutschen Volkes bedeutet weder eine Bedrohung der Nachbarn Deutschlands noch eine Beeinträchtigung ihrer Sicherheit. Um trotzdem jeder Besorgnis zu begegnen, die andere Regierungen in dieser Hinsicht haben könnten, sollten im Zusammenhang mit der deutschen Wiedervereinigung Vorkehrungen getroffen werden, welche die berechtigten Sicherheitsinteressen aller beteiligten Staaten berücksichtigen.«

Immer wieder sind Ansätze zur Lösung der deutschen Frage gesucht und Vorschläge gemacht worden. Für unsere Betrachtung ist eine Darstellung aller Pläne, Konferenzen und Initiativen entbehrlich. Nur die prinzipielle Sicht und die Denkansätze bleiben wichtig.

Die Hoffnung einiger, durch westliche Einigkeit und Stärke mit politischem Druck und geringen Konzessionen die deutsche Einheit automatisch als reife Frucht ernten zu können, war ein Irrtum und ist von der Geschichte widerlegt.

Das Junktim zwischen Entspannung und Wiedervereinigung – exemplarisch und perfektionistisch im Herterplan von 1959 niedergelegt – ist von den Verhältnissen aufgebrochen worden. Vieles aus diesem Plan ist der Fortentwicklung wert.

Die Idee, »Moskau die Zone abzukaufen«, wurde von der Sowjetunion unbeantwortet gelassen oder zurückgewiesen – ob sie nun von Adenauer beim Besuch Mikojans vertraulich und diskret ins Gespräch gebracht wurde, diplomatisch eine Rolle spielte oder in der von Botschafter Kroll im Februar 1962 in Moskau übergebenen deutschen Denkschrift impliziert war. Auch dieses Dokument – verfaßt von dem zu früh und zu jung gestorbenen, hochbegabten deutschen Diplomaten Reinkemeyer – enthält Gedanken, die weitergedacht werden sollten.

Der Vorschlag »Wiedervereinigung als Preis des Verzichtes auf die Gebiete jenseits der Oder und Neiße« wurde von de Gaulle 1967 in Polen gemacht und von östlicher Seite entrüstet verworfen.

Die Anregung, Deutschland die Einheit um den Preis der Kontrolle und Neutralisierung zu gewähren, wurde nach dem Kriege verschiedentlich von den USA gemacht und von der Sowjetunion abgelehnt.

Das Angebot Adenauers, »über vieles mit sich reden zu lassen, wenn in der Zone Menschenrechte gelten«, wurde nicht aufgenommen.
Der Gedanke, einen einheitlichen, deutschen freiheitlichen Rechtsstaat als Teil eines weitgehend neutralisierten Europa zu schaffen, ist zwar in den ausgehenden 40er Jahren lanciert, aber von niemandem so recht aufgegriffen worden.
Alle diese Vorschläge hat die Sowjetunion abgelehnt. Also kann man daraus folgern, daß sie Truppen in der sowjetisch besetzten Zone Deutschlands nicht nur zu ihrer Sicherheit unterhält; daß sie ihre Zone Deutschlands nicht nur aus wirtschaftlichen oder militärischen, sondern auch aus ideologischem Interesse festhält.
Wir können davon ausgehen, daß die Spaltung Deutschlands für alle Beteiligten auf die Dauer zu teuer ist, wie die Belastung aller Militär-Budgets durch Spaltung und Spannung in Europa zeigt. Zugleich ist Berlin, also Deutschland, zur Zeit der einzige sichtbare Punkt der Welt, an welchem die USA und die Sowjetunion so konfrontiert sind, daß sie stetig vor dem Risiko einer schließlich nuklearen Auseinandersetzung stehen. Frieden in der Welt und Frieden in Europa hängen ganz entscheidend von der Beseitigung der Spannungsursachen in Deutschland ab.
Gibt es unter diesen Voraussetzungen eine Perspektive in der deutschen Frage, welche die praktische Politik geduldig und einfallsreich in vielen kleinen Bemühungen als Ziel anstreben könnte?
Eine Neutralisierung Deutschlands als Zielvorstellung lehne ich ab, weil ein solches Deutschland nicht in Freiheit und Wohlfahrt lebensfähig wäre und die Probleme Europas eher erschweren würde. Gottfried Wilhelm Leibniz hat im Jahre 1669 eine politische Betrachtung über Brandenburg abgeschlossen mit diesen Worten, die keinerlei Erläuterung bedürfen: »Neutrales similes ei, der im mittelsten Stock wohnt; der wird von dem untersten beraucht und von dem obersten urina perfundieret.«
Das »geregelte Nebeneinander« von Bundesrepublik Deutschland und »Deutscher Demokratischer Republik« als End- und Zielvorstellung entspricht weder dem Wunsch der Deutschen nach staatlicher Einheit noch wäre diese Perspektive der europäischen Friedensordnung förderlich, weil das Ostberliner Regime den Gegensatz zum freien Deutschland zur verbindlichen Maxime erhoben hat.
Mancher Denkansatz gesamtdeutscher Bemühungen hat vielleicht die sowjetrussischen Interessen nicht genügend in Rechnung gestellt. So will ich versuchen, ausgehend von den wahrscheinlichen Interessen der Sowjetunion in Mitteleuropa an das Problem heranzugehen. Bei der Formulierung dieser Interessen muß jeder von Annahmen ausgehen; Gewißheit hat keiner.
Wenn ich es richtig sehe, glaubt die Sowjetunion ein militärisches, ein

wirtschaftliches und ein ideologisches Interesse an der Fortdauer der deutschen Spaltung zu haben.
Es scheint, daß die überwiegende Mehrheit der Verantwortlichen in Moskau meint, die »DDR« zur eigenen Sicherheit als *militärischen* Vorposten in Mitteleuropa zu benötigen.
Diese Rechnung beruht, so meine ich, auf mehreren Irrtümern: Zunächst gibt es weder eine militärisch-offensive Absicht des Westens, noch eine solche Bereitschaft der Völker, noch dafür ausreichende konventionelle Streitkräfte. Wer in Moskau von westlicher Bedrohung in Mitteleuropa spricht, baut einen Popanz auf. Die Deutschen sind weder gewillt noch in der Lage, die große Sowjetunion militärisch zu bedrohen; sie haben ihre Streitkräfte integrierten Stäben der NATO unterstellt und verfügen über keine A-B-C-Waffen. Und hinsichtlich der Legende, die in die NATO integrierte Bundeswehr vermöchte die Streitkräfte des ganzen Bündnisses – als auslösendes Moment – in einen Konflikt mit der Sowjetunion zu verwickeln, könnte Moskau leicht in Washington, Paris und London beruhigende Nachricht einholen.
Die »DDR« bedeutet für Moskau nur eine höchst fragwürdige Sicherheit. Diesen »Staat« gibt es gegen den Willen der Deutschen, weil dort 400000 Soldaten der sowjetrussischen Roten Armee stehen. In Wahrheit gibt also nicht die »DDR« der Sowjetunion Sicherheit, sondern die Sowjetunion sich selbst. Es kommt hinzu, daß die kommunistischen Führer in Mitteldeutschland es nicht fertig gebracht haben, die Bauern und die Arbeiter für sich zu gewinnen. Die »DDR« kann aus sich der Sowjetunion nichts geben; was sie kann, vermag sie durch die Sowjetunion, konkret durch die Rote Armee.
Also ist für die Sowjetunion lediglich das Territorium Mitteldeutschlands als Basis der Roten Armee militärisch interessant, nicht so sehr aber das Regime dort, welches den innereuropäischen Konflikt institutionalisiert.
So drängt sich die Frage auf: Ist es wirklich im Interesse der Sowjetunion, ihrer Sicherheit wegen die »DDR« zu erhalten und mit ihr die deutsche Spaltung? Gäbe es nicht Wege, die Sicherheitsprobleme durch die Wiedervereinigung Deutschlands zu lösen? Wäre nicht ein wiedervereintes Deutschland, das allen Nachbarn Gewaltverzichte verbindlich erklärte und Mitglied eines europäischen Sicherheitssystems wäre, für die Sowjetunion auch sicherheitspolitisch besser als die konfliktgeladene Konfrontation in Berlin mit der anderen Weltmacht?
Am 28. Mai 1957 hatten Präsident Eisenhower und Kanzler Adenauer dieses Kommuniqué über ihre Verhandlungen herausgegeben: »Der Präsident und der Kanzler erklärten nachdrücklich, daß die Wiederherstellung der staatlichen Einheit Deutschlands der Sowjetunion keinen Anlaß zu Besorgnissen für ihre eigene Sicherheit bietet. Es ist nicht die Absicht

ihrer Regierungen, aus der Wiedervereinigung Deutschlands einen einseitigen militärischen Vorteil zu ziehen. In Verbindung mit der Wiedervereinigung sind sie – ebenso wie dies schon auf den beiden Genfer Konferenzen im Jahre 1955 festgestellt wurde – nach wie vor bereit, Sicherheitsvereinbarungen für Europa zu treffen, die der Sowjetunion weitgehende Garantien auf dem Gebiet der Sicherheit geben würden.«
Der Herter-Plan vom 14. Mai 1959 hatte die Zustimmung der USA, Frankreichs und Großbritanniens und der Bundesrepublik Deutschland gefunden. Er war Basis der Genfer Erörterungen der Weltmächte über Deutschland und europäische Sicherheit. Ziffer 27 dieses westlichen Planes lautet:
»Sollte die gesamtdeutsche Regierung beschließen, irgendeinem Sicherheitspakt beizutreten,
(a) so könnten besondere Maßnahmen getroffen werden in bezug auf die Verteilung militärischer Kräfte und Anlagen in dem Gebiet, das den Grenzen zwischen einem wiedervereinigten Deutschland und Mitgliedstaaten eines anderen Sicherheitspaktes am nächsten liegt;
(b) wären die vier Mächte bereit, gemeinsam mit anderen Parteien europäischer Sicherheitsabmachungen zusätzliche gegenseitige Verpflichtungen zu übernehmen, insbesondere die Verpflichtung zum Einschreiten gegenüber einem Angriff;
(c) wären die vier Mächte bereit, gemeinsam mit anderen Parteien der genannten europäischen Sicherheitsabmachungen die Zusicherung abzugeben, daß sie ihre Streitkräfte nicht über die frühere Demarkationslinie zwischen den beiden Teilen Deutschlands hinaus vorrücken lassen würden.«
In diesem Vorschlag ist das Element enthalten, Deutschland die Einheit zu geben bei Wahrung der Sicherheitsinteressen anderer. Hier ist auch der Gedanke ausgesprochen, fremde Truppen in einem wiedervereinten Deutschland zu belassen.
Man muß diesen Gedanken, so meine ich, ebenso in die Erörterungen einbeziehen wie die bekannteren Überlegungen, alle ausländischen Truppen aus dem wiedervereinigten Deutschland abzuziehen, bzw. Truppen zu reduzieren und die Bewaffnung herabzusetzen.
Bei den Genfer Verhandlungen hat der Außenminister Frankreichs am 21. Mai 1959, gestützt auf diesen Plan, betont: Die Anwesenheit der fremden Truppen auf deutschem Territorium habe in der Nachkriegszeit das prekäre Gleichgewicht der Kräfte in Europa gestützt. Aus dieser bedeutsamen Funktion der fremden Truppen auf deutschem Territorium folge, daß beim Abschluß eines Friedensvertrages mit dem wiedervereinigten Deutschland nicht so sehr die Frage des Abzugs dieser Truppen im Vordergrund stehe, sondern daß für einen dauerhaften Frieden die Schaf-

fung und Gewährleistung eines Gleichgewichts der Kräfte in Europa das wesentliche Moment sei.

Ich finde das nach wie vor realistisch – mag auch die Vorstellung von der Anwesenheit fremder Truppen in den Randzonen des wiedervereinigten Deutschland nicht besonders reizvoll sein. Aber schließlich bleiben auch bei den anderen Vorschlägen der Truppenverminderung beiderseits der europäischen Trennungslinie fremde Truppen auf deutschem Boden. Und: Auch jetzt schon haben wir fremde Truppen im Lande.

Natürlich muß über alles das im einzelnen gesprochen werden. Es bedarf konkreter, befristeter Verträge. Innerhalb eines europäischen Sicherheitssystems könnte unter klaren vertraglichen Regeln Platz sein auch für Truppen der Sowjetunion in einem Teil Deutschlands wie für solche der USA, Großbritanniens und Frankreichs.

Wie die Dinge liegen, sehe ich mich nur imstande, europäische Lösungen mit den USA und einschließlich der USA zu suchen. Die Ereignisse im Nahen Osten haben gezeigt, was Garantien von Weltmächten ohne ihre stetige Präsenz im Krisengebiet nutzen. Unsere Sicherheit verlangt wirksame militärische Anwesenheit der USA in Europa. Bleiben aber die USA in Mitteleuropa militärisch präsent, so müssen wir wohl davon ausgehen, daß die Sowjetunion ebendies auch wünscht und tut. Die militärische Präsenz der Sowjetunion in Deutschland hat zudem eine von ihr als unerläßlich angesehene Funktion zur Wahrung ihrer Position in Ost- und Mitteleuropa.

Mein Eindruck, daß die Weltmächte weiterhin durch militärische Präsenz in Deutschland Kontrolle ausüben und Einfluß nehmen wollen, besteht unverändert fort. Freunde in den USA erklären im privaten Gespräch: Zwei Weltkriege, welche die Amerikaner in Mitleidenschaft gezogen hätten, seien in Mitteleuropa ausgebrochen; also wünsche man, in Europa zu sein, um Kriege zu verhindern.

Auch wird die Frage gestellt, wie wir an politische Lösungen in Europa denken könnten, die den gänzlichen Zusammenbruch der sowjetischen Positionen zur Folge hätten. Eine Antwort auf diese Frage ist, so meine ich, ohne eine gewisse militärische Präsenz der Sowjetunion in Mitteleuropa wohl kaum zu finden.

Die militärische Präsenz amerikanischer Truppen an der West- und sowjetischer Truppen an der Ostgrenze des wiedervereinigten Deutschlands wäre nichts anderes als einer der wesentlichen Inhalte eines europäischen Sicherheitssystems, wobei klar sein sollte, daß wir zugleich eine gleichwertige Verminderung der fremden Streitkräfte erwirken möchten.

Wenn die Sicherheitsinteressen der Sowjetunion nicht von der Art sind, daß die Sowjetunion vital die »DDR« braucht, wenn es für sie und für Europa bessere Systeme gibt, warum müssen dann, so ist doch zu fragen, die Deutschen in Leipzig anders und getrennt von denen in Hamburg leben? –

Die *ökonomischen* Interessen der Sowjetunion an der Existenz der »DDR« sind schon betont worden. In Moskau sollte man aber erkennen: Trotz des Baus der Mauer wächst der wirtschaftliche Abstand zwischen der »DDR« und dem freien Deutschland.

Untersuchungen von Experten aus dem Jahre 1966 geben folgendes Bild: »Fast alle Berechnungen ergeben, daß in den Jahren 1958 bis 1965 in ganz wesentlichen Bereichen der Abstand zwischen der Bundesrepublik und Mitteldeutschland nicht geringer, sondern größer geworden ist, daß also genau das Gegenteil von dem eingetreten ist, was die SED-Führung im Juli 1958 bei der Verkündigung des ersten Siebenjahresplanes angekündigt hatte, nämlich das Einholen oder gar das Überholen Westdeutschlands.« Und dies, obwohl sich »nach wie vor der Lebensstandard der Masse der Arbeitnehmer zuungunsten der Zone entwickelt«. (Professor Karl Thalheim, Berlin)

Auch Professor Gleitze, Leiter des wirtschaftswissenschaftlichen Instituts des Deutschen Gewerkschaftsbundes, kommt zum Ergebnis: »Die Leistungsfähigkeit der sowjetzonalen Wirtschaft ist also zwar gewachsen, die Wirtschaft hat nicht stagniert, aber die Steigerung ihrer Leistungsfähigkeit blieb bisher hinter der Westdeutschlands in erheblichem Maße zurück. Zusammenfassend läßt sich sagen, daß die Lebensverhältnisse in der SBZ verbessert worden sind, daß sich aber der Rückstand gegenüber der Bundesrepublik sowohl in der laufenden Versorgung der Bevölkerung mit hochwertigen Nahrungsmitteln und industriellen Konsumgütern als auch in der Substanz an investiven Gebrauchsgütern in privaten Haushalten vergrößert hat.«

Man sollte in Moskau nicht übersehen, daß ein wiedervereinigtes Deutschland mit einer undoktrinären Wirtschaftspolitik auch für die Sowjetunion interessanter wäre als der gegenwärtige Zustand.

Das ökonomische Interesse der Sowjetunion kann nicht den Ausschlag geben zugunsten der Fortdauer der deutschen Spaltung. –

So bleibt die Frage, ob die gegenwärtigen *ideologischen* Interessen der Sowjetunion unverändert bleiben werden. Diesen ideologischen Interessen liegt die Lehre vom unvermeidlichen Gegensatz zwischen kommunistischer und nicht-kommunistischer Welt zugrunde. Danach ist auch in internationalen Beziehungen die »Klassenfrage« entscheidend.

Die Erfordernisse der modernen Industriegesellschaft jedoch, die unausrottbare Herausbildung »neuer Klassen« in der »klassenlosen Gesellschaft«, die bleibenden Kräfte des Nationalen, der Religion und der Familie stellen die Kommunisten vor praktische Probleme, die notwendigerweise fortwährend die Frage der Anwendbarkeit des Klassenkampfsche-

mas überhaupt und auch auf die internationale Politik aufwerfen. Die unterschiedlichen Entwicklungsstufen kommunistischer Staaten sind ein weiteres unaufhebbares Ärgernis für den gläubigen Kommunisten.
So richtig es ist, zu erkennen, daß die sowjetische Deutschlandpolitik auch von ideologischen Motiven geprägt ist, so falsch wäre es, dies als unabänderliche Konstellation einzukalkulieren. Fortschritt ist auch unabweisbar ein Prozeß des Verschleißes von Dogmen. Diese Erkenntnis dämmert auch im Osten, und wir sollten die Fähigkeit der Russen zu einer realistischen Betrachtung der Dinge nicht gering achten. Jedenfalls gilt es, die Überlegungen zu einer Lösung der deutschen Frage nicht einseitig auf ideologische Konstanten einzurichten, deren Erosion bereits eingesetzt hat.
Der Marxist glaubt an die Überlegenheit seiner Sache, an den dialektischen Prozeß der Geschichte, an die Zwangsläufigkeit des kommunistischen Endsieges; der gläubige Kommunist schließt sich nicht ein, sondern arbeitet offensiv. Wer Mauern baut, ist ein ideologisches Hasenherz. Er wird notwendigerweise von der geistigen Entwicklung überholt und eine immer größere Belastung für diejenigen, die mit ihm verbündet sind.
In Moskau sollte man abwägen, ob nicht – aus größerem Blickwinkel – die Agitation der Kommunisten in einem wiedervereinigten Deutschland einige interessantere Perspektiven ergäbe als die gegenwärtige Lage. Natürlich würde eine kommunistische Partei in einem wiedervereinigten Deutschland volle Freiheit haben. Auch das Bundesverfassungsgericht hat so entschieden. Sollten die Kommunisten Angst davor haben, weil sie nicht mehr an ihre Sache glauben? –
Ich sehe kein dauerhaftes Interesse der Sowjetunion, das zwingend der deutschen Einheit entgegensteht. Hier sind Denkansätze formuliert worden, nach denen ein Interessenausgleich möglich sein sollte.

Viertens: Die deutsche Politik muß in Mittel- und Osteuropa aktiv tätig sein.
Wir wollen überall in Europa und auch dort präsent sein, wo Kommunisten regieren. Welche Form diese Präsenz hat, muß von Fall zu Fall und unter sorgsamer Abwägung der Konsequenzen entschieden werden. Ich stimme Professor Brzezinski zu, wenn er die Zielvorstellung mit den Worten »Von der Konfrontation zur Kooperation« umschreibt.
Präsident de Gaulle hat uns bei einem Besuch in Bonn gesagt, er meine das ganze Europa, und in diesem ganzen Europa werde ein ungeteiltes Deutschland eine wesentliche Rolle spielen. De Gaulle hat uns Deutsche ermuntert, auch unsererseits die Schüchternheit angesichts der neuen Perspektiven zu überwinden. Er hat von einem Europa gesprochen, das sich Schritt für Schritt selbst wiederfindet. Die Rede Präsident Johnsons

vom Oktober 1966 ist diesen Vorstellungen sehr nahe. Wir Deutschen können dem zustimmen. Auch wir meinen das ganze Europa, das sich wiederfinden soll. Dazu muß ein Kern im freien Teil Europas wirksam sein. Und bei diesem Zusammenfinden des Ganzen könnten die USA besonders hilfreich sein.
(Zu diesem vierten Akzent unserer gesamtdeutschen Bemühungen siehe S. 163 ff.)

Fünftens: Die deutsche Politik muß im menschlichen Bereich den Status quo plus ganz Deutschland erstreben.
Zum Problem der menschlichen Erleichterungen habe ich im Bundestag einige der Themen genannt, die hier zur Debatte stehen: Aufhebung des Schießbefehls; Erleichterungen bzw. Ermöglichung der Familienzusammenführung; der Kinderrückführung und der Besuchsreisen aus der SBZ; Aufhebung der Medikamentenverordnung und der Paketverordnung; Nachbarschaftsverkehr entlang der Demarkationslinie; Öffnung weiterer Übergänge; Wiederherstellung des Telefonverkehrs in Berlin; Einbeziehung West-Berlins in den gesamtdeutschen Sportverkehr; Reisemöglichkeiten für alle Westberliner nach Ostberlin und in die SBZ; Wiederherstellung gesamtdeutscher Gesellschaften auf dem kulturellen Gebiet; Zeitungs- und Redneraustausch.
Um diesen Bereich menschlicher Erleichterung und innerdeutscher Regelung geht es in der Initiative der Bundesregierung vom 12. April 1967. Den Status quo in diesen Fragen zu ändern, wäre ein Gewinn – menschlich wie politisch. Jede menschliche Erleichterung hat einen Wert in sich. Jeder Fortschritt insoweit ist zugleich ein politischer Fortschritt.
Jede im kommunistischen Herrschaftsbereich zugunsten der Humanität veränderte Alltagswirklichkeit ist auch politisch ein Status quo plus. Hier liegt übrigens ein Bereich ständiger Einwirkungen der Bundesrepublik auf die Verhältnisse im anderen Teil Deutschlands. Die SED weiß und spürt, daß ihr System ständig an der Wirklichkeit im Westen Deutschlands gemessen wird. Wir dürfen, ohne überheblich zu werden, davon ausgehen, daß dieser Sachverhalt unseren Landsleuten drüben geholfen hat, den persönlichen Bewegungsraum gegenüber dem Regime auszuweiten.
Alles das bewirkt zwar nicht die Einheit Deutschlands, erleichtert aber nicht nur die Gegenwart für die Menschen, sondern fördert auch die politische Entwicklung.
Bundeskanzler Kiesinger hat einen Katalog von praktischen Fragen gegenüber den Verantwortlichen in der »DDR« ins Spiel gebracht, seinen Staatssekretär als Gesprächspartner hierfür legitimiert und sich selbst zur Begegnung mit dem Verantwortlichen drüben bereit erklärt. Hier kommt

es auf zweierlei an: Einmal müssen wir alles tun, was die Not der Teilung lindern und die Realität der Nation stärken kann. Wenn hierzu Gespräche und Abmachungen helfen, muß das geschehen. Zum anderen müssen wir weiterhin jedermann unmißverständlich klarmachen, daß wir durch nichts – auch nicht durch diese Kontakte, wie »hoch« immer sie im Interesse der Sache erfolgen – die rechtliche Anerkennung West-Berlins als selbständige politische Einheit, die der »DDR« als Ausland oder als zweiten souveränen Staat deutscher Nation zu vollziehen wünschen oder vollziehen.

Bisher ist man in Ost-Berlin auf die Vorschläge des Bundeskanzlers nicht eingegangen. Die Briefe wurden nicht einmal veröffentlicht. Man muß sich daher hüten, diese wichtige Initiative zu stören, indem man andere Themen ins Gespräch bringt oder andere Vorschläge macht. Es gehört zu den Regeln des Umgangs mit Kommunisten, beharrlich an dem Ball zu bleiben, den man ins Spiel gab.

Mit Rücksicht hierauf will ich mich zu diesem Thema bescheiden und nur noch diesen Hinweis geben: Der damalige Bundesminister für gesamtdeutsche Fragen, Dr. Erich Mende, hat am 5. Januar 1965 in einem Interview mit dem Westdeutschen Rundfunk folgendes erklärt:

Die Bundesregierung habe im August 1963 ein Memorandum zur Deutschen Frage in Washington, London und Paris übergeben lassen. Zum Inhalt hat Mende mitgeteilt:

»Wir haben konkrete Vorstellungen. Sie sind in diesem eben genannten Memorandum niedergelegt. Das mindeste, was wir erwarten können, ist die Einsetzung gemischter Kommissionen, paritätisch besetzt aus beiden Teilen Deutschlands für den Personen- und Reiseverkehr im geteilten Deutschland, für den Wirtschafts- und Warenverkehr und für Kulturaustausch und Sport. Also wären diese gemischten Kommissionen unter der Verantwortung der vier Mächte ein Ausweg aus der verfahrenen Situation und könnten zur Milderung der Spannungen im geteilten Deutschland beitragen.«

Nun, der Inhalt dieses Memorandums ist umfassender. Es wurde nie publiziert, und ich möchte weiter dazu schweigen, obwohl ich als gesamtdeutscher Minister, in dessen Amtszeit dieses Momorandum verfaßt wurde, mehr sagen könnte. Mende hat immerhin einen Denkansatz bekanntgegeben.

Sechstens: Unsere Beharrlichkeit in der deutschen Frage, unsere Weigerung, die nationale Frage bequem an den Nagel zu hängen, schwächt die Position der gegenwärtigen Machthaber und stärkt jene, die sich gegen den Widerstand der jetzigen Führerschaft der SED um einen größeren Raum selbständigen Denkens und Entscheidens bemühen. Auch Kom-

munisten sind unter ihnen. Unsere Festigkeit im Grundsatz muß verbunden bleiben mit flexiblen Methoden und mit genauem Hinhören auf das, was drüben von wem gesagt wird.
Wir sollten nie übersehen, daß es in der »DDR« auch fortschrittliche Kommunisten und unter diesen auch solche gibt, die an das ganze Deutschland denken. Nicht alle Verantwortlichen in Ost-Berlin ziehen es vor, im Turm eines durch Mauern gesicherten kommunistischen Teil-Deutschland zu leben! Es gibt einige, die lieber das ganze Deutschland als einen Staat sähen, in dem sie als deutsche Kommunisten – zunächst parlamentarisch – um Ansehen, Macht und Einfluß ringen. Mit dem Blick auf Italien und Frankreich scheint diesen Kommunisten diese Alternative auch europäisch besser.
So müssen wir die geistige Kraft zum Dialog auch mit diesen aufbringen und der Nuance Raum geben. Wir sollten uns auch an der Diskussion der deutschen Kommunisten um ihren Weg hörbar beteiligen.
Auf jeden Fall tun wir gut daran, neben CDU/CSU, SPD und FDP die SED als eine in Deutschland wirkende politische Partei zu betrachten. Zwar hat die SED die geringste Anhängerschaft unter diesen politischen Parteien, wie z. B. die Wahlen in West-Berlin, an denen sie teilnimmt, immer wieder zeigen; aber sie ist da.
Im Dezember ist in Ost-Berlin ein lesenswertes Buch erschienen: »Jugend heute«. Autor ist Walter Friedrich, wissenschaftlicher Mitarbeiter des Amtes für Jugendfragen beim »Ministerrat der DDR«, darin heißt es: »Die weltanschaulichen, gesellschaftlichen und moralischen Einstellungen der Kinder sind eindeutig an den Normen der Familie orientiert... Die ideologische Prägung erfolgt u. E. entscheidend durch die Familienerziehung. Der Einfluß der Familie auf die politisch-weltanschaulichen und die damit verknüpften Einstellungen ist gegenwärtig sehr groß.«
War nicht unter Marxisten immer davon die Rede, daß es die ökonomischen, die gesellschaftlichen Verhältnisse seien, die das Bewußtsein des Menschen bestimmen? Und hier wird offiziös, nach zwanzigjähriger Indoktrination, festgestellt: Nicht die Partei, nicht die FDJ, nicht die sonstigen gesellschaftlichen Verhältnisse prägen entscheidend das Bewußtsein der Jugend, sondern – vor allem anderen – die Familie!
Die erstaunlichen Feststellungen der Studie »Jugend heute« wurden inzwischen von einem Bericht bestätigt, der nach dem VII. Parteitag von einer Kommission unter Leitung des Stellvertretenden Vorsitzenden des Ministerrates, Alexander Abusch, dem sowjetzonalen Staatsrat vorgelegt wurde. Da ist auch wieder die Rede von »Unklarheiten« in der älteren Generation, »die sich zwangsläufig auch bei den Jugendlichen äußern«; da wird wieder geklagt, die Jugendlichen seien »im öffentlichen (!!) Bereich wie auch in der Familie widersprüchlichen Einflüssen ausgesetzt«.

Wer sollte es vor dieser Jugend und vor diesen deutschen Familien auf sich nehmen, zu kapitulieren? Das aber täte, wer Ulbrichts Separatismus, seine Politik der Verewigung des innerdeutschen Gegensatzes durch förmliche Anerkennung der »DDR« sanktionierte.
Der Wille zur Selbstbehauptung der Deutschen; die Erkenntnis, daß hierzu langer Atem wie die Kunst notwendig sind, zu wissen, wo Kampf und wo Dialog, wo Reden und wo Schweigen, wo Reagieren und wo Ignorieren am Platze sind; der Zusammenhalt der Deutschen über künstliche Grenzen hinweg; die Unterstützung möglichst vieler in aller Welt für unser Anliegen – das bleiben Notwendigkeiten der deutschen Politik.
Unsere Verbündeten haben uns feierlich bekundet, wir – allein wir – sprächen für das ganze Deutschland. Also stehen wir auch international auf gutem Boden, wenn wir den Status quo weiterhin nicht als endgültig akzeptieren. Das wir dabei nicht bequem und jedermanns Liebkind sein können, ist offenkundig.

Und Österreich?

Neben der Legende über die 1952 angeblich verpaßte Chance spielt in Diskussionen immer wieder der Hinweis auf Österreich eine Rolle. Dabei ergibt sich die Unvergleichbarkeit der österreichischen Wiedervereinigungsprobleme mit der Lösung der deutschen Frage zweifelsfrei aus den Tatsachen:
Von Anfang an haben die Sowjets in den von ihnen besetzten österreichischen Gebieten die lokale österreichische Selbstverwaltung gefördert. Die Favorisierung österreichischer Kommunisten hielt sich dabei im großen und ganzen in annehmbaren Grenzen. Schon im April 1945 kam es auf sowjetisches Betreiben – und durchaus nicht im Einvernehmen mit den Westalliierten – zur Bildung einer österreichischen Zentralregierung aus Sozialisten, Christlich-Sozialen und Kommunisten, die die Wiederherstellung der Repbulik Österreich »im Geiste der Verfassung von 1920« proklamierte. Hätten die Sowjets darauf gesetzt, diese Regierung zu manipulieren – das in vier Sektoren und einen Zentralsektor geteilte Wien lag inmitten der sowjetisch besetzten Zone des Landes! –, wie sie es in anderen befreiten Ländern nachdrücklich taten, so hätten sie auf die Ergebnisse der im November 1945 abgehaltenen nationalen Parlamentswahlen anders reagiert: Die KPÖ erhielt 5,4 v.H. der Stimmen. Fortan waren die Kommunisten im Kabinett nicht mehr mit zwei Ministern und einem Staatssekretär ohne Portefeuille, sondern nur noch mit einem Minister vertreten.
Die österreichischen Sozialisten lehnten die von den Kommunisten offe-

rierte Vereinigung ab, ohne sich jener Verhaftungswelle ausgesetzt zu sehen, von der jene Sozialdemokraten in der deutschen Sowjetzone heimgesucht wurden, die dieselbe Haltung einnahmen. Dort wurde die Vereinigung von KPD und SPD zur SED von den Sowjets erzwungen.
Das vergebliche Angebot der österreichischen Kommunisten an die Sozialisten und Christlich-Sozialen zur nationalen Einheitsfront, zur Blockpolitik blieb ohne Folgen, während derselbe Vorgang in der deutschen Sowjetzone schärfste sowjetische Eingriffe zur Folge hatte: Die sich weigernden CDU-Vorsitzenden Jakob Kaiser und Ernst Lemmer wurden von den Sowjets abgesetzt, die nichtkommunistischen Parteien wurden in die Blockpolitik gepreßt und so entmachtet.
Man mag das sowjetische Verhalten in Österreich damals als eine Kette von Fehlspekulationen gewertet haben. Rückblickend muß man jedoch feststellen, daß Moskau diese Linie – trotz zahlreicher anderer Terrormaßnahmen – durchgehalten hat. Ich erinnere an die nationalen Wahlen von 1949, die der KPÖ abermals nur 5 v.H. der Stimmen einbrachten, und an die niederösterreichischen Gemeindewahlen von 1950, bei denen von elf Bürgermeistern, die von den Sowjets gegen den Willen der Bevölkerung eingesetzt waren, zehn durchfielen – und die Sowjets haben diesen freien Willensentscheid respektiert. In der deutschen Sowjetzone dagegen fanden die ersten Wahlen erst nach der Zwangsvereinigung der KPD und SPD statt, im September 1946. Die Besatzungsmacht ließ für die rund 11600 Gemeinden aber lediglich die Wahlvorschläge von 2082 Ortsgruppen der CDU und 1121 der LDP zu und behinderte überdies die Papierzuteilung für die Zeitungen dieser Parteien. Die SED dagegen war in allen 11600 Gemeinden zugelassen. Unter diesen Umständen war die Wahl nicht als frei anzusehen; gleichwohl hatte das veröffentliche Ergebnis einen gewissen Nennwert: Die SED erhielt 57 v.H., CDU und LDP zusammen 40 v.H. der Stimmen. Während die Sowjets in Österreich die Unpopularität der KPÖ in Kauf nahmen, unterbanden sie in ihrer deutschen Besatzungszone die Deutbarkeit des Wählerwillens durch die obligatorische Einheitsliste und die Verhinderung jeder freien Bekundung des politischen Willens der Bevölkerung.
Im Gegensatz zu Österreich haben die Sowjets zwischen Ostsee und Erzgebirge gleich zu Beginn eine »gesellschaftliche Umgestaltung« eingeleitet. Enteignung der Großindustrie und Bodenreform sind unübersehbare Marksteine des von den Sowjets 1945 eingeschlagenen Weges in der Deutschlandfrage. Dieses Konzept haben die Sowjets unbeirrt verfolgt. Die Fluchtzahlen aus der SBZ sind ein ebenso furchtbares wie zuverlässiges Diagramm der kommunistischen Aktivität im sowjetisch besetzten Teil Deutschlands. Während in Österreich am 28. 6. 1946 ein neues Kontrollabkommen den Güter- und Personenverkehr zwischen den öster-

reichischen Besatzungszonen von allen Beschränkungen befreite, wurde zwei Tage später die Zonengrenze in Deutschland hermetisch abgeriegelt. Der Grund: Seit Oktober 1945 waren aus der sowjetischen allein in die britische Zone 1,6 Millionen Menschen geflüchtet. Eine nennenswerte innerösterreichische Wanderung hat es dagegen trotz sowjetischer Besatzung nicht gegeben. »Die Sowjetregierung beabsichtigt nicht, irgendeinen Teil des österreichischen Territoriums zu erwerben oder die soziale Struktur Österreichs zu verändern« – so hieß es in einer Erklärung Moskaus am 9. April 1945 an das österreichische Volk. Die Sowjets haben sich daran gehalten. Für Deutschland haben sie das Gegenteil erklärt.
Bleibt die Frage, warum erst 1955 der Staatsvertrag abgeschlossen werden konnte. Bekanntlich war bereits 1949 weitgehend Einigkeit über diesen Vertrag erzielt worden. Dabei war das Primat der wirtschaftlichen Interessen der Sowjets deutlich. Dann kam Korea, kam der Kalte Krieg. Fortan haben die Sowjets den Abschluß des Vertrages, der das Ende ihrer militärischen Anwesenheit in Österreich bedeutet und damit auch den Verbleib ihrer Truppen in Ungarn und Rumänien in Frage gestellt hätte, von Jahr zu Jahr hinausgezögert. Sie begannen, den Staatsvertrag zunächst von der Triestfrage, dann von einem deutschen Friedensvertrag abhängig zu machen. Jedenfalls wurde deutlich, daß Österreich in der sowjetischen Strategie in Europa die Rolle eines Dispositivs darstellte. Es wirft ein bezeichnendes Licht auf die damalige sowjetische Einschätzung der europäischen Situation, daß zu der Zeit, als Stalin seine März-Note des Jahres 1952 in der Deutschlandfrage absandte – die immer wieder als ein echtes Angebot interpretiert worden ist –, die Behandlung des österreichischen Staatsvertrages völlig festgefahren war.
Erst im Sommer 1955 kam, gänzlich unberührt durch den Juniaufstand in der SBZ, wieder Bewegung hinein, aber die Sowjets betonten einen Zusammenhang mit eventuellen Erfolgen bei der Lösung der deutschen Frage. Im Februar 1954 verdeutlichte sich die sowjetische Haltung bei der Berliner Konferenz der Außenminister der vier Mächte. Molotow forderte die Nichteinbeziehung Österreichs in Militärbündnisse und die Unzulässigkeit militärischer Mächte auf österreichischem Boden. Österreich selbst hatte jedoch spätestens seit 1949 keinen Zweifel an seinem Willen zur künftigen Neutralität gelassen, sah sie ausdrücklich als eigene souveräne Willensäußerung, nicht als Auflage eines Staatsvertrages an. Gleichwohl scheiterte eine Einigung an der sowjetischen Forderung, auch nach Abschluß des Staatsvertrages Truppen bis zum Abschluß eines deutschen Friedensvertrages in Österreich zu belassen. Molotow erklärte, wenn die Pläne für eine europäische Verteidigungsgemeinschaft zurückgezogen würden, so würde das die Lösung der Österreich-Frage erleichtern. Im Oktober 1954 wurden die Pariser Verträge abgeschlossen, und

Molotow drohte am 10. 12., »daß Verhandlungen über das österreichische Problem auf der Grundlage der Ratifizierung der Pariser Verträge nutzlos sind«.
Aber schon wenige Wochen später wechselte die Taktik: Moskau erklärte Anfang Februar 1955, seine Truppen könnten auch schon vor einem deutschen Friedensvertrag abgezogen werden. Die Ratifizierung der Pariser Verträge am 5. Mai 1955 hinderte nicht, daß der österreichische Staatsvertrag am 15. Mai unterzeichnet wurde. Die wirtschaftlichen Vorteile der Sowjets waren weit geringer, als die bereits 1949 erzielte Einigung vorgesehen hatte; die österreichische Neutralität wurde statuiert, die sowjetischen Truppen wurden abgezogen. Tags zuvor hatten die osteuropäischen Staaten den »Warschauer Pakt« abgeschlossen, der den Verbleib sowjetischer Truppen in Ungarn trotz ihres Abzugs aus Österreich ermöglichte.
Dieser rasche Wechsel der Szenerie enthüllt die Moskauer Taktik hinsichtlich der Lösung der Österreich-Frage. Die Neutralität Österreichs unterband die Landverbindung zwischen dem in die westliche Verteidigungsgemeinschaft integrierten Gebiet der Bundesrepublik und dem verbündeten Italien, eine Landverbindung, die bei einer Spaltung Österreichs über die westlichen Teile des Landes bestanden hätte. Wichtiger ist jedoch eine andere Überlegung: Hätten die Sowjets durch das Beispiel Österreich ernsthaft ein Modell für die Lösung der deutschen Frage populär machen wollen – Wiedervereinigung durch Neutralität –, so hätten sie das Exempel schon 1952/53 als Paraphrasierung zum Thema der Stalin-Note, spätestens aber bei der Berliner Konferenz Anfang 1954 statuieren müssen. Nichts hätte sie daran gehindert, so zu verfahren, wenn nicht ihre Ziele in der Deutschlandfrage andere gewesen wären. Es hätte sie den – seit 1945 nicht vorgesehenen – Rückzug aus der deutschen Sowjetzone gekostet. Der Termin des Abschlusses des österreichischen Staatsvertrages ist ein schlüssiger Beweis dafür, daß es für Deutschland keine Chance gegeben hat, durch irgendwelche Preise – ausgenommen den der Bolschewisierung – die Wiedervereinigung zu erreichen. Falls nach dem Tode Stalins in einer kurzen Periode weniger Monate Neigung zu einem »Neuen Kurs« auch gegenüber Deutschland bestanden haben sollte – nachprüfbar ist es nicht, einen Niederschlag in Angeboten der Sowjets hat das nicht gefunden, und einen deutschen Botschafter, der die sowjetische Haltung hätte abtasten können, gab es damals noch nicht in Moskau.
Es zeigt sich also, daß die quasi schematische Übertragung von Lösungsmethoden der Österreich-Frage auf Deutschland am Problem vorbeigeht. Österreich stand für die Sowjets von 1945 an zur Disposition ihrer Europapolitik, Deutschland nicht – vielleicht noch nicht. Der ehemalige öster-

reichische Außenminister, Dr. Bruno Kreisky, erklärte am 4. 5. 1960 in einer Rede in Zürich, nirgends werde man nach 1955 »eine eindeutige Äußerung eines verantwortlichen sowjetischen Politikers finden, wonach die Neutralität Deutschlands ein Weg zur Wiedervereinigung wäre. Ich erinnere mich noch sehr gut eines Ausspruchs einer der bedeutendsten Persönlichkeiten des Kremls, der mir bei einem Abendessen am letzten Tage in Moskau (April 1955) sagte, daß sich die Beziehungen zu einem Staat mit 7 Millionen durch ein Papier, durch ein Vertragsdokument ordnen lassen, daß aber die Verhältnisse dann, wenn es sich um einen 70-Millionen-Staat handelt, nicht so einfach zu regeln sind.«

Oder-Neiße-Linie

Bei vertraulichen Gesprächen in Hauptstädten der Freien Welt wird oftmals versucht, das deutsche Drängen auf Unterstützung von Wiedervereinigungsinitiativen abzufangen mit der Frage, was wir denn räumlich unter dem wiedervereinigten Deutschland verstünden und wie es mit der östlichen Grenze dieses Gesamtdeutschland bestellt sei: Ohne Klarheit insoweit könne man doch nicht wirklich initiativ werden. Man müsse das Endziel vorher kennen, und es sei doch wohl nicht zuzumuten, ein Gespräch mit Moskau über Deutschland zu beginnen, bei dem es keine Antworten für die zweite Gesprächsrunde gäbe. Es komme hinzu, daß man doch in den Konferenzen zu Kriegsende verbindlich die Absicht auf eine Veränderung der deutschen Ostgrenzen gegenüber dem Stand von 1937 erklärt habe.

Die Erörterung dieses Komplexes ist sehr geeignet, deutlich zu machen, in welchem Geist das deutsche Volk seine Zukunft gestaltet wissen will.

Die Rechtslage ist klar: Die USA, Großbritannien und die Sowjetunion einigten sich im Potsdamer Abkommen vom Sommer 1945 auf das »Fortbestehen Deutschlands in den Grenzen von 1937«. Sie bekräftigten die Auffassung, daß »die endgültige Festlegung der Westgrenze Polens bis zur Friedenskonferenz zurückgestellt werden solle«. Sie stimmten darin überein, daß die deutschen Gebiete jenseits von Oder und Neiße – etwa ein Viertel des Reichsgebietes – »unter die Verwaltung des polnischen Staates kommen und in dieser Hinsicht nicht als Teil der sowjetischen Besatzungszone in Deutschland betrachtet werden sollen«. Frankreich trat dem Potsdamer Abkommen noch im August 1945 bei. Die Sowjetunion hat das Abkommen nie gekündigt, hat oft dagegen verstoßen, sich zugleich aber, vor allem wieder in den letzten Monaten, offiziell auf seine fortwährende Gültigkeit berufen.

Im Deutschlandvertrag haben sich die Westmächte gemeinsam mit der

Bundesrepublik Deutschland wie folgt verpflichtet: Artikel 7 des Vertrages lautet:
»1) Die Unterzeichnerstaaten sind darüber einig, daß ein wesentliches Ziel ihrer gemeinsamen Politik eine zwischen Deutschland und seinen ehemaligen Gegnern frei vereinbarte friedensvertragliche Regelung für ganz Deutschland ist, welche die Grundlage für einen dauerhaften Frieden bilden soll. Sie sind weiterhin darüber einig, daß die endgültige Festlegung der Grenzen Deutschlands bis zu dieser Regelung aufgeschoben werden muß.
2) Bis zum Abschluß der friedensvertraglichen Regelung werden die Unterzeichnerstaaten zusammenwirken, um mit friedlichen Mitteln ihr gemeinsames Ziel zu verwirklichen: Ein wiedervereinigtes Deutschland, das eine freiheitlich-demokratische Verfassung, ähnlich wie die Bundesrepublik, besitzt und das in die europäische Gemeinschaft integriert ist.
3) (gestrichen)
4) Die drei Mächte werden die Bundesrepublik in allen Angelegenheiten konsultieren, welche die Ausübung ihrer Rechte in bezug auf Deutschland als Ganzes berühren.«
Ganz unabhängig davon, wie diejenigen über eine endgültige rechtliche Regelung denken, deren Wort bei einer Friedenskonferenz Gewicht hat, gilt der Grundsatz des Potsdamer Abkommens: Regelung in einem Friedensvertrag. Wie ist nun das Drängen nach einer sofortigen Anerkennung der Oder-Neiße-Linie durch die Bundesrepublik zu sehen?
Die Regierung der Bundesrepublik Deutschland kann eine rechtlich gültige Anerkennung dieser Grenzlinie gar nicht aussprechen. Dies kann nur der deutsche Partner, der mit den übrigen Beteiligten seine Unterschrift unter einen Friedensvertrag mit Deutschland setzt.
Erstaunlich ist vor allem, daß gerade diejenigen, die von uns die Anerkennung der Oder-Neiße-Linie strikt fordern, die »DDR« als einen souveränen deutschen Staat anerkannt haben, so daß die Bundesrepublik nicht zur Anerkennung eigener Grenzen, sondern derjenigen zwischen zwei anderen Staaten aufgefordert wird. An diesem Widerspruch wird deutlich, worum es bei dieser Forderung eigentlich geht: im rechtlich unerlaubten Vorgriff auf die Erfüllung des Potsdamer Abkommens sollen jene Teile des Abkommens politisch-faktisch konsumiert werden, die der einen Seite bei einer Friedenskonferenz den Beweis der Kompromißbereitschaft abverlangen könnten, um schließlich mit einem solchermaßen »bereinigten« Restbestand der Potsdamer Vereinbarungen die übrigen Teilnehmer ungeniert zur Kasse bitten zu können.
Die deutschen Kommunisten haben in dieser Frage Kür und Pflicht bereits hinter sich: Nachdem ihr Führer Pieck noch 1946 öffentlich eine Revision der Oder-Neiße-Linie forderte, schloß Ostberlin 1950, kaum nach Aus-

rufung der »DDR«, ein Abkommen mit Warschau über die Endgültigkeit dieser »Friedensgrenze« ab. Die Behandlung dieses Problems ist ein Schulbeispiel dafür, daß auch moderne Großmächte nach dem alten Grundsatz »divide et impera« verfahren. Ist doch die erzwungene Besiegelung solcher Grenzziehung das beste Mittel, Gegensätze zwischen Völkern zum Nutzen Dritter zu betonieren.
Die politisch verantwortlichen Kräfte der Bundesrepublik, die Parteien, der Deutsche Bundestag, die Bundesregierung, nicht zuletzt die Vertriebenen haben sich in ihren Stellungnahmen von anderem, besserem Geiste leiten lassen. Was von deutscher Seite aus zum Oder-Neiße-Problem gesagt worden ist, läßt sich folgendermaßen zusammenfassen: Wir halten am Heimatrecht der Vertriebenen und an der notwendigen Regelung in einem Friedensvertrag fest. Der Weg der Gewalt zur Lösung dieses Problems scheidet aus. Wir wissen, daß unser Verhältnis zu Polen historisch belastet ist durch Hitlers Krieg. Wir wollen mit allen Kräften die Aussöhnung mit unserem östlichen Nachbarn Polen, wie wir den Unsinn der »Erbfeindschaft« zu Frankreich in einer vom ganzen Volk bejahten Freundschaft überwunden haben.
Hinsichtlich einer künftigen Regelung mit Polen sind wir uns darüber klar, daß das Unrecht der Austreibung nicht durch neues Unrecht ersetzt werden kann und darf. Soweit wir befugt sind, im Hinblick auf endgültige Regelungen Absichten zu äußern, haben wir erklärt, nur Lösungen anzustreben, die von Polen und Deutschen bejaht werden. Wir haben aus leidvoller Erfahrung tiefgreifendes Verständnis für den Wunsch des polnischen Volkes, endlich, nach Jahrhunderten, in gesicherten Grenzen zu leben. Wir sind bereit, auch vor einem Friedensvertrag in diesem Geist der Versöhnung und künftiger friedlicher Zusammenarbeit in Europa mit Polen zu sprechen. Wir sind bereit, in Neuland vorzustoßen. Friedlicher Ausgleich – und um den geht es – ist nur im Wege des Rechtes möglich. Es gilt, miteinander neues Recht zu schaffen. Auf diesem Wege müssen wir an den geltenden Normen festhalten und auch deren politische Erosion abwehren. Das Kriterium des Rechtes ist nicht sein »Verkaufswert«, sondern seine Ordnungsfunktion. Recht bedeutet und ermöglicht Ordnung ohne Gewalt. Es entsteht für Demokratien nur durch mehrheitliche Zustimmung der Beteiligten. Der Weg zur Friedensordnung beginnt mit dem gegenseitigen Verzicht auf Gewalt, und er hat sein Ziel in einer Ordnung, die durch neues Recht mit Zustimmung der Beteiligten einen Frieden garantieren, den alle als dauerhaft und gerecht empfinden.
Dieser sehr gerafft dargestellten deutschen Auffassung wird kein gerecht Denkender seinen Respekt versagen. Diese erstaunlich disziplinierte Gesinnung und politische Leistung der Bundesrepublik Deutschland, vor allem aber der Vertriebenen darf als ein europäisches Ereignis von ge-

schichtlichem Rang angesehen werden. 13 Millionen Menschen, die ohne persönliche Schuld ihre Heimat verloren haben, wählen nicht den Weg in Radikalisierung, Revanche und Haß. Sie wollen Versöhnung mit Polen in einem neuen Europa der Menschenrechte und der Achtung vor den anderen Völkern.
Wir wollen nicht die Zementierung des Gegensatzes, wir wollen das Ja zu einer einvernehmlichen Regelung, ein Ja, das die Versöhnung besiegelt. Die erzwungene Lösung soll Feindschaft zum Nutzen derjenigen festigen, die auch künftig von europäischen Gegensätzen zu profitieren gedenken. Muß es nicht alle Gutwilligen hellhörig machen, wenn erklärt wird, die Anerkennung der Oder-Neiße-Linie durch die Bundesrepublik Deutschland sei wertlos, wenn wir nicht gleichzeitig das Regime in Ostberlin als zweiten deutschen Staat anerkennen?
Wer die Teilung und den innerdeutschen Zwist als Preis für eine Aussöhnung fordert, offenbart, daß ihm an Aussöhnung nichts, am Gegensatz alles gelegen ist.

Deutschland – eine europäische Frage

Wenn wir von Deutschland sprechen, müssen wir uns bewußt gegen die Gefahren der Enge wehren. Nur als Europäer, mit dem Blick auf die Welt, sollten wir an unsere Probleme herangehen. Diese Sicht zieht nicht etwa ein ungewisses, weltbürgerliches Gefasel der nationalen Betrachtung vor, sondern sie allein ermöglicht den realistischen Blick im Interesse der Nation. Gar zu oft haben wir uns den klaren Blick auf das Nationale verstellt, indem wir die Umwelt vergaßen, so daß ein nationales Bild voller Unwirklichkeiten entstand. Es gibt Deutschland nur in der Wirklichkeit Europas und unter den Bedingungen der Welt.
Wir können von Tag zu Tag mehr erkennen, daß unsere Interessen europäisch und den kleinen Ländern näher als den Großmächten sind. Wir brauchen unsere Nachbarn wie diese uns. Wir haben kaum Affinitäten zu Großmächten und ihren Interessen; wir sind keine Kolonialmacht; wir haben und wollen keine Atomwaffen; wir halten nichts von Hegemonie und alles von Gleichberechtigung; unsere Zukunftschancen befinden sich mit denen anderer Nationen im Gleichklang; wir brauchen Export und Import, um leben zu können; unser vitales Interesse als Nation verlangt den Frieden, weil Krieg entweder auf dem Boden unseres gespaltenen Landes stattfände oder den Welthandel – und damit unsere Vollbeschäftigung – ruinierte; unser Bildungsgrad verlangt die stetige Begegnung mit allem, was in der Welt kulturell lebendig ist.
Unsere Existenz als Nation in Mitteleuropa muß die Rücksicht auf andere

als fundamentale Bedingung einbegreifen. Unsere Geschicke sind im Erfolg der Entspannung eingebettet. Nicht weil wir es so wollten, sondern weil es so ist, sehen wir, daß unser nationales Problem und dessen gerechte Lösung der Schlüssel für eine europäische Ordnung dauernden Friedens ist. Es wird viel geredet darüber, wo der Schlüssel zur Lösung der deutschen Frage wohl läge. Richtig ist bestimmt, daß der Schlüssel zur europäischen Friedensordnung die Lösung der deutschen Frage ist.
Der europäische Friede, so wird immer mehr eingesehen, kann nicht als gesichert gelten, wenn die deutsche Frage nicht gerecht geregelt ist. Selbst aus dem Osten sind ähnliche Formulierungen zu hören. Allerdings handelt es sich leider, so muß man fürchten, lediglich um eine verbale Übereinstimmung. Wenn wir von einer Lösung der deutschen Frage sprechen, dann meinen wir eine Regelung, die das deutsche Volk und seine Nachbarn bejahen. In Moskau und in Ost-Berlin meint man eine Lösung, der allein die Machthaber zustimmen. Diesen Unterschied dürfen wir nicht übersehen. Sollte es sich zeigen, daß Gesprächspartner des europäischen Ostens das Problem neu sehen, so würden wir das dankbar begrüßen und mit Bedacht darauf reagieren.
Die deutsche Frage ist nicht zum erstenmal das europäische Problem Nummer eins. In den vergangenen Jahrhunderten sind die europäischen Verwicklungen nur selten um Deutschland herumgegangen. Das hat uns Deutsche bei manchen in den Ruf des europäischen Störenfrieds gebracht. Ich glaube, daß dieses Urteil nicht gerecht ist. Wer die Geschichte kennt, der weiß, wie besonders schwierig es meist ist, in Deutschland eine Politik des Ausgleichs für Europa zu machen.
Heute wird das Verlangen des deutschen Volkes nach Einheit hier und dort als verkappter Großmachtanspruch mißverstanden. Dieses Mißverständnis ist fatal. Welches sind die tatsächlichen Motive, die dem deutschen Einheitsverlangen zugrunde liegen? Unser Ziel für Deutschland heißt: Frieden durch Menschenrechte.
In der Reaktion auf die Zerstörung des Rechts vor 1945 ist in Deutschland eine sehr betonte Orientierung auf das Recht zu verzeichnen. Auf das Recht im Sinne bestehender völkerrechtlicher Abkommen und Verträge – ich erinnere an das Potsdamer Abkommen, an die Verantwortung der Viermächte für Deutschland, an die Genfer Erklärung der Viermächte, für die Wiedervereinigung Deutschlands aufgrund freier Wahlen verantwortlich zu sein. Ferner auf das Recht im Sinne des Anspruchs, daß auch ein geschlagenes Volk nicht sein Recht auf Selbstachtung, Selbstbestimmung und Einheit verliert.
Auch die Verpflichtung zur Wiedergutmachung nimmt einen bedeutenden Platz im Bewußtsein unseres Volkes ein. Ebenso aber nach den Jahren der Verwirrung der Herzen und der Geister das Recht im Sinne der Men-

schenrechte, der Charta der Vereinten Nationen. Die ständige Verletzung der Menschenrechte im anderen Teil Deutschlands verletzt das Empfinden unseres Volkes und widerspricht dem Willen, in Freiheit am Aufbau einer friedlichen Welt mitzuwirken.
Die Bundesregierung hat im September 1966 eine »Aufzeichnung über die Verletzung der Menschenrechte in der sowjetischen Besatzungszone Deutschlands« der Weltöffentlichkeit vorgelegt. Diese Aufzeichnung weist auf ein Referat von Professor Dr. H. Rommen von der St.-Pauls-Universität Minnesota im Jahre 1952 hin, in dem es hieß: »... daß die Tyrannen heute nicht nur aus propagandistischen Gründen gezwungen wären, die äußeren Formen des demokratischen Rechtsstaates beizubehalten, sondern daß sie auch gegenüber ihren Untertanen scheinbar die Grundelemente der Demokratie wahren müßten, während sie gleichzeitig ihre fundamentalen Werte verrieten.«
Diese Feststellung kennzeichnet nach Auffassung der Bundesregierung den Gegensatz zwischen der formellen Aufnahme von Grundrechten in kommunistische Verfassungen und der permanenten Verletzung der eigenen verfassungsmäßigen Grundsätze sowie der Grundsätze und Erklärungen der Vereinten Nationen über die Menschenrechte und die Rechtsstaatlichkeit.
»Die sowjetische Besatzungszone Deutschlands«, so heißt es in dieser Aufzeichnung, »ist in besonderem Maße ein Beispiel dieses Gegensatzes, der über den Volksaufstand vom 17. Juni 1953, die Errichtung der Sperranlagen durch das Regime in der SBZ an den Demarkationslinien zur Bundesrepublik Deutschland und um Berlin sowie den Bau der Mauer in Berlin der Weltöffentlichkeit deutlich geworden ist. In diesem Zusammenhang steht die Versicherung Ulbrichts, daß er feierlich erkläre, bereit zu sein, die in der Charta der Vereinten Nationen enthaltenen Verpflichtungen anzunehmen, in einem besonders deutlichen und unüberbrückbaren Gegensatz zu den tatsächlichen Verhältnissen. Die Mißachtung der Menschenrechte in der sowjetischen Besatzungszone Deutschlands erstreckt sich indes nicht nur auf Maßnahmen und Ereignisse, die als besonders spektakulär in der Weltöffentlichkeit bekannt werden, sondern in viel größerem Maße noch auf alle Bereiche, in denen die Bevölkerung im täglichen Leben mit den Maßnahmen und Zielsetzungen des Regimes konfrontiert wird.«
Wir sind uns darüber klar, daß das Bekenntnis zum Recht allein noch keine Politik ist. Aber es ist ein legitimes Motiv unserer Politik. Unser Recht verwirklicht sich nicht von selbst. Es herzustellen verlangt, das Interesse anderer hierfür zu gewinnen. Und wer dies nehmen will, muß selber etwas geben.
Ein anderes Motiv unserer Deutschlandpolitik ist die Verantwortung für

unsere Landsleute hinter der Mauer. Mehr als ein Drittel der Bürger der Bundesrepublik hat Verwandte in der Sowjetzone Deutschlands. Die Bundesrepublik hat nach dem Kriege die Chance einer glücklichen Entwicklung in Freiheit und Wohlstand gehabt; unsere Landsleute drüben haben bis vor wenigen Jahren materiell gedarbt und müssen noch heute auf die Freiheit verzichten. Berlin, unsere Hauptstadt, ist durch eine barbarische Mauer geteilt. Kaum ein Tag vergeht, an dem nicht auf Flüchtlinge geschossen wird. Und durch das Land von der Ostsee bis zur Tschechoslowakei zieht sich eine Todeszone mit Stacheldraht und Minenfeldern.

Dies alles erinnert uns täglich an das Schicksal unserer Landsleute. Wer dies berücksichtigt, wird auch verstehen, daß die Deutschen solche Verhältnisse weder als friedlich noch als dauerhaft ansehen können.

Es kann keine Zweifel geben, daß die Unterdrückung des einen Teils eines Volkes für die Unterdrückten und deren freie Landsleute eine ständige Provokation bedeutet.

Und so etwas ist explosiv. Der Aufstand des Jahres 1953 in der Zone, die Flucht von mehr als 3 Millionen von dort in die Freiheit, sind unvergessen. Wo Provokation andauert, kann keiner die Gewähr für künftige Ruhe geben. Sicher hat sich manches verändert, und einiges ist besser geworden. Auch ist wohl mehr Resignation die Grundhaltung der meisten, die so zu leben gezwungen sind, wie es die verantwortlichen Kommunisten wollen. Geblieben ist die Ablehnung des Ulbrichtregimes durch die ganz überwiegende Mehrheit.

Dies sind keine Verhältnisse, die geeignet wären, durch eine europäische Sicherheitsvereinbarung zementiert und sanktioniert zu werden. In der europäischen Geschichte sind genug faule Kompromisse geschlossen worden, deren böse Folgen später der ganze Kontinent zu spüren bekam.

Den Deutschen schwebt kein neues Großdeutschland vor, das seine Nachbarn zu fürchten hätten. Wir haben aus der Geschichte gelernt. Ist es nicht ein Zeichen neuer Gesinnung, wenn sich trotz der abnormen Lage unserer Nation bei uns kein nennenswerter Nationalismus regt? Ein Revanchegedanke ist nirgends zu entdecken. Das deutsche Nationalgefühl ist mit freiheitlich-demokratischen Überzeugungen ebenso wie mit dem Grundgefühl europäischer Bindungen gekoppelt. Unser nationaler Ehrgeiz besteht darin, durch Werke des Friedens für die Menschheit bedeutsam zu werden. Die Gewaltverzichtserklärungen der Bundesregierung gehören zum selbstverständlichen und unumstrittenen Bestand unseres öffentlichen Bewußtseins. Die Note der Bundesregierung zur deutschen Friedenspolitik vom März 1966 ist von der Überzeugung und von dem eindeutigen Willen getragen, alles zu tun, um den Frieden zu erhalten, Mißtrauen abzubauen und die Entspannung zu fördern.

Die Aussöhnung mit den Völkern im Westen, Norden und Süden Europas zählt zu unseren glücklichsten Erfahrungen nach dem Kriege. Unsere Bemühungen, auch mit unseren östlichen Nachbarn den Ausgleich zu finden, sind von Sympathie begleitet und von einer ganz breiten Mehrheit getragen. Auch die osteuropäischen Völker dürfen darauf bauen, daß wir nichts anderes als friedliches Miteinander wollen. Mit den Polen suchen wir einvernehmliche Lösungen guter Nachbarschaft. Gegenüber den Tschechen gibt es keine grundsätzlichen Probleme. Wir sind Nachbarn und wollen gute Nachbarn sein.
Wir wissen, daß unsere Landsleute in der »DDR« zu diesen Fragen nicht anders denken. Wir wissen auch, daß sie Einheit in Freiheit wollen – sonst würde Walter Ulbricht sich nicht wehren müssen gegen die immer wieder gestellte Frage nach der Nation; sonst wären nicht auch 1967 unter Todesgefahr 129 Soldaten aus der »DDR« in das freie Deutschland geflüchtet.
Es entsprach dem politischen Willen unseres Volkes, als Konrad Adenauer im Jahre 1958 erklärte, wir seien bereit, über vieles mit uns reden zu lassen, wenn den Menschen in der Sowjetzone mehr Freiheit gewährt würde. Dies gilt auch heute noch. Und mir scheint es ein Symptom für die Situation unseres Kontinents, daß die Sowjetunion bis auf den heutigen Tag von diesem Angebot keine Notiz genommen hat. Aber ich könnte mir vorstellen, daß dies nicht so bleiben muß, wenn dieses Angebot in seiner ganzen Tragweite begriffen und von unseren Freunden in ihre den Frieden und die Sicherheit des Kontinents betreffenden Überlegungen einbezogen wird.
Niemand soll erwarten, daß wir je unser Ziel aufgäben. Indem wir es ansteuern, bleibt der Status quo von uns in Frage gestellt. Wir müssen das friedlich, geduldig, initiativ tun. Sollte uns deshalb irgendeiner als unbequem empfinden, so müssen wir das in Kauf nehmen.
Ich wünschte, unsere Weigerung, Unrecht zu akzeptieren und uns mit Realitäten des Unrechts verbindlich zu arrangieren, würde in der Welt als Beweis für Gesinnung und Gesittung des erneuerten Deutschland verstanden. Weil wir Gewalt als Mittel der Politik ablehnen, weigern wir uns, die Vergewaltigung unserer Landsleute in der »DDR« rechtlich zu sanktionieren. Täten wir dies, so würden wir Gewalt als Mittel der Politik anerkennen.
Man hat uns vorgeworfen, dem Unrecht Hitlers mangelnden Widerstand entgegengesetzt zu haben. Wer das tat, sollte heute nicht von uns erwarten, daß wir uns mit anderem Unrecht auf deutschem Boden abfinden oder es legalisieren.
Wie die Welt in zehn oder zwanzig Jahren aussehen wird, wissen wir nicht. Die politischen Konsequenzen aus dem Eintritt der Atommacht

China in die Weltpolitik – das geht schneller, als man allgemein bis vor kurzem annahm – sind unserer exakten Erkenntnis ebenso entzogen wie die Folgerungen aus dem anwachsenden Welternährungs- und Weltbildungsproblem, aus der Raumfahrt, der künftigen Technik und so fort. Gewiß ist nur: In zehn oder zwanzig Jahren wird die Welt anders aussehen. Da wir dies wissen und zugleich einräumen, daß wir die Lösung der deutschen Frage immer nur in bezug auf die weltpolitischen Bedingungen hierfür suchen wollen (von Weizsäcker), bleibt kritisch zu fragen, warum ausgerechnet dies der Zeitpunkt sei, wie man uns einzureden sucht, uns mit den »Realitäten« in Deutschland und in Europa abzufinden. Auch diese »Realitäten« sind in Bewegung oder können von uns und anderen verändert werden. Der europäische Prozeß wird die Bedingungen zur Lösung der deutschen Frage verändern. Politik heißt immer auch, neue Realitäten bewirken. Wer sich nur abfindet mit dem, was andere schaffen, ist am Schluß nur Zahlmeister der Geschichte.

Solange Moskau seine Vorstellungen eines europäischen Sicherheitssystems mit der Etablierung des Ulbrichtregimes als souveränen Staat verbindet, gibt es keinen Fortschritt in der europäischen Sicherheit. Die europäische Sicherheit kann nicht mit der Anerkennung der sowjetischen Suprematie in Mitteleuropa erkauft werden. Das wäre ein Widerspruch in sich.

Eine Regelung der deutschen Frage, die nicht auf einem Ja der Deutschen beruhte, wäre keine Lösung, sondern der Anfang einer für Europa unheilvollen Entwicklung. Dies ist also ein weiterer Grund unseres Drängens nach einer Lösung auf Grund der Selbstbestimmung: Wir dürfen durch die Aufwertung des Zonenregimes die europäische Unsicherheit nicht auch noch institutionalisieren.

Wir sind bereit, über vieles mit uns reden zu lassen. Aber über eines können und werden wir nicht mit uns reden lassen: Über eine gesicherte Beachtung der Menschenrechte und das Selbstbestimmungsrecht auch für die 17 Millionen Deutschen in der Sowjetzone.

Die deutsche Regierung hat oft genug zu verstehen gegeben, daß sie eine Lösung des Problems nicht notwendig als die Sache eines einzigen Aktes ansieht. So einfach liegen die Dinge leider nicht, als daß von heute auf morgen die europäische Szenerie verändert werden könnte. Wir sind realistisch genug, uns eine Lösung im Zuge einer Entwicklung vorzustellen; aber es liegt auf der Hand, daß hinreichende Klarheit und Verbindlichkeiten über die Richtung der Entwicklung gegeben sein muß.

Daß eine solche Entwicklung zur europäischen Sicherheit die ganze Problematik der Weltspannungen, vornehmlich die Problematik der Abrüstung, einschließt, ist unleugbar. Aber hier liegen gemeinsame Interessen

aller vor. Es käme darauf an, die Lösung der deutschen Frage nicht aus dieser Entwicklung auszuklammern, weil sie der entscheidende Unsicherheitsfaktor für die Zukunft Europas ist. Auf alle Sicherheiten zu verzichten, ohne den zentralen Herd künftiger europäischer Unsicherheit beseitigt zu haben, zeugte nicht vom Friedenswillen, sondern von selbstmörderischer Kurzsichtigkeit und Vergeßlichkeit. Es entspräche nicht der Intelligenz und dem Geschichtsbewußtsein der Europäer.
Es wird gelegentlich gesagt, die deutsche Politik wisse nicht, was sie wolle; man ruft nach einer deutscheren Politik. Manche dieser Kritiker vergessen, daß es keine nationale Politik in Europa gibt, die seit eh und je – und heute erst recht – so sehr von der Gesamtentwicklung Europas abhängig ist, die so europäisch bestimmt ist, wie deutsche Politik. Deutsche Politik ging fehl, wo sie dies vergaß.
Unsere Festigkeit ist auch Festigkeit für Europa. Deutsche nationale Politik gegenüber den Sowjets wäre weitgehend gleichbedeutend mit europäischer Leichtfertigkeit der Deutschen. Dies wollen wir uns nie vorwerfen lassen müssen. Unsere Politik gegenüber den Sowjets kann nur eine europäisch abgestimmte Politik sein.

Das Prinzip des werdenden Europa heißt: Gleichberechtigte Zusammenarbeit. Das Prinzip der Moskauer Europapolitik heißt zur Stunde: Hegemonie. Die Konsequenz dieser sowjetrussischen Position ist uneuropäisch: Spaltung, Spannung, Unterdrückung.
Ein Europa mit Vormachtstreben und Hegemonie ist ein Kontinent der Rivalitäten. Die Geschichte weist europäische Rivalitäten als Friedensgefahr aus.
Moskau ist ein Platz Europas. Es hat sich allerdings noch nicht darauf besonnen. Eines Tages wird das wohl geschehen – zum Nutzen auch der Sowjetunion. Sie wird dann erfahren, daß die Deutschen dieser europäischen Besinnung Sowjet-Rußlands nicht hinderlich, sondern förderlich sein werden.
So wie zwischen Deutschland und Frankreich durch die europäische Vereinigung im Westen an die Stelle des Vormachtstrebens die Zusammenarbeit und die Gestaltung der europäischen Einheit getreten ist, so wie alle Beteiligten Vorteile davon haben, so wird eine europäische Friedensordnung das »Leben und leben lassen« erst möglich machen, wenn Moskau Ja sagt zu Miteinander und Zusammenarbeit.

Besorgte Jugend

Zur neuen Wirklichkeit

Im November 1967 versammelten sich die Gaullisten zu ihrem Parteikongreß in Lille. Nach Presseberichten verschlug es den bewährten Mitkämpfern des Generals den Atem, als ein siebenundzwanzigjähriger Lehrer im Angesicht der alten Garde der Partei diese These in die Debatte einführte: »Für alle diejenigen unter uns, die 1940, 1945 oder 1950 geboren wurden, ist der Aufruf de Gaulles vom 18. Juni 1940 zum nationalen Widerstand ein Kapitel der Geschichtsbücher. Er bedeutet uns, was die Geschichte für die Politik bedeutet, die aber nicht selber Politik ist.« Der Redner habe sich dann Gegenwarts- und Zukunftsfragen zugewandt...

Mir scheint, dieser Franzose sprach aus, was heute viele junge Europäer empfinden. Ob ihm nun der Ausdruck vollen Respekts vor einer historischen Leistung auch verbal gelungen war oder nicht: Er sprach aus, was wahr ist. Und »to face the facts« ist immer die erste Notwendigkeit.

Vergleichbares könnte heute ein junger Konservativer über Winston Churchills geschichtliches Verdienst für Großbritannien oder ein Mann der Jungen Union über Konrad Adenauers Werk sagen. Sie denken so.

Indem junge Menschen politische Vorgänge, die Älteren viel bedeuten und ihnen gegenwärtig sind, als Geschichte, als Gewesenes bezeichnen, versagen sie nicht vergangener Leistung den Respekt. Sie wollen nur den Blick aller nach vorne richten helfen. Dort liegen mit ihrer Zukunft ihre und unsere Probleme.

Wer nicht allein auf Deutschland den Blick verengt, sondern sich bemüht, umfassender informiert zu sein und erst dann zu urteilen, wird leicht erkennen: Überall in Europa und in weiten Teilen der Welt wächst eine Jugend heran, die keine eigene Erfahrung hat mit dem, was noch für meine Generation schlechthin begründet für die politische Einstellung war: Hitler, Krieg, Abkapselung von der Welt, Not, kommunistische Bedrohung, entbehrungsreicher Wiederaufbau. Diese Erfahrungen prägen unser Bewußtsein.

Ältere sollten Jüngere diese ihnen fehlende Erfahrung nie zum Vorwurf machen. Sie sollten froh sein, daß es gelang, den Heranwachsenden andere Lebensbedingungen und eine Gegenwart mit geringeren äußeren Sorgen zu erwirken.

Auch in der Sowjetunion gibt es ein Generationsproblem. Parteizeitungen rügen, die Jugend habe keine Beziehung mehr zu den revolutionären Taten ihrer Väter, sie kenne nicht den Krieg und strebe nur nach Versorgung durch den Staat. Politbüros anderer kommunistisch regierter Länder beklagen, daß trotz aller pädagogischen Bemühungen im Sinne der Partei junge Menschen westliche Lebensformen bevorzugten. Und auch aus den USA ist der kritische Hinweis zu vernehmen, daß dort die Jugend andere Werte und Ideale suche, als das bisher der Fall gewesen sei.

Junge Menschen, zumindest viele von ihnen, fragen heute nicht nur anders, weil sie jung und eine andere Generation sind, sondern weil ihr Bewußtsein und ihre Erfahrung anders geprägt sind: Von Frieden, sozialer Sicherheit, Demokratie, Europa wie – zugleich – von der angenommenen Unfähigkeit der Verantwortlichen, Kriege überhaupt zu vermeiden. Die jungen Menschen in Deutschland konnten und können reisen und lernen – freizügig in Europa – in einem Alter, das wir als Soldaten im Kriege erlebten. Diese Generation wächst anders heran, als es in Deutschland je der Fall war.

Wer sich aus meiner Generation der eigenen Jugend erinnert, wird nicht die mißtrauischen Blicke Älterer vergessen haben, als wir uns mehr für Jazz als für Walzer interessierten. Unsere Jugend hieß Krieg. Danach spürten wir das Befremden Älterer, als wir in abgestaubten ehemaligen Uniformen das Neuland politischer Versammlungen betraten und dort auch noch kritische Fragen stellten. Wir mußten den Vorwurf hören, wir seien zu kühl, zu sachlich, zu wenig begeistert; die Vorhaltung, wir drängten zu schnell in Verantwortung; den Verweis, wir »managten« mehr als wir uns engagierten; die Beleidigung gar, uns fehle demokratische Erfahrung...

Wer sich so erinnert – und das tun viele der jetzt Vierzigjährigen – versteht leichter die heute Zwanzig- und Dreißigjährigen. Wer die Mißverständnisse und Mißdeutungen unserer jugendlichen Leidenschaft ebenso wenig vergessen hat wie den Mißbrauch, den man mit unserem Idealismus trieb, und die Unverfrorenheit, mit der man uns das jugendliche Frohsein als Lebensabschnitt stahl – der wird den Wandel begreifen und gute Erwartungen für Europa auf die Heranwachsenden setzen.

Niemals zuvor gab es eine europäische Situation wie diese, auf welche die Verantwortlichen entweder aufbauen oder mit Recht wegen Unfähigkeit abgewählt werden: Junge Franzosen, die Deutschland kennen. Junge Deutsche, die nicht mehr auf andere Europäer geschossen haben. Junge Russen, die westliche Literatur lesen wollen. Junge Briten, die ihr Land nicht mehr als Insel empfinden. Junge Europäer, die in Geschmack, Mode, Musik, Film, Literatur, Reiseerlebnis, die in sozialer Sicherheit und guten Zukunftserwartungen Gemeinsames verbindet; die fremde Sprachen sprechen; die Freizügigkeit gewohnt sind und ausnutzen; die Grenzen mehr als Beschäftigungsproblem auslaufender Berufe begreifen.

Was für eine Chance!

Wer das als nicht mehr Zwanzigjähriger so sieht, wird vielleicht überrascht oder gar beleidigt sein, wenn er feststellen muß, daß nun gerade in dieser Jugend sich Unlustgefühl verbreitet und die politische Kritik anwächst.
Hier sollten Ältere nicht einfach »Undankbarkeit« sagen. War es denn nicht unser Wille, den Heranwachsenden eine andere Lebenslage zu schaffen, als wir sie damals hatten? Wir wollten doch eine Gegenwart ohne Armut und Krieg, mit Bildung, Wohlfahrt und sozialer Sicherheit für alle schaffen! Ist etwa vergessen, daß wir selbst über Jahre ein stärkeres politisches Engagement der jungen Generation gefordert haben?
Nun wachsen eben junge Menschen mit einem anderen Lebensgefühl heran. Und nur zu natürlich ist, daß ihr Bewußtsein, ihre Ansprüche, Erwartungen und Maßstäbe anders sind – auch in der Politik.
Wir tun gut daran, das andere und neue Lebensgefühl junger Menschen, soweit es wirklich vorhanden ist, als Tatsache zu werten. Auch hat jede Generation das Recht, ihre eigenen Erfahrungen durch eigene Fehler zu sammeln. Das schließt natürlich nicht ein, daß die, welche das schon zum größten Teil hinter sich haben, etwa verpflichtet wären, aus Sympathie für Jüngere alles nochmals mit diesen zu wiederholen.
Und Jüngere sollten auch zuhören. Vielleicht haben Ältere wirklich aus böser Erfahrung guten Rat zu geben und Anlaß zu handeln, wie sie es tun. Auch ist Jungsein nicht nur eine Frage des Datums der Geburtsurkunde. Diese begründet weder ein Privileg noch enthält sie automatisch ein Programm für eine bessere Politik. Einiges – nicht alles – lohnt schon, bewahrt zu werden.

Wie ist das nun mit diesem jugendlichen Unbehagen?
Eine kritische Grundeinstellung ist spürbar, und es ist nicht schwer, sie zu entdecken. Sie ist nicht auf einen kleinen Kreis begrenzt. Ich halte sie für mehr als den Ausdruck des normalen Generationenproblems und keineswegs für eine flüchtige Erscheinung.
Wer das Phänomen der Kritik aus den Reihen junger Menschen erfassen will, muß genau hinhören und unterscheiden. So wie es nicht die Kriegsgeneration als eine Gruppe Gleichgesinnter gibt, so kann man auch nicht von der Jugend schlechthin sprechen. Auch ist manches, was über junge Lippen kommt, von alten Gehirnen erdacht. Wer aber genau hinhört, wird heute viel Ursprüngliches, Eigenes von jungen Menschen hören können, obwohl auch Ältere meinen, was der Leitartikler von LIFE so ausdrückte: »Wherever we look, something's wrong.«
Wir sollten uns freuen, wenn bei jungen Menschen politisches Interessiertsein beginnt und die Bereitschaft zum Engagement wie die Entschlossenheit zum Standpunkt entsteht. Dies ist ein Zeichen, daß die De-

mokratie Wurzeln schlägt. Und warum eigentlich sollten das andere Lebensgefühl und das uns gegenüber gewandelte politische Bewußtsein junger Menschen nicht zu anderen Ergebnissen führen als zu den unseren – vorausgesetzt, daß es im Rahmen der Demokratie bleibt? Auch wir haben doch aus Fehlern gelernt und sind über die Stränge geschlagen.
Das Gespräch mit jungen Menschen ist nötig und nützlich für alle Seiten. Je offener jeder für das Argument des anderen ist, je ernster wir einander nehmen und auf Schlagworte wie auf Patentrezepte und Besserwisserei verzichten, desto besser ist es für das Heranwachsen einer neuen Wirklichkeit in unserem Lande. Wer jungen Menschen gegenüber den eigenen Standpunkt nicht mit Argumenten begründet, sondern – gar noch von oben herab – sich auf die Gegenfrage zurückzieht »Wie würdet denn ihr das konkret besser machen?«, der diskutiert nicht, sondern deklamiert. Und ebendies mag keiner mehr hören.
Andererseits genügt es nicht, wenn Kritik ernst genommen werden und eine Gesprächsbasis entstehen soll, allgemeine Unlustgefühle zu äußern oder gar Radau und schlechtes Benehmen schon für Argumente zu halten. Wenn auch von jungen Menschen im politischen Gespräch nicht die detaillierte Sachkenntnis erfahrener Politiker verlangt werden kann, so müssen sie doch schon näher umgrenzen und bezeichnen, was Stein des Anstoßes ist. Lautstärke allein, von welcher Seite immer, ist kein Argument.
In meinen Diskussionen der letzten Wochen kehrten folgende Einwände junger Menschen immer wieder: Während einer apodiktisch erklärt, die Politiker verkauften das Volk für dumm, vermißt ein anderer, daß der Jugend ein Ziel gesetzt und daß sie geführt werde. Häufig wird beklagt, der »provinzielle« und »spießbürgerliche« Einfluß auf die deutsche Politik sei zu groß, das politische Interesse nicht lebendig genug und »die da in Bonn« machten – vor allem seit der »Großen Koalition« – sowieso, was sie wollen. Politiker werden hier und da als nicht ganz aufrichtig angesehen, weil sie zu den wirklich brennenden Fragen – Vietnam, Lösbarkeit des Deutschlandproblems, Stagnation der europäischen Vereinigung, Spannung zu den hungernden Völkern, Jugendfrage – entweder wenig oder zu häufig Oberflächliches sagten.
Immer wieder begegnet man auch dem normalen Generationenproblem. Konrad Adenauers öffentlich geäußerter Rat, daß sich »querlegen« müsse, wer nicht übersehen werden wolle, ist ebensowenig vergessen wie die Erfahrung heute Dreißigjähriger, nach der man so lange auf den Vorstand schimpfen müsse, bis man ihm angehöre.
Aber sehr häufig geht eben der kritische Einwand, der zu hören ist, doch tiefer. So etwa, wenn einzelne am Parlament als Institution zweifeln oder gar von der »Fassade« der repräsentativen Demokratie sprechen, hinter

der in Wahrheit fest etablierte Interessen und Mächte ohne direkte Mitwirkung des Volkes alles unter sich hinter verschlossenen Türen aushandelten.

Immer häufiger ist ein geistiger Ansatz festzustellen, der anders ist als die Rückbesinnung auf Humanismus, Toleranz und Christentum, die nach der Katastrophe von 1945 weitgehend die politisch wirksame, geistige Situation gekennzeichnet hat. Die kommunistische Bedrohung, unsere so komplizierte außenpolitische Situation, die Ursachen der deutschen Spaltung, die fundamentale Antagonie zwischen Bonn und Ostberlin, der Rang der deutsch-französischen Aussöhnung – alles dies wird nicht mehr nur ganz vereinzelt anders empfunden. Und wo etwa der Sinn für historische Zusammenhänge fehlt, wird es unmöglich, Verständnis für Geduld und kleine Fortschritte zu finden – ob es sich nun um die europäische oder die gesamtdeutsche Politik, um soziale Reformen oder geistige Entwicklungen handelt.

Zum ganzen Bild gehört auch, daß nicht nur die Autorität des Staates und der Politik, sondern auch die der Kirchen, der Familie und der Ethik betroffen sind. Nicht zufällig gehen oftmals die Forderungen nach sexueller Freiheit mit denen nach Veränderung der Gesellschaft einher. Und wenn von Religion oder Familie die Rede ist, entsteht – falls dies formelhaft geschieht – leicht ein Gefühl der Abwehr. Nuanciert behandelt, besteht unverändert vernünftige Bereitschaft, Ordnungen zu akzeptieren.

Ich hoffe, niemand wird hier einwenden, ich machte, indem ich das alles aufzeige, erst ein Problem daraus. Das Problem ist da. Man muß es bezeichnen – selbst mit dem Risiko, den einen oder anderen fehlerhaften Strich zum Bild beigetragen zu haben.

Diese Erscheinungen dürfen uns nicht gleichgültig lassen. Hier könnte sich sonst ein Riß auftun in unserer Gesellschaft, der den möglichen Fortschritt hemmt oder neuem Radikalismus den Weg ebnet. Schon nutzt eine linke Minderheit die latente Unzufriedenheit – und die Rechtsradikalen haben den Vorteil davon. Die entstandene Lage ist zuerst eine Frage an uns, die nicht mehr Zwanzigjährigen. Es gibt Anzeichen, daß es Älteren nicht gelingt, ihre Grundvorstellungen und deren Begründung in der so teuer erkauften Erfahrung weiterzugeben. Daß noch immer demoskopisch erfaßbare Majoritäten junger Menschen diese Grundvorstellungen teilen, sollte uns nicht beruhigen.

Ein Grund für die entstandene Spannung ist sicher die NS-Zeit. Auch die heute Zwanzigjährigen leiden darunter, daß es sie gab. Weil es sie gab, ist die politische Autorität aller Älteren, vor allem derer, die 1933 schon mitentscheiden konnten, aus der Sicht der Jugend angekratzt. Schließlich haben manche versäumt, mit den Nachwachsenden ganz redlich über Hitler, sein Hochkommen wie sein Ende und die Gründe für beides zu

sprechen. Uns war und ist das selbstverständlich. Und wir möchten endlich diese Periode beendet sein lassen. Gleichwohl: Jüngere fragen danach. Und wo sie keine Antwort erhalten, vermuten sie leicht Verstrickung.
Wieder wird deutlich: Geschichte dauert nicht nur einen Tag oder eine Generation. Die Last von gestern gehört immer irgendwie zum Gepäck von morgen ebenso wie die Wohltat heute auch morgen wirksam sein wird. Weil das so ist, mahnen viele von den Älteren so leidenschaftlich vor Radikalismus; denn was jetzt etwa grundgelegt wird, werden die meisten der jetzt Jüngeren noch selbst ausbaden müssen. Aus Erfahrung sagen sich Ältere: Paßt auf und wehret den Anfängen!
Hier will ich versuchen, einen mir wichtigen Punkt noch zu verdeutlichen:
Nach einem Universitätsvortrag wurde ich – nicht polemisch – gefragt, warum denn Hans Globke und andere, wenn sie wirklich Gegner des Nationalsozialismus gewesen seien, nicht lieber mit lautem, jedermann sichtbarem Protest ihre Ämter in der NS-Zeit zur Verfügung gestellt hätten, statt heimlich gegen das Regime zu arbeiten. Mein Hinweis, es habe damals keine freie Presse gegeben und also hätte der dramatische Schritt gar nicht laut und sichtbar vollzogen werden können, weckte nur mühsam Verständnis.
In einer anderen Diskussion wurde ein Mitbürger angegriffen, weil in seiner militärischen Beurteilung aus der Kriegszeit gestanden habe, er stehe »fest auf dem Boden der national-sozialistischen Weltanschauung«. Meine Antwort, diese Formeln stünden in den Personalakten aller Soldaten, die während des Krieges befördert worden seien, auch in denen der Männer des 20. Juli, wurde zwar verstanden, aber doch nicht wirklich nachempfunden.
Wer nie eisigen Schneesturm erlebt hat, wird zwar der theoretischen Erkenntnis, es könne ihn geben und er sei so und so beschaffen, folgen können, aber eben doch im Grunde zum Phänomen Schneesturm und einem eisigen Alltag kein wirklichkeitsnahes Verhältnis gewinnen. So ist es auch mit der Dikatur. Man kann sie theoretisch begreifen. Etwas anderes ist und bleibt, sie erfahren, und damit für immer als Gefahr im Bewußtsein zu haben.

Es gibt weitere Gründe für die entstandene Spannung.
Politiker und Staatsmänner erscheinen einigen jungen Menschen zu sehr als Krisenmanager denn als Reformer; eher als Leute, die mühsam den nächsten Tag gewinnen denn als solche, die nach einer großen Idee Tag für Tag die Zukunft gestalten.
Viele Ältere gehen besonders behutsam mit großen politischen Ideen um. Sie haben erfahren, wie gefährlich Utopien sein können und was alles ge-

fordert und zerstört wird im Namen einer künftigen, besseren, vollkommeneren Welt. Sie empfinden: »Wir sind noch einmal davongekommen.« Und daraus wurde für sehr viele von ihnen die Konsequenz, welche der Arbeiter Engelhardt kurz vor dem Aufstand des 17. Juni 1953 gültig für sehr viele von den heute älteren Europäern so formulierte: »Wir wollen leben wie die Menschen – weiter wollen wir nichts.«
Was hat nicht Stalin den Russen im Namen einer idealen Zukunft abverlangt? Und was haben die Deutschen zugunsten der Zielvorstellung eines »Tausendjährigen Reiches« erdulden müssen? Dies alles gehört zur Erfahrung der Älteren.
Den Heranwachsenden ist das Geschichte. Ohne Erfahrung mit dem Preis der Zukunftsvisionen sind sie – natürlich – offener und geneigter, neuen Idealmodellen Aufmerksamkeit und Gefolgschaft zu schenken.
Der politische Alltag der parlamentarischen Demokratie verstört nicht nur Jüngere. Es stimmt eben niemals die Formel: Heute großer Entwurf + morgen guter Wille anderer = übermorgen eine Neue Wirklichkeit. Ohne die Alltagsarbeit der vielen und langen, der grauen und eintönigen Tage wird kein Ziel erreicht und kein Werk vollendet. Diese Werktagsarbeit, nicht die Sonntagsrede, ist das Feld, wo Politiker sich bewähren und wo aus der Idee die Wirklichkeit wird. Politische Ziele werden nicht erreicht, indem man sie verkündet und beklatscht, sondern durch geduldige, kleine Schritte auf das Ziel hin. Und jeder Schritt wird in der Demokratie immer irgendwie ein Kompromiß sein.
Die Demagogen der Revolution, die es gerade auf unsere jungen Menschen abgesehen haben, wissen das auch. Aber sie lehren, man müsse nur ihr Modell unterstützen, beherzt das Bestehende zerstören und alles Weitere werde sich finden. Natürlich würde es sich finden, wenn dem Festtagsrausch der Alltagsopfergang der Verführten folgt!
Jede Generation, jede Partei, jeder Staat sollte sich hüten, je selbstgerecht zu glauben und zu verkünden, die beste aller denkbaren Welten geschaffen oder das Modell schlechthin für eine bessere Welt gefunden zu haben. In beidem steckt der Ansatz des Totalitären. Toleranz verlangt, die Möglichkeit des eigenen Irrtums ebenso einzurechnen wie die des besseren Vorschlages von anderen; heißt jede geschaffene Ordnung als offen für Neues begreifen. Dies ist keine »fertige« Welt. Selbst wenn wir unsere Ziele erreicht haben, wird sie es nicht sein. Andere werden kommen, Anlaß zu Kritik finden und neue Ziele setzen.
Schließlich bleiben diese beiden Fragen zu bedenken:
Einmal: Unser Staat hat noch nicht in allem seinen Stil gefunden. Auch die Demokratie muß sich als Staat in Erscheinung bringen. Der Mensch lebt nicht vom Brot und von der Diskussion allein; er will auch im Gefühl angesprochen sein.

Wie glanzlos ist der Beginn eines neu gewählten Bundestages. Wie kümmerlich begehen wir den 17. Juni. Und der Bundespräsident hat keinen Raum zum Neujahrsempfang der Diplomaten.
Zum anderen: Ist unseren jungen Menschen, wenn sie die Schule verlassen, den Meisterbrief empfangen, das Studium beginnen, deutlich bewußt, daß der Staat Anteil hat an ihrer Ausbildung; daß sie mitverantwortliche Staatsbürger sind; daß dieser Staat auch Dienst von ihnen fordern darf?
Vielleicht haben wir nicht genügend die demokratischen Pflichten betont, die immer mit den Rechten Hand in Hand gehen. Eine Politik, die nicht auch fordert, erscheint zu billig, um Wertbewußtsein zu erzeugen. Wertschätzung zu einer Sache wächst aus Anstrengung für sie.
Die deutschen Demokraten können für sich in Anspruch nehmen, daß sie sowohl im Jahre 1918 als auch im Jahre 1945 Mut und Kraft aufbrachten, einen neuen Aufstieg zu ermöglichen.
Unser Ziel, den Frieden zu gewinnen und allen Deutschen die Menschenrechte zu erstreiten, bedarf großer Anstrengungen. Wir brauchen viel moralische Kraft und jugendlichen Elan für unseren nicht bequemen Weg gegen die Berliner Mauer – dieses Monstrum altmodischer Machtpolitik mitten in Deutschland.
In der deutschen Politik ist viel Raum für Idealismus und Platz für die Kraft junger Menschen, um durch Werktagsarbeit eine Neue Wirklichkeit zu gestalten und unser Ziel zu erreichen: Frieden durch Menschenrechte.

Studenten und Reformen

»Aufwand und Ertrag, Anspruch und Leistung stehen an der deutschen Universität der Gegenwart in keinem Verhältnis mehr zueinander.« Mit dieser kritischen Feststellung aus sachverständiger Einsicht begann der ordentliche Professor Waldemar Besson am 24. Juni 1967 in Berlin seinen Festvortrag aus Anlaß der 200. Wiederkehr des Geburtstages von Wilhelm von Humboldt.
Studenten und Assistenten, aber auch Professoren fordern die Reform der Hochschule und des Studiums, Mitbestimmung und »Demokratisierung der Universität«. Bei manchen vermischt sich das mit dem Kampfruf »Reform der Gesellschaft«. Diskussionen, Demonstrationen, Proteste sind an der Tagesordnung. Die allgemeine Ruhe des öffentlichen Lebens in Deutschland ist dahin. Der Berliner Senat wurde mehr durch die Unruhe der Studenten als durch das Parlament gestürzt.
Besorgte Beobachter von außen, aber auch Beteiligte fürchten um ein ho-

hes Gut unserer Zivilisation und einen wesentlichen Inhalt jeder freiheitlichen Ordnung: Die Unabhängigkeit der Universität, eingeschlossen die Freiheit der Forschung, der Lehre und des Studiums.
Wo nämlich Lehrende dem politischen Druck der Lernenden oder Lernende der politischen Meinung der Lehrenden nachgeben müssen, ist die akademische Freiheit dahin. Käme es je an unseren Universitäten soweit, so könnten sie zwar noch unabhängig vom Staat und der jeweiligen Regierung bleiben – frei und der Wahrheit dienend wäre eine solche Universität nicht!

Studenten-Unruhen an der Universität Berkeley in den USA wurden weltweit bekannt. Von dort gingen Gedanken aus, welche junge Menschen stark beeindrucken. So soll zuerst der an dieser Universität lehrende Soziologe Seymour Martin Lipset das Wort haben: »Universitätsstudenten sind im allgemeinen in einem Alter, das man biologisch als erwachsen bezeichnet; viele Altersgenossen, die nicht studieren, stehen bereits mitten im Leben der Erwachsenen, haben geheiratet, verdienen Geld und geben es aus, wie es ihnen beliebt. Studenten sind im allgemeinen alt genug, um zu wählen und zu heiraten, und viele tun auch beides. Aber wenige Studenten verdienen ihren vollen Lebensunterhalt; viele bleiben von ihren Eltern finanziell abhängig, und die Gesellschaft als Ganzes betrachtet sie in vieler Hinsicht als Heranwachsende, die noch keine Verantwortung tragen und bei denen man es eher durchgehen läßt oder sogar richtig findet, daß sie über die Stränge schlagen...«
»Universitätsstudenten haben bei aller guten Bildung im allgemeinen noch kein Gefühl irgendeiner engeren Verknüpfung mit den Institutionen der Welt der Erwachsenen; und keine Erfahrung hat sie gegen die Unvollkommenheit abgehärtet. Ihr Libido ist noch nicht gebunden; ihre Bereitschaft, sich für universelle Ideen, für die Menschheit, die Unterdrückten, die Armen und Elenden einzusetzen, ist größer als jemals vorher oder wieder nachher in ihrem Leben. Ihre Beziehung zu den erklärten moralischen und politischen Grundsätzen der Gesellschaft ist abstrakt; die erleben sie als Prinzipien, die ihnen von älteren Leuten vorgehalten werden, die von den Autoritären auferlegt werden – und nicht so sehr als Maximen, die sie sich durch Erfahrung einverleibt und abgeschliffen haben. Immer mehr werden in der modernen Welt – zu der auch die gebildeten Eliten der sich erst formenden jungen Nationen gehören – Gleichheit, Effizienz, Gerechtigkeit und materielles Wohlergehen als diejenigen Werte betont, die eine gute Gesellschaft auszeichnen. Armut, Rassenbenachteiligung, Kastenbildung, soziale Ungleichheit, Korruption in Politik und Verwaltung, rückständige Bildungssysteme verstoßen gegen diese Prinzipien. In allen Ländern gibt es natürlich im allgemeinen eine Kluft

zwischen den Prinzipien und der Realität, und junge Menschen sind dafür besonders empfindlich. Der gebildete Teil der jungen Generation fühlt sich darum überall zu idealistischen Bewegungen hingezogen, die mit der Ideologie und den Werten der erwachsenen Welt mehr ernst machen als die erwachsene Welt selbst. Jugendlicher Idealismus wird, auch wenn er die Welt der Erwachsenen scharf verurteilt und zu extremen Maßnahmen greift, oft von den Älteren respektiert.«

Aufgrund seiner Anschauungen und seiner Forschungen teilt dieser amerikanische Soziologe weiter mit: Im Bedürfnis, sich von der älteren Generation abzusetzen, seien junge Menschen besonders offen für eine neue Geborgenheit durch Glaubenssätze, welche den häuslichen Lehren der Familie entgegengesetzt sind. Studenten seien in der Situation des Übergangs vom Elternhaus zu einer ungewissen beruflichen und familiären Zukunft. Diese Ungewißheit steigere sich, je mehr der Student ein Studium betreibe, das zu keinem klar vorgezeichneten Berufsweg führe; je mehr er hoffe, einmal einen geistig schöpferischen Beruf ausüben zu können. – Die Kommunikationsmöglichkeiten unter tausenden Studenten seien einfach, billig und schnell. An manchen Orten der Welt sei politische Aktion eine Variante studentischer Freizeitbeschäftigung. Wo die Beziehung zwischen Professor und Student – ob wegen der großen Zahl der Studenten, ob wegen der Art der Professoren – unterentwickelt sei, entstehe leicht der Nährboden für generelle, die ganze Gesellschaft meinende Radikalität. Vor allem aber dürfe dies nie übersehen werden: Der geistig schöpferisch Tätige verschreibe sich einer Aufgabe, »die dazu zwingt, die Tradition zu kritisieren, zu verändern und abzulösen. Ihre Werte sind Entdeckung und Erfindung, nicht Reproduktion, Kopie, Weitergabe früherer Entdeckungen und Ideen. Originalität, sich absetzen von dem, was etabliert und allgemein anerkannt ist – das ist im Weltbild des modernen Intellektuellen ein zentraler Wert.«

So gäbe es viele Gründe für die Tatsache eines politischen Engagements der Studenten, »das ganz allgemein in der Welt an vielen Universitäten links von der Regierungspolitik liegt.«

Diese kluge Analyse könnte helfen zum Urteil über die Vorgänge und zum Ansatz für die Reform.

Aus deutscher Sicht bleibt noch anzumerken, daß ein Teil unserer Studenten auch sozialpolitische Forderungen erhebt. Immer wieder werden diese drei Problemkreise genannt: Das System und die Höhe der Ausbildungsförderung; die unzureichende Krankenversicherung und Gesundheitsvorsorge; die Schwierigkeiten in der Wohnsituation.

Ich möchte keinen Hehl aus meiner Meinung machen: Die Reform der deutschen Universität ist überfällig. Am Vorbringen vieler Studenten und vieler Professoren ist mehr als nur ein Körnchen Wahrheit.

Leider wurde die Notwendigkeit der Reformen nicht von allen als vordringlich betrachtet, solange diese Probleme unter den Beteiligten und vorwiegend nicht öffentlich erörtert wurden. Nun steht die Dringlichkeit der Reformen öffentlich im Blickpunkt und genießt Vorrang wie die Sprecher dafür Publicity. Leider ist nicht von der Hand zu weisen, daß das rechtzeitige sachliche Vorbringen nicht allerorts genügend Gehör, Beachtung und Konsequenz in Entscheidungen fand. Wem dieser Schuh paßt, soll ihn sich anziehen.
Nun werden wir aber mit Demonstrationen allein nicht sehr viel weiterkommen. Nachdem das Problem allgemein bekannt und anerkannt ist, geht es um sachgerechte Entscheidungen.

Was ist zu tun?
Aus meiner Sicht – also aus der eines Mannes, der nicht mehr in der Universität lebt und deshalb nicht zu allen Punkten der gegenwärtigen Diskussion ein durch direkten Einblick begründetes persönliches Urteil haben kann – sollte diesen fünf Punkten entsprochen werden:
Erstens: Ich kenne die Lage so mancher Ministerpräsidenten und Kultusminister in den Bundesländern, deren Reformvorhaben vor dem Anspruch der Autonomie unserer Universitäten steckenblieben. Mir ist auch bekannt, wie empfindlich oftmals Landespolitiker – der »Kulturhoheit« der Länder wegen – reagieren, wenn Bundespolitiker sich aus Sorge um unser Deutschland erkühnen, solche Fragen, gar noch öffentlich, mit zu diskutieren. (Und wenn der Bundestag sich ein Herz nimmt, diese Probleme auf seine Tagesordnung zu setzen, obwohl ihm die Gesetzgebungskompetenz dazu fehlt, gibt es nicht nur heimlichen Groll aus Landeshauptstädten ob dieser »ungeziemend zentralistischen Beeinträchtigung unserer bundesstaatlichen Ordnung«!)
Ich habe keine Neigung, dem einen seine Autonomie und dem anderen seine Kompetenz streitig zu machen. Aber ist hier nicht zunächst von allen Verantwortlichen nach dem Stand der Sache – der überfälligen Universitätsreform – zu fragen? Und: Braucht nicht dieser Bereich mehr Zusammenordnung, also auch Mitspracherechte des Bundes?
Zweitens: Die Wahrheit – und um die geht es an Schule und Universität – ist unabhängig von Mehrheitsmeinungen.
Zwei mal zwei bleibt vier, auch wenn das bestritten werden sollte. Sextaner dürfen unmöglich darüber abstimmen, ob sie eine Klassenarbeit schreiben wollen. Das ist die eine Seite.
Die andere Seite heißt: Ein Schüler oder Student, der das Alter für die Ausübung des aktiven oder gar auch passiven Wahlrechts erreicht hat, ist kein Kind, sondern ein Erwachsener; ist ein Staatsbürger wie alle.
Also dürfen und sollen auch Studenten politisch mitreden und tätig wer-

den. Sie haben Anspruch auf Gehör – nicht nur allgemein und politisch, sondern auch im Bereich ihrer Arbeit. Sie sind nicht die Hofnarren, sondern Mitwirkende der demokratischen Gesellschaft. Und praktische Mitverantwortung ist allen noch immer gut bekommen.

Drittens: Es ist zu fragen, ob nicht die Studienzeiten zu lang sind. Bundeskanzler Kiesinger hat dazu festgestellt: »Unsere Studenten werden zu lange unter Vormundschaft gehalten. Für viele Berufe überschulen wir einfach unsere Studenten.« Einstein und Planck, Alexander, Napoleon und Pitt haben im Alter zwischen zwanzig und dreißig Jahren ihre großen Werke begründet!

Ich möchte keinesfalls so weit gehen, wie jene italienischen Studenten, die unter dem Ruf »Die Professoren sind nicht unsere Herren!« zu der Forderung kamen, die Examina abzuschaffen. Aber mich hat nachdenklich gestimmt, als während der politisch heißen Herbsttage 1967 in Berlin ein keineswegs radikaler Student mir lapidar erklärte: Die Studenten seien die am wenigsten emanzipierte Gruppe unserer Gesellschaft. Er meinte das nicht im Blick auf die politische Freiheit, sondern wegen des Ausmaßes der Abhängigkeit – von Stipendiengewähren, Testaten, Hausordnungen, Zimmerwirtinnen, Elternhäusern, Professoren, Studienplänen, Kultusverwaltungen und so fort. Gewiß, der Student ergreift freiwillig sein Studium; Staat und Gesellschaft sind dabei in vielerlei Hinsicht hilfreich, und ohne objektive Ordnung geht es nirgends. Aber etwas Wahres bleibt doch in der These besonderer Abhängigkeit – gerade wenn man den Blick ausweitet auf die Lage Gleichaltriger in anderen Berufen. Man kann wohl kaum alle diese Abhängigkeiten beseitigen. Aber kann man sie nicht mildern, z. B. durch kürzeren Studiengang, durch mehr Seminar- als Vorlesungsbetrieb, durch Information über Examensbedingungen, durch Anhörung auch der Studenten vor Erlassen?

Der Wissenschaftsrat hat im Juni 1967 vorgeschlagen: »Die Neuordnung des Studiums mit dem Ziel einer Straffung der Studienzeiten, vor allem durch individuelle Studienberatung, Arbeit in kleinen Gruppen und Zwischenprüfungen sowie durch Beschränkung des Lehrstoffes, der Zahl der obligatorischen Lehrveranstaltungen und des Prüfungsstoffes.« Videant consules!

Viertens: In anderem Zusammenhang wurde betont, daß die geistigen Fähigkeiten und die schöpferischen Begabungen unseres Volkes der wichtigste Grundstock für eine gute Zukunft sind.

Also ist konsequent zu fragen, ob wir pfleglich mit diesen Kräften umgehen und ob sie optimal für sich und für uns alle nützlich werden können. Ich habe da Zweifel. Sie kommen, wenn viele die höhere Schule im Alter von zwanzig und die Universität mit dreißig Jahren verlassen; wenn zahlreiche Jura-Studenten ihr Examens- und Berufswissen mehr beim Repetitor als an der Universität erwerben; wenn ein Abiturient nach mehrjährigem Schulunterricht in Französisch trotz guter Zensuren sich in Frankreich nur mühsam verständigen kann; wenn Bundeswehr-Dienst bei einer technischen Einheit nicht als Praktikum im Sinne der Hochschule anerkannt wurde...

Natürlich sollten wir nicht nur direkt auf einen Beruf und dessen Notwendigkeiten hin ausbilden. Eine umfassende Grundlage wird immer nötiger, wo alles so im Fluß ist, daß Wechsel im Beruf oder neue Anforderungen künftig immer mehr zum Lebensweg gehören werden. Aber Bildung und Ausbildung brauchen einander doch nicht zu behindern. Sie können Hand in Hand gehen. Können wir es nicht so anlegen, daß aus der Bildung auch Nutzen für die Ausbildung erwächst und Ausbildung nicht bloße Abrichtung auf Berufserfordernisse ist, sondern sehr wohl Bildungszwecke mit verfolgt?

Fünftens: Seit einiger Zeit hat die Bildungspolitik in Deutschland Priorität. Das wird für die übersehbare Zukunft so bleiben müssen.

Auch hier genügt die quantitative Sicht der Probleme nicht. So halte ich nichts vom »linearen Ausbau« der Universitäten, falls darunter die gleichmäßige Vermehrung der Lehrstühle in fast allen Fächern gemeint ist. Schematische Prinzipien sollten hier keinen Raum haben. Statt dessen müssen auch hinsichtlich der Förderung unserer Hochschulen Schwerpunkte gebildet und dem Gesichtspunkt der Qualität Vorrang gegeben werden.

Wir brauchen nicht nur Universitäten, sondern auch Fachschulen. Und wir brauchen Institutionen für Fortbildung.

Auch wo es um den Geist geht, darf man vom Geld sprechen. Unsere finanziellen Möglichkeiten sind begrenzt – auch für diesen Bereich. So gilt es, rechtzeitig Prioritäten zu setzen und nie zu übersehen, daß auch eine Universität nicht nur Geld kostet, wenn sie errichtet wird. Nach einem Erfahrungssatz entsprechen die Unterhaltungskosten einer Universität je Jahr etwa einem Fünftel der Errichtungskosten. Langfristige Finanzplanung als Konsequenz eines Schwerpunkt-Kataloges ist auch hier dringend geboten.

Schließlich: Wenn es stimmt, daß unsere Professoren ein Viertel ihrer Zeit für Verwaltungstätigkeit verwenden müssen, heißt das, daß von vier nur drei Professoren stetig sachgerecht tätig sind. Das können wir uns nicht erlauben.

Es ist Zeit zu handeln.

Nicht alle, die von Universitätsreform sprechen und sich an studentischen Demonstrationen beteiligen, verfolgen nur die angegebenen Ziele. Hier wird auch Mißbrauch mit einem Mißstand getrieben. Einige sagen Reform der Universität und meinen Erzeugung revolutionären Bewußtseins. Wenige sagen das auch offen.

In diesen wenigen begegnen wir den Partisanen der Revolution. Eine militante Gruppe von Weltverbesserern ist am Werk. Prophet dieser neuen Linken ist Herbert Marcuse. Ihr Herold in Deutschland heißt Rudi Dutschke. Beide sagen unmißverständlich, was sie wollen, und unterstreichen ihre Überzeugung durch rastlose und konsequente Arbeit.

Was wollen sie?

Herbert Marcuse hat seine Ansicht in Berlin so formuliert: »Ich glaube, daß diese so ganz unorthodoxe Konstellation der Opposition ein treuer Reflex der autoritär-demokratischen Leistungsgesellschaft ist, der ›one-dimensional-society‹, wie ich sie zu beschreiben versucht habe, deren Hauptmerkmal die Integration der beherrschten Klasse auf einem sehr materiellen, sehr realen Boden ist, nämlich auf dem Boden gesteuerter und befriedigter Bedürfnisse, die ihrerseits den Monopolkapitalismus reproduzieren. Resultat dieser Konstellation ist: Keine subjektive Notwendigkeit radikaler Umwälzung, deren objektive Notwendigkeit immer brennender wird.« Mit anderen Worten: Obwohl die Menschen kein Bedürfnis nach totaler Veränderung der Gesellschaft haben, sei die radikale Umwälzung dringend erforderlich. Was führt Marcuse als Grund für diese »objektive Notwendigkeit« an?

Er geht davon aus, »daß heute jede Form der Lebenswelt, jede Verwandlung der technischen und natürlichen Umwelt eine reale Möglichkeit ist«. Diese These konkretisierte er an den Beispielen der Armut und des Elends in der Welt sowie an den inhumanen Folgen unserer Industriewelt.

Zum einen: »Möglich in dem angedeuteten Sinn ist die Abschaffung der Armut und des Elends.« Es sei nicht zu leugnen, »daß mit den technisch bereits vorhandenen Produktivkräften, materiell sowohl wie intellektuell, die Abschaffung des Hungers und des Elends möglich ist und daß das, was heute geschieht, der sozialpolitischen Organisation der Erde zuzuschreiben ist.« Mit anderen Worten: Daß Menschen verhungern, sei objektiv nicht nötig, weil die Hilfskräfte ausreichten, alle satt zu machen. Da dies nicht geschehe, sei die Gesellschaftsordnung der Welt falsch.

Zum anderen: »Eine totale technische Umgestaltung der Lebenswelt« sei möglich. »Technische Umgestaltung – wiederum spreche ich im Hinblick auf die technisch höchst entwickelten kapitalistischen Länder, wo eine solche Umgestaltung die Beseitigung der Schrecken der kapitalistischen

Industrialisierung und Kommerzialisierung meint, die totale Rekonstruktion der Städte und die Wiederherstellung der Natur... Was ich meine, ist eine Umwelt, die durch ihren neuen befriedeten Charakter eben genau diesen neuen Bedürfnissen Raum geben kann.«
Da entgegen solchen und anderen »objektiven Notwendigkeiten zur radikalen Umwälzung« die ganz große Mehrhcit der Menschen keinerlei Bedürfnis zur grundlegenden Veränderung habe, gälte es, den Menschen diese Möglichkeiten bewußt zu machen. »Gerade weil die sogenannten utopischen Möglichkeiten gar nicht utopisch sind, sondern die bestimmte geschichtlich-gesellschaftliche Negation des Bestehenden darstellen, verlangt die Bewußtmachung dieser Möglichkeiten und die Bewußtmachung der sie verhindernden und der sie verleugnenden Kräfte von uns eine sehr realistische, eine sehr pragmatische Opposition.« Leitlinie dieser Opposition sei, »daß die neuen Möglichkeiten einer menschlichen Gesellschaft nicht mehr als Fortsetzung der alten, nicht mehr im selben historischen Kontinuum vorgestellt werden können, daß die neuen Möglichkeiten einen Bruch mit dem geschichtlichen Kontinuum voraussetzen«. Die »totale Mobilisierung der bestehenden Gesellschaft gegen ihre eigene Möglichkeit der Befreiung« zwinge zur Oppositon, »die in der Tat den Bruch eher als die Kontinuität mit der bisherigen Geschichte, die Negation eher als das Positive« erforderlich mache. Ansätze für diese Oppositon, deren Ziel die radikale Umwälzung ist, sieht Marcuse bei den Studenten; bei den Teilen der Arbeiterklasse, »die noch nicht dem Integrationsprozeß verfallen sind«; bei »den im Befreiungskampf stehenden Teilen der Dritten Welt«. Hier sei »Potential« für den grundlegenden Wandel.
Die Methode der Opposition ist, den Willen der Mehrheit zu ändern: »In einer Gesellschaft wie der unsrigen, in der Befriedung auf einem gewissen Niveau erreicht ist, erscheint es zunächst wie Wahnsinn, an Revolution zu denken: denn wir haben ja alles, was wir wollen. Aber es geht hier darum, den Willen selbst zu verändern, daß das, was jetzt gewollt wird, nicht mehr gewollt wird.« So immer noch Herbert Marcuse. »Die absolute Notwendigkeit« sei eben, »erst einmal das Bewußtsein freizulegen«.
Marcuse ist klar, daß dieser Weg nicht ohne Haß und Gewalt zum Erfolg führen kann. Und er spricht offen aus: »Ich kann mir nicht vorstellen, wie der Zustand beinahe totaler Indoktrinierung und Gleichschaltung auf evolutionärem Wege in sein Gegenteil umschlagen kann. Daß da in irgendeiner Weise ein Eingriff geschehen muß, daß in irgendeiner Weise die Unterdrücker unterdrückt werden müssen... das scheint mir unabwendbar.« Es gelte, alle »Risse« in der bestehenden Gesellschaft aufzuspüren und zu erweitern. »So würde die errungene Beendigung des Krieges in Vietnam eine beträchtliche Erweiterung des Risses in der bestehenden Gesellschaft darstellen.«

Was konkret an die Stelle des Bestehenden treten solle? Herbert Marcuse bietet diese Zielvorstellung an: »Wenn ich mir die Situation ansehe, kann ich mir unsere Bestimmung einer freien Gesellschaft nur als die bestimmte Negation der bestehenden vorstellen.«

Mir scheint es wichtig, Marcuse zu lesen. Auch Marx, Lenin und Mao muß kennen, wer das politische Feld nicht den Partisanen der Revolution überlassen will!
Herbert Marcuse stützt sich vor allem auf Karl Marx und Sigmund Freud. Er ist wohl der wirksamste Neomarxist, seine Lehre atmet den Geist der Intoleranz: Das »falsche Bewußtsein« der Mehrheit will er durch das von ihm postulierte richtige Bewußtsein ersetzen. An die Stelle der Bedürfnisse, wie sie die Mehrheit hat, sollen die von ihm verordneten treten. Über diese prinzipielle Intoleranz hilft ihm auch noch so häufiger Gebrauch der Worte »wahr«, »Glück«, »Frieden«, »Freiheit« nicht hinweg. Nicht was die Menschen wollen, sondern was er will, daß sie wollen sollen – das ist der Geist, mit dem er diese neue Linke erfüllt.
Marcuse lehrt nicht Partnerschaft, sondern Haß. »Nichts ist entsetzlicher als die Liebespredigt«, sagte er in Berlin. Er will nicht Reform des Bestehenden, sondern Umsturz. Und es ist unter seiner Genialität, uns zu sagen, wie die bessere Ordnung konkret aussehen oder – zumindest – welche Leitlinien bestimmend sein sollen.
Dieser Prophet übersieht, daß es den Menschen, der seinen Vorstellungen zugrunde liegt, nicht gibt. Jeder Mensch ist konkret, nicht abstrakt; ist den Einflüssen seiner Zeit, seiner Umwelt, seiner Kultur ausgesetzt; und jeder wirkt wieder auf andere ein.
Dieser utopische Neomarxist sollte sich von Marxisten erzählen lassen, wie unmöglich es war und ist – selbst da, wo sie regieren –, den Kern der menschlichen Person wie den prinzipiellen Rang der Familie, der Religion und der Nation zu verändern. Er kann doch unmöglich die Erfahrung der Marxisten über die Grenzen des Zwanges und der Gewalt, über die Abhängigkeit der Produktivität vom persönlichen Interessiertsein des Arbeitenden übersehen haben.
So ist Marcuse entgegenzuhalten, ob nicht sein Denkansatz selbst die von ihm gerühmte, für ihn fundamentale These von der objektiv möglichen Beseitigung des Hungers und der Armut in der Welt wieder zerstört, da er die Basis hierfür, die Produktivität und ihre menschlichen Voraussetzungen, in Frage stellt.
Wo Marcuse den Hunger und die Armut in der Welt anklagt und unsere Unfähigkeit anprangert, das schnell genug zu ändern, hat er weitgehend recht. Das gilt auch für die Folgen, welche die Industrialisierung für den gesunden Lebensraum des Menschen bedeutet hat. Das erstere haben die

Päpste, das zweite hat Müller-Armack früher und treffender bezeichnet. Vor allem aber ist Marcuses Methode, das zu ändern, falsch. Wozu erst alles zerstören? Das wirft doch die Möglichkeiten, die Probleme zu lösen, zurück. – Und: Sollen etwa aus Haß Kräfte frei werden, anderen zu helfen?

Wie kann man nur im Atomzeitalter Haß und Gewalt statt Partnerschaft verkünden? Das heißt doch, mit dem Feuer spielen und das Bestehende nicht nur mit einer neuen Ordnung der Negation bedrohen, sondern mit der Nicht-Mehr-Existenz und damit mit dem Ende der Zivilisation und des Fortschritts konfrontieren.

Nicht solche arrogante Intoleranz des Totalitären hilft der Menschheit weiter, sondern Fortentwicklung des Bestehenden durch Werke des Friedens und eine Gesinnung des gewaltlosen Miteinander!

Die neomarxistischen Marcusianer sollten schließlich bedenken, was Kurt L. Shell, ein anderer Professor aus den USA, ihnen ins Stammbuch schrieb: »Der Vorwurf, den Rosa Luxemburg schon 1904 Lenin machte, daß er nicht eine Diktatur des Proletariats, sondern eine Diktatur über das Proletariat vorbereite, ist auf Marcuse anwendbar, aber diesmal – was schwer wiegt – nach den Ereignissen, die so eindeutig zeigen, daß es möglich ist, im Namen der höchsten Vernunft dem Irrsinn die Herrschaft zu übergeben, im Namen der Menschlichkeit die Menschen unbeschreiblich zu erniedrigen.«

Nun haben wir leichter Zugang zu dem, was zu erörtern bleibt, die Aktionen und Ziele radikaler Studenten. Natürlich sind sie nicht alle Gefolgsleute Marcuses. Aber geistig zählen wohl doch viele von ihnen zu seinen näheren oder weiteren Verwandten.

Der Nährboden der linken Gruppen ist nicht die Lage der breiten Masse unseres Volkes, sondern die Lage der Studenten und das unter jungen Menschen verbreitete Unlustgefühl. Sie sind sich ziemlich einig in der Verurteilung des Krieges in Vietnam sowie der Regierungen in Griechenland und Südafrika. In der Regel sind sie für die Anerkennung der Oder-Neiße-Linie und der »DDR«, befürworten die Wiederzulassung der KPD, bekämpfen die Notstandsgesetze und sind für Erweiterung der Mitbestimmung. Sympathien gelten dem Vietcong, der »Black-Power«-Bewegung und den politischen Guerillas in Lateinamerika. Es gibt in allen diesen Fragen Nuancen zwischen den Gruppen, aber im ganzen läßt sich das – komprimiert – so sagen.

Diese linke »Mini-Minorität« (Gräfin Dönhoff) ist keine geschlossene Gruppe. Da gibt es Anarchisten, Radikal-Demokraten, Marcusianer, Marxisten, Leninisten, Trotzkisten und Mischungen daraus. Sie arbeiten vorwiegend an der Universität. Aber ihre Ziele gehen weit über die Re-

form der Universität hinaus. Sie nutzen Mißstände für ihre Zwecke – vor allem für die Erzeugung eines revolutionären Bewußtseins. Die »Krise der Universität« sei ein von den meisten Studenten nun akzeptierter Sachverhalt. Also gälte es, hier anzusetzen, weil doch diese Krise »exemplarisch« für die »Struktur der Gesellschaft insgesamt« sei. So braucht man Konfrontationen mit Kräften außerhalb der Universität, um dieses »Exemplarische«, um die »politische Dimension der Wissenschaft«, um den »politischen Bezug der Universität zur Gesellschaft« ins Bewußtsein zu bringen. Dabei soll ein »Konfliktbewußtsein« entstehen und mit ihm die Erkenntnis einer neuen, realen »Klassenkampfsituation« wachsen.
Diesen Zielen wäre eine etwaige Verzögerung der Hochschulreform nur förderlich. So könnten die Hochschulen leichter ein Herd der Unruhe bleiben und die Herrschaft der Radikalen dort im Sinne des »Modells einer sozialen Revolution« möglicherweise etabliert werden.
Die Forderung »Demokratisierung der Hochschule«, der viele Studenten zustimmen, erweitern die Radikalen zu der nach »Demokratisierung der Gesellschaft« und »Politisierung von Hochschule und Gesellschaft«. Provokative Aktionen, Demonstrationen und Diskussionen sollen helfen, die Ziele zu erreichen.
Eine Vorliebe für »direkte Demokratie« ist unverkennbar; denn die meisten Radikalen lehnen den Parlamentarismus, die repräsentative Demokratie und die rechtsstaatlich aufgeteilten Kompetenzen ab. Der »Beschluß« einer zufälligen Demonstranten-Schar ist auch als beispielhafte und gewollte Durchbrechung der Regeln des repräsentativen »Systems« und als bewußte Konfrontation mit dem »Establishment« gemeint.
Die Methoden der »direkten Aktion« sind importiert und sorgfältig studiert. »Teach-in« meint »plebiszitäre« Meinungsbildung als Vorbereitung einer Aktion; »sit-in« bedeutet Sitzstreik vor und in Gebäuden, aber auch auf Verkehrswegen; »go-in« ist das demonstrierende Eindringen, um »Diskussionen« zu erzwingen oder Provokationen loszuwerden.
Bei dieser Art von »Diskussion« oder »plebiszitärer Meinungsbildung« haben Gegner nichts zu lachen. Sie kommen kaum zu Wort, werden oft niedergeschrien oder vom Mikrophon verdrängt. Es regieren das Schlagwort, die Emotion und die entschlossenen Vorbereiter der Aktion.
Die Schlagworte der radikalen Linken sind weitgehend der wissenschaftlichen Sprache der Soziologen und Politologen entnommen: »Struktur der Gesellschaft«, »kritisches Bewußtsein«, »Verflochtenheit von Hochschul- und Gesellschaftsreform«; andere wurden schon genannt. Beliebt sind auch »faschistoid«, »postfaschistisch«, »präfaschistisch«, »autoritär«, »Establishment«, »System«.
Die gegenwärtig wohl einflußreichste Gruppe dieser linken Radikalen ist der Sozialistische Deutsche Studentenbund (SDS). Er will die »gegenwär-

tige Gesellschaft in der Bundesrepublik in eine sozialistische Gesellschaft transformieren«. »Bewußtseinsschärfung« sei das Gebot der Stunde. Darum wird jedes Versagen einer Behörde, eines Politikers, eines Professors, eines Polizisten – jeder »Riß«, um mit Marcuse zu sprechen – als Beweis des prinzipiellen Unvermögens der etablierten Ordnung, möglichst als Kennzeichen der autoritären Strukturen des »Systems«, dargestellt und durch politische Aktion ins Bewußtsein gebracht. Man hofft, so nicht nur die »Bewußtseinsschärfung«, sondern auch die Erweiterung und Verfestigung der Solidaritätsgefühle zu erreichen.
Wer meint, die Universität müsse reformiert werden – wer zustimmt, daß der Krieg in Vietnam schrecklich ist – wer diese Verwaltungsmaßnahmen für einen verstaubten Zopf, jenen Politiker oder Professor für einen alten Nazi und eine bestimmte Zeitung für niveaulos hält – wer jene Studienordnung für autoritär verkündet und diese Sexualmoral für bloßen Schein ansieht – wer also alles dieses mit den Radikalen empfindet, der muß doch, falls die Aktionen nur immer weitergehen, eines Tages auch mit den Radikalen die Summe ziehen: Alles ist faul! Weg mit dem Establishment! – So ist die methodische Überlegung.
Einige der Linksaußen versuchen den Brückenschlag zur Arbeiterklasse, obwohl es doch – nach Marcuse – gerade die Teufelei des »Systems« sei, die Massen in ihre Gesellschaftsordnung integriert zu haben.
Hier einige Zitate aus Publikationen des SDS:
»Da die, welche sich Kommunisten nennen, ihre Pflicht nicht erfüllen, werden wir die unterstützen, die im Kampf wie Kommunisten handeln.«
»Das postfaschistische System in der BRD ist zu einem präfaschistischen geworden. Es ist gekennzeichnet von autoritären, als im allgemeinen Interesse liegend mit dem Gemeinwohl gleichgesetzten Leistungsansprüchen, von der Aushöhlung der Demokratie zu einer Fassade, unter der sich rigoros die ökonomische Herrschaft privater Interessen und ihrer politischen Exekutivorgane durchsetzt.« – »Der verlogenen Parole ›Seid nett zueinander!‹ ...müssen wir den revolutionären Haß entgegensetzen, das Mißtrauen an den scheindemokratischen Machenschaften des parlamentarischen Systems und den zersetzenden Zweifel an der Grundrichtigkeit der bestehenden Ordnung.« – Dutschke erklärte am 23. November 1967 in der Technischen Universität Berlin: Falls Teufel verurteilt werde, »werden wir Aktionen durchführen, die jenseits des bestehenden Rechts liegen«. In diesem Zusammenhang wies Dutschke hin auf den Brand des Wiener Justizpalastes im Jahre 1926. »Ich sage dies nur als Beispiel, aber jeder soll selbst nachdenken.« – Dutschke verkündete am 19. Oktober 1967 an der Freien Universität Berlin: »Ich sehe nicht ganz ein, warum wir plötzlich so tun, als ob wir uns an bestimmte, uns nicht genehme, uns sogar unterdrückende Gesetze halten sollen. Wir haben es gar nicht mehr

nötig, uns auf den Boden zu begeben, der nicht mehr der unsere ist.« – Am 3. Dezember 1967 bekannte Dutschke im Fernsehen, er werde für seine Ziele notfalls auch mit der Waffe in der Hand eintreten.
Daß es nicht bei Worten geblieben ist, wissen wir. Am 15. September 1967 versuchten der SDS Berlin und die Kommune I, die Sitzung des Berliner Abgeordnetenhauses durch ein »go in« in das Schöneberger Rathaus zu stören. – Am 27. November 1967 demonstrierte der SDS vor dem Moabiter Kriminalgericht, wo der Prozeß gegen den Kommunarden Teufel begonnen hatte. Es wurde zum Sturm auf das Gerichtsgebäude aufgerufen. Die polizeilichen Absperrungen wurden durchbrochen. – Am selben Tag rief Dutschke in Bremen Jugendliche zur Sabotage des Hafenbetriebes auf, weil dort Güter nach Vietnam verladen würden. – Es kam im weiteren Verlauf zur Anleitung, Sprengsätze herzustellen und zur Demolierung von Zeitungsfilialen. Vor einem parlamentarischen Untersuchungs-Ausschuß wurde die Aussage verweigert.
Die Tendenz wird erkennbar, Bürger einzuschüchtern, die Polizei zu Härte zu zwingen und Gesetze so lange zu umgehen oder zu übertreten, bis ihre Anwendung allgemein als problematisch angesehen wird.

Günter Grass antwortete auf die Frage der »Zeit«, ob er im Staate des Rudi Dutschke leben wolle: »Ich halte das für eine recht alberne Paradies-Vorstellung, die zudem noch den Charme der Naivität vermissen läßt, den man bei Marcuse feststellen kann. Zudem befürchte ich, daß ein solches System aus Mangel an Toleranz, ja aufgrund des freiwilligen Verzichtes auf Toleranz, zwar keine Unterdrückung will, aber zwangsläufig Terror produzieren muß.«
Hier handelt es sich um Radikale. Zwar sind es nur wenige. Aber einige von ihnen arbeiten nun als Dozenten, als Journalisten, in Verwaltungen und an Theatern. Wir sind Zeugen des Sturzes des Senats von Berlin, wir erleben, wie der Bazillus solcher Radikalität andere verwirrt. Und nur Blinde übersehen, daß im Volk die Rechtsaußen ernten, was die Linksaußen säen. Noch immer hat der Ruf nach Revolution die Reaktion gestärkt.
Wäre es nur so, daß einige Studenten über das Ziel hinausschössen und die Grenzen des Ulks überschritten, um einer satten Gesellschaft ihr schläfriges »Ruhe ist die erste Bürgerpflicht« in Frage zu stellen – es wäre kein Schaden. Wäre es so, daß eine entschlossene Gruppe ein anderes Programm in rechtsstaatlicher Weise durchsetzen wollte – es wäre ihr Recht.
Aber es gibt eine Grenze. Geist und Meinung sind frei. Gewalt ist kein Mittel der Politik. Wer sie im Innern anwendet, schließt sie prinzipiell nicht aus. Der freiheitliche Rechtsstaat ordnet Zusammenleben und Mei-

nungskampf gewaltlos. Er muß die Achtung vor dem Gesetz sichern und Rechtsbruch ahnden. Sonst gibt er sich, das Recht und die Freiheit auf. Das Zeichen der Demokratie ist das Gespräch, nicht der Steinwurf; das Argument, nicht die Provokation; das für alle gleiche Gesetz, nicht die Willkür; die Entscheidung durch Mehrheit, nicht das Diktat durch wenige!

Fortschritt und Gerechtigkeit hängen nicht ab vom Schlagwort und von Festreden, sondern von konkretem Handeln nach sachgerechtem Urteil, von fairem Ringen der Meinungen wie der Begabungen.

In unserem Lande soll jeder anderer Meinung sein und ihr Ausdruck geben dürfen. Regierungen sollen kritisiert, Mehrheiten verändert, neue Programme Wirklichkeit werden. Alles dies aber muß, wie es gebildeten Menschen geziemt, auf dem Boden des Rechtes, der Toleranz und der Friedfertigkeit sich vollziehen. Und am Schluß muß die Mehrheit verbindlich entscheiden.

Ich hoffe, daß Jüngere sich bittere Erfahrung ersparen, indem sie uns abnehmen: Nie wieder Intoleranz, nie wieder Gewalt, um politische Ziele zu erzwingen! Wer im Atomzeitalter der Gewalt das Wort redet, ist gemeingefährlich.

Jugendliche Unruhe für eine bessere Welt und gegen die Erstarrung im Gewohnten sind gut für eine freie, offene Gesellschaft und nützlich für den demokratischen Staat. Meinungskampf muß sein. Konflikte sind da. Sie müssen ausgetragen werden – aber so, daß dabei die fundamentale Bedingung des menschlichen Zusammenlebens und des Fortschritts nicht zerstört wird: Die Achtung vor der Würde und den Rechten des anderen.

Unsere Universität ist reformbedürftig. Unsere Gesellschaft hat ihre Ziele – Eigentum für jeden, Wohlstand für alle, Aufstieg durch Bildung – noch nicht voll erreicht. Sie ist offen für Neues. Und unsere Politik hat Raum für Begabtere. Unsere Welt sucht noch nach Frieden durch Partnerschaft und durch Beseitigung des Hungers, der Armut und der Unwissenheit. Wir sind auf dem Wege, das Bestehende in eine Neue Wirklichkeit zu verwandeln. Ihr Kennzeichen sind die Menschenrechte für alle. Und allein dies wird Frieden bedeuten.

Mahnungen Konrad Adenauers

Konrad Adenauer empfing den jungen Abgeordneten zum ersten Mal in seinem Amtszimmer im Palais Schaumburg zum persönlichen Gespräch. Ich hatte geglaubt, ihn schon zu kennen, und mußte erfahren, daß mein Bild ungenau war.

Natürlich, er war auch hier ein Herr, der seines Ranges, seiner Macht, seiner Einsamkeit spürbar bewußt ist. Was aber noch stärker zu empfinden war, hieß: Verantwortung. Und es gab noch etwas anderes: Höflichkeit, Interesse für den anderen, Offenheit für jedes Argument, Ermunterung für den Gesprächspartner – und eine Zurückhaltung, die eine gewisse Scheu, ja Schüchternheit erkennen ließ. Sein Urteil war sicher. Es war sorgfältig erwogen, in Gesprächen und Aktenstudien erarbeitet. Er überprüfte alles und jeden gerne immer wieder. Immer aufs neue, oft mehrmals, fragte er den Besucher, was er hierzu und davon denke, was er an seiner Stelle tun würde.

Er konnte zuhören – allerdings erschwerte sein schonungsloser Blick das eigene Wort. Er zwang den, dem er zuhörte, schweigend zum Wesentlichen.

Sein Urteil war schließlich immer sehr einfach, oft schlagend formuliert. Der Gedankenweg bis dahin war ganz anders. Da wurde erwogen und abgewogen, die Sache von der anderen Seite betrachtet, in Punkte zerlegt, das Gegenargument aufgebaut und zertrümmert, alles den Blick auf den Kern störende Rankenwerk schonungslos abgeschnitten. Und dann erst – als »Urteilsspruch« – kamen jene Sätze, welche manchen – da allen Zwars und Abers nicht nur entkleidet, sondern jedes Ahnenlassen des tieferen Problemgehaltes scheinbar verweigernd – immer wieder auf die Nerven gingen.

So wie der Sterbende seinen Töchtern und Söhnen nicht sagte: Haltet als Familie zusammen, wenn ich nicht mehr bin, sondern die Familie bat, sich jährlich zu Weihnachten zu treffen, so erzwang er im politischen Gespräch die Präzision der Gedanken auf den konkreten, realisierbaren Punkt, auf die Möglichkeit der Anwendung von Ideen und Vorschlägen. Er wollte immer gleich wissen, wie etwas und wann es praktisch verwirklicht werden könne.

Er war weder bereit zu entscheiden, wann der Gesprächspartner es wollte, noch jeder Sache zuzuhören, die der andere für wichtig hielt. Wenn er nicht wollte, war er ein Meister der Ausflüchte. Er verhinderte durch einen Witz, eine persönliche Bitte oder eine besonders vertrauliche Information, das zur Stunde Unerwünschte fortzusetzen. War etwas auf

diese Weise offengeblieben, so war nur dieses sicher: Er würde später von selbst darauf zurückkommen.
Aus dem ersten Gespräch blieb mir sein Rat durch die Jahre im Ohr: »Es ist ganz schön, viele Gedanken und immer neue Ideen und Vorschläge zu haben. Aber es ist wichtiger, einen Gedanken zu haben, ihn stetig zu verfolgen und durchzusetzen.«
Unser letztes Gespräch vor Ostern 1967 – er war aus Madrid und Paris wiedergekommen, ich stand vor einer politischen Reise nach Rom und Wien – galt vorwiegend seinem, ihm wichtigsten Gedanken: der Einheit Europas. De Gaulle hatte ihm seine Abneigung gegen neue Institutionen wiederholt. Adenauer bestätigte die Haltung des französischen Staatspräsidenten, die dieser im Gespräch mit mir – nach unserem Vorschlag »drei Weise« als Kern einer politischen Zusammenarbeit der Sechs einzusetzen – einmal so formuliert hatte: »Wer ist schon weiser als die Regierungen? Und wenn es einen gäbe – wer wäre verantwortlicher?«
Er begrüßte den Vorschlag, zur Stunde nichts weiteres anzuregen und zu unterstützen als ein jährliches Treffen der europäischen Regierungschefs zum politischen Gespräch. Als Konrad Adenauer in der letzten Beratung mit Kanzler Kiesinger, vom Tode gezeichnet und das wissend, von diesem hörte, dieser Vorschlag werde sich wohl realisieren lassen, war er entspannt und erleichtert. Am Tage darauf entnahm er als letzte politische Nachricht seines Lebens der »Bonner Rundschau« die Notiz, de Gaulle werde nach Rom kommen und es stünde gut um das Vorhaben, sich jährlich zu treffen. Hierin sah er einen wichtigen Schritt auf die politische Union Europas hin.
In unserem letzten Gespräch war er beschwörend, unruhig, besorgt – wegen Europa, wegen unserer Partei und aus anderen Gründen. Sicher – er war nicht mehr so präzise und knapp im Ausdruck wie beim ersten Gespräch. Aber er wußte, was er wollte, und er hatte weder seinen Witz noch seinen zwingenden Blick noch seine Gelassenheit verloren. Europa müsse zusammenfinden, Deutschland und Frankreich sollten noch enger zusammenarbeiten – so lautete Konrad Adenauers stete Mahnung bis zuletzt.

Konrad Adenauer überraschte mich bei einem anderen Gespräch mit dem Argument: Das wirtschaftlich erstarkte Deutschland mit der größten militärischen Landstreitmacht des freien Europa könne auf Wiedervereinigung nur hoffen, sei für seine Nachbarn, insbesondere für das in Europa künftig noch gewichtiger werdende Rußland, nur erträglich, wenn seine Politik europäisch, seine innere Ordnung demokratisch, humanitär und sozial, wenn die moralische Position der Politik des erneuerten Deutschland unbezweifelbar festgefügt sei. Eben deshalb müsse das weltanschauliche, christliche Fundament unserer Politik und unserer Partei, der Zeit entsprechend, aber im Prinzip unverändert, erhalten bleiben.

Konrad Adenauer war in den gesamtdeutschen Angelegenheiten alles andere als starr. Ihn interessierte weder das kunstvolle Gebäude der juristischen Konstruktionen noch alles das, was »man« damals so für heilige Prinzipien der Deutschland-Politik hielt. Ihn interessierten das Schicksal und die Lebensumstände der Menschen im ganzen Deutschland. Er war das, was man heute als »flexibel« in der deutschen Frage bezeichnen würde. Dies freilich mit zwei Einschränkungen: Erstens kam die potentielle Flexibilität allein ihm zu, nicht aber seinen Mitarbeitern. Und zweitens war alles laute Reden und jede öffentliche Erörterung vor Entscheidungen »streng verboten«.
Er war skeptisch hinsichtlich der Erwartung einer baldigen Wiedervereinigung. Vom Engagement der Alliierten erwartete er die Verteidigung des Status quo, nicht aber offensive, politische Initiativen. Seit Kennedys Erklärung vom 18. Dezember 1962, die er mit Empörung im Kabinett zur Sprache brachte, hielt er auch das Engagement der USA in dieser Frage für zur Zeit rein defensiv. Kennedy hatte – auf die Frage, »ob die Vorgänge auf Kuba die sowjetische und die ostdeutsche Regierung in Berlin zu größerer Vorsicht veranlaßt haben« – geantwortet: »Ich glaube, sie sind sich darüber im klaren, daß West-Berlin für uns von lebenswichtigem Interesse ist, daß wir uns dort gebunden haben und daß wir dort bleiben werden. Auf der anderen Seite hat er (Chruschtschow) ein sehr lebenswichtiges Interesse an Ost-Deutschland. Er versucht, dieses Regime zu stützen und seine Stellung in Osteuropa zu festigen...«
Kennedys spätere triumphale Reise durch Deutschland änderte Adenauers Meinung nicht. Er blieb distanziert und zurückhaltend, auch in Berlin. Adenauer nahm an, Kennedys Besuch in West-Deutschland und in West-Berlin und der spätere Besuch Chruschtschows in Ost-Berlin und Mittel-Deutschland seien Symbole des verfestigten Status quo.
Um so mehr unterstützte Adenauer die humanitären Bemühungen um menschliche Erleichterungen im ganzen Deutschland.
Bevor de Gaulle nach Moskau fuhr, bat Adenauer ihn, ob er nicht dort das Gespräch auf diese menschlichen Dinge im ganzen Deutschland bringen könne. Adenauer tat dies, ohne dazu angeregt worden zu sein. Er war nicht mehr im Amt.
Sicher, Adenauer hatte vor unserem Ja zum Test-Stopp-Vertrag – das uns schwergefallen ist, weil wir das Junktim zwischen Entspannung und Lösung der deutschen Frage aufgeben mußten – im Gespräch auch die Frage gestellt, ob wir »mit den USA brechen« müßten. Aber dies war nur eine momentane Regung.

Später, als wir dies prinzipiell in der Phase des »Interview-Krieges« innerhalb der CDU/CSU oft und breit diskutierten, hat er mir immer wieder gesagt: »Wenn Paris uns wirklich in eine Alternative USA *oder* Frankreich zwingen will, dann müssen wir uns natürlich für Washington entscheiden.« Er selbst hielt das für vermeidbar. Er glaubte, daß weiter möglich bleibe, was ihm gelungen war: Zugleich Freund zu sein mit Paris und Washington, mit Rom und London; und mit den kleineren europäischen Ländern in nachbarlicher Rücksicht wie im stetigen Gespräch zu leben.

Adenauer hat immer wieder an Moskau gedacht. Er empfand in den letzten Jahren immer stärker, daß Moskau in Europa und Washington jenseits des Atlantiks lag. Er fürchtete, Frankreich und Rußland könnten sich »auf unsere Kosten« finden. Ohne Deutschland an seiner Seite werde nicht Frankreich, sondern Rußland künftig in Europa den Ton angeben.
Immer wieder fragte er in den letzten Jahren nach meiner Meinung über diese und jene Informationen aus Moskau. Er wollte alles wissen, was sich abspielte. Und er bestärkte mich noch in meiner Ansicht, wir müßten – in Freundschaft mit Frankreich, gestützt auf das freie Europa und gesichert durch die USA wie mit deren Wissen – das Gespräch mit Moskau suchen.
Der Kanzler Adenauer hatte es immer gesucht und gelegentlich geführt. Adenauers beschwörende Reden beim Ausscheiden als Bundeskanzler ließen dies alles nicht nur durchscheinen. Sie machten zugleich jedermann deutlich, daß er sein Werk für unvollendet und hochgradig gefährdet hielt.

Im März 1963 hielt ich vor dem Verein Berliner Kaufleute eine Rede, welche – damals war das »neu« – auf die »Differenzen im Ost-Block« hinwies und diese Länder Mittel- und Osteuropas in unsere gesamtdeutschen und europäischen Überlegungen einbezog: »Diesen differenzierten Kommunismus kann man immer weniger abtun mit dem Hinweis auf Not und Elend, die sein Herrschaftsbild kennzeichnen, während Wohlfahrt, Wohlstand und gehobener Massenkonsum die Überlegenheit freiheitlicher Ordnungssysteme ausmache! Wir müssen auch einräumen, daß Chruschtschow eine andere Wirklichkeit ist als sie Stalin war: Daß das Politbüro in Moskau den ›Satelliten‹ nicht mehr nur befehlen kann; daß die Sowjets das Entwicklungsland Rußland zu einem machtvollen Staat mit wesentlichen Akzenten der Industrienation gemacht haben; daß der Kommunismus heute ein Drittel der Menschheit beherrscht oder wenigstens kontrolliert. Sollten wir nun nicht, nachdem Europa wirkkräftig ist, gemeinsam auch nach Osten blicken? Friedvoll, taktvoll, bescheiden, aber initiativ und beharrlich? Sind wir nicht verpflichtet, das auch zu tun, weil

wir unser Wort gaben, ein vereinigtes freies Europa sei nicht nur Voraussetzung zur Abwehr der Wiedervereinigung in Unfreiheit, sondern auch Ansatz zur Freiheit für alle Deutschen?«
Zu dieser Rede hat der Kanzler dem gesamtdeutschen Minister seiner letzten Regierung in aller Form Dank gesagt.

»Die Bundesregierung ist bereit«, so erklärte er einmal, »über vieles mit sich reden zu lassen, wenn unsere Brüder in der Zone ihr Leben so einrichten könnten, wie sie es wollen. Überlegungen der Menschlichkeit spielen hier für uns eine noch größere Rolle als nationale Überlegungen.« Dieser im Deutschen Bundestag gesprochene Satz des Kanzlers Adenauer galt über den Anlaß hinaus. Er offenbart Motiv und Ziel seiner ganzen Politik.
Konrad Andenauers letzter Besuch in der deutschen Hauptstadt war ihm so schmerzlich, daß wir es spürten. Wir sprachen auf dem Rückflug darüber. Gewiß, er freute sich der Ehrenbürgerschaft wie der ersten, noch ungeübten, eher zaghaften Zeichen des Respektes auch vom politischen Gegner. Was den scheidenden Kanzler bei diesem letzten Besuch in Berlin bedrückte, war die dort sichtbare Unvollständigkeit seines Werkes.
Er litt darunter, vor allem, weil noch nicht alle Deutschen so leben konnten, wie es die Menschenrechte gebieten. Und diese Situation im anderen Teil Deutschlands bedrückte ihn auch, weil er darin zu erkennen glaubte, es werde noch lange schlecht bestellt sein um die Entwicklung zu einem friedlichen Miteinander der europäischen Völker; es werde noch lange dauern mit dem Wandel des Kommunismus.

Niemand wird Konrad Adenauer, niemand seine Politik je verstehen, der nicht zuerst den Menschen Konrad Adenauer begreift als einen, der bewußt aus der Familie lebte. Auf der Höhe seines Wirkens hat er immer wieder an sein Elternhaus in der Balduinstraße in Köln erinnert. Ihm war bewußt, daß der Mensch Person wird in der Familie und daß die staatsbürgerlichen Tugenden der Einordnung und des Freimuts, der Rücksicht und des Gemeinsinns aus der Gemeinschaft der Familie wachsen; daß folglich humanitäres Denken immer die Sorge um den anderen einschließt.
Konrad Adenauers europäische Sicht der deutschen Probleme, seine Kunst des Einfügens Deutschlands in die Nachkriegszeit, seine Offenheit zur Jugend, sein Bedürfnis, verletztes Recht wiedergutzumachen, lebten aus diesem Ansatz des Denkens von der Familie her – eines Denkens, daß dem einzelnen Recht und Würde werden läßt und dabei das Wohl des Nachbarn einschließt.
Er zögerte weder in Moskau einen politischen Preis für die Freigabe der

Kriegsgefangenen zu zahlen, noch war er politisch zimperlich als es galt, den Menschen an der Saar Entscheidungsfreiheit zu erwirken.
Den Menschen in der Zone zu helfen, ihren Alltag menschlicher gestalten zu können, ergriff er manche sichtbare und mehr noch vertrauliche Initiative. Als sein gesamtdeutscher Minister schlug ich ihm vor, höchst unkonventionell und wider alle Vorschriften eine Chance zu menschlicher Hilfe drüben zu nutzen. Er – dem sonst mit hausväterlicher Genauigkeit jede Einzelheit wissenswert erschien – fragte nicht viel, sondern sagte einfach: »Ja.« Und als später Risiken sichtbar wurden, fügte er hinzu: »Natürlich sind die da. Aber wir müssen den Menschen helfen. Das ist unsere Pflicht. Auch der Versuch lohnt.«

In seiner steilen Handschrift hatte er diese Sätze seinem Manuskript der Rede für den Parteitag in Hannover 1964, dem ersten nach dem Kanzlerwechsel, beigefügt; und er meinte dies, wie er wissen ließ, als Vermächtnis:
»Jedes menschliche Zusammenleben setzt besondere Normen voraus: Der Kommunismus geht davon aus, daß der Staat und seine Organe alle Gewalt haben, daß der einzelne Mensch gegenüber dem Staat keine Macht besitzt. Wie der kommunistische Staat kein vom Staat unabhängiges Recht seiner Untertanen anerkennt, so erkennt er auch nicht die Rechte anderer Völker an.«
»Unsere, die christliche Weltanschauung, auf der unsere Partei beruht, ist anders. Sie geht davon aus, daß jeder einzelne Mensch von Gott stammende, im Naturrecht begründete Rechte gegenüber jedem, auch gegenüber seinem Staat und seinem Volk hat. Wir sind des Glaubens, daß die Würde und die Freiheit des einzelnen Menschen geachtet werden müssen und von niemandem verletzt werden dürfen. Nach unserer Überzeugung dürfen auch Freiheit und Würde eines Volkes durch kein anderes Volk angetastet werden. Daraus leiten wir unabdingbare Rechte der Selbstbestimmung für jedes Volk ab. Die Zerstückelung Deutschlands ist ein Verstoß gegen dieses Recht des deutschen Volkes.«
»Das Recht auf Wiedervereinigung in Frieden und Freiheit kann ihm von niemandem in der Welt genommen werden. Diese Weltanschauung über Freiheit und Würde des Menschen hat sich im Laufe des Jahrhunderts auf christlichem Boden entwickelt; sie ist gemeinsames Gut der beiden großen christlichen Konfessionen. Unsere Partei – ich wiederhole es – steht fest und unverbrüchlich auf dem Boden dieser, der christlichen Weltanschauung, daß es für den Menschen Normen gibt, die aus dem Wesen und Sein Gottes selber fließen und daher unverbrüchlich sind und nicht angetastet werden dürfen.«
»Wenn man das Bestehen solcher Normen nicht anerkennt, dann gleitet

ein Volk abwärts in Diktatur und in Gewalt. In einer Zeit wie der unsrigen, die Veränderungen und Entwicklungen jeder Art, zum Guten und zum Schlechten, in rasendem Tempo bringt, braucht jeder einzelne feste, unabdingbare Normen für sein Leben, damit er Herr seiner selbst bleibt und nicht abgleitet.«

Register